해커스변호사

민사기록형

Civil Law

 암기장

윤동환

해커스

서문

1. 민사기록형 암기장의 출간

- 인생은 짧다. 이 책을 읽으면 저 책은 읽을 수 없다. - 존 러스킨

에빙하우스의 기억이론에 의하면 학습을 한 직후부터 망각이 시작되어 1시간이 지나면 정보의 50%를 잊어버리게 됩니다. 그러나 10분 후에 복습하면 1일 동안 기억되고, 다시 1일 후 복습하면 1주일 동안, 1주일 후 복습하면 1달 동안, 1달 후 복습하면 6개월 이상 기억할 수 있습니다. 따라서 시험이 7개월 정도 남은 지금 1개월 동안 민사기록형 교재를 4번 반복학습하면 시험장에서 두려울 것이 없을 것입니다. 그러나 변호사시험은 선택과목까지 포함하여 8개의 과목을 대비해야 합니다. 이제는 선택과 집중을 해야 할 때입니다. '민사기록의 맥'이 수험생으로부터 많은 사랑을 받고 있음에도 저자가 민사기록형 암기장을 새로 출간하게 된 이유가 바로 여기에 있습니다. 시험이 반년 정도 남은 지금 시점에서는 과감한 선택과 집중으로 출제유력한 부분을 집중적으로 반복학습해야 합니다. 1학년 때부터 저자의 기본서로 학습을 했고 '민사기록의 맥'을 충분히 반복학습해온 학생이 아니라면, 또는 그렇게 공부해 왔더라도 다른 과목에 대한 투자시간을 늘려야 할 상황에 있는 학생이라면, 지금부터는 본서를 통해 민사기록형 지식을 확실히 암기하고 시험장에서 절대 흔들리지 않을 자신만의 무기를 완성해야 할 것입니다.

2. 형식적 기재사항 완벽 정리 및 한눈에 보는 기출요약정리!

본서는 핸드북형식의 199쪽 분량으로 시간·장소에 구애 없이 반복학습을 할 수 있도록 편집하였습니다. 본서의 특징 및 활용방안을 아래와 같이 소개합니다.

(1) 제1편 - 제3편 : 형식적 기재사항 완벽 정리

'제1편 소장의 기재방법', '제2편 청구취지', '제3편 요건사실론'을 구체적 예시와 함께 소개하였습니다. 특히 제1편 내지 제3편에 수록된 구체적 예시는 해커스변호사 로벤저스 관리반 기록형 시험에서, 실원생들이 가장 많이 실수하는 내용들로 엄선하였습니다. 또한 제2편에서는 청구취지 기재시 주의하여야 할 사항을 비교 쟁점군, 두문자, 기재례 등을 활용하여 통합적인 학습이 가능하도록 하였습니다.

(2) 제4편 : 변호사시험 기출요약정리

'제4편 기출요약정리'에서는 역대 변호사시험(14회 – 4회) 기록형 문제를 청구별로 분류하고, 사실관계를 요약하여 정리하였고, 실제 작성해야 할 청구취지, 요건사실에 맞춘 청구원인, 피고의 항변과 관련된 법리 내지 판례를 실전분량에 맞춰 소개하였습니다. 실전 기록형 문제에 출제된 법리를 파악하고, 답안을 구성하여 결론을 내리는 훈련을 단시간 내 가능하도록 하였습니다.

(3) 판례소개도 중요도에 따라 강약조절

사실 기출된 판례만 따서 '붙여넣기'하는 작업은 어렵지 않습니다. 하지만 암기장이 암기장으로서 제 기능을 발휘하려면 철저하게 강약조절이 필요한바, 답안지에 꼭 필요한 분량만큼 정리해서 소개하였습니다.

방대하고 어려운 민사법 과목을 공부하는 수험생들에게 단비와 같은 암기장으로서의 역할을 계속해서 수행할 수 있도록 본 저자도 최선을 다하겠습니다.

본서에 관한 의문이나 질문이 있으신 분은 카톡(dhyoon21) 또는 이메일(dhyoon21@hanmail.net)로 의견을 개진해 주시길 바랍니다.

2025년 4월

저 자 윤 동 환

제4편   기출요약정리

2026 해커스변호사
민사기록형 암기장

제 1 편

소장의 기재방법

★ 소장기재 방법(실수하기 쉬운 10가지 핵심기재사항)

① [날짜] 날짜의 표기는 숫자로 하되, '연', '월', '일'의 글자는 생략하고 그 자리에 온점을 찍어 표시하며 시 · 분의 글자는 생략하고 그 사이에 쌍점을 찍어 구분한다(예 : 2021. 03. 12. 18:00).

② [주소] '특별시', '광역시', '도(道)'의 경우 해당 글자를 제외한 지명만을 기재한다(서울 강서구). '시(市)'는 '도(道)'의 부분을 제외하고 기재한다(성남시 분당구). '군(君)'의 경우 '도(道)'의 표시를 하되 '도'라는 글자는 제외한다. '읍(邑), 면(面)'인 경우 소속 시(市), 군(君)의 이름을 함께 기재한다(강원 횡성군 횡성읍). 원칙적으로 도로명 주소를 기재하며, 아파트 표시는 한글로 "○○아파트"라고 기재한다.

③ [자연인] 당사자가 자연인인 경우 주민등록번호를 기재하지 않는 것이 원칙이다. 당사자가 소송무능력자인 경우 '법정대리인'을 기재하여야 하므로(민소법 제249조). 파산관재인, 유언집행자, 상속재산관리인, 선정당사자, 회생채무자의 관리인 등의 제3자 소송담담의 경우 실체법에서는 법정대리인이나 절차법에서는 소송담당자에 해당하고 소송상의 직접 당사자가 되므로 제3자 법정소송담당임을 표시한다. 다만 이들 외에 대부분의 '법정소송담당'의 경우[예를 들면 **채권자대위소송**(민법 제404조), **추심금청구소송**(민사집행법 제238조), 질권을 행사하는 질권자(민법 제353조), **주주대표소송**(상법 제403조) 등의 경위에는 법정소송담당관계를 표시하지 않는다.

④ [법인] 법인의 경우 ㉠**법인명**⇒㉡**주소**⇒㉢**대표자의순**으로 기재한다. 법인등기부등본상의 기재대로 기재해야 하고 이와 다르게 기재해서는 안된다. 대표자의 표시는 관련 법률의 규정을 참고하여 법인을 대표할 권한이 있는 명칭을 기재한다(주식회사의 경우 '대표이사 ○○○'). 한편 비법인사단의 경우(민소법 제52조)에도 동일하게 기재한다.

⑤ [소송대리인] 소송대리인은 개인법률사무소 · 합동법률사무소 또는 법무법인이다. 소송대리인이 개인법률사무소 또는 합동법률사무소(개인변호사)인 경우에는 '소송대리인 변호사 ○○○'이라고 기재한다. 반면 소송대리인이 법무법인인 경우에는 '소송대리인 **법무법인** ○○○'을 기재한 후 '담당변호사 ○○○'이라고 기재하고 그 다음 줄에 주소를 기재하며, 그 다음 줄에는 전화, 팩스, 전자우편을 차례로 기재한다. 원고가 다수이나 소송대리인이 동일한 경우에는 원고들의 성명 및 주소를 각각 기재한 후 '원고들 소송대리인 변호사 ○○○'으로 표시한다.

⑥ [사건표시] 수 개의 청구가 병합되어 청구가 여러 개라면 주된 청구 하나를 선택하여 사건명으로 하고 그 뒤에 '○○ 등 청구의 소'라고 기재한다.

⑦ [청구취지] 청구취지는 ㉠ 간단 · 명료하고 무색 · 투명하게 기재하여야 한다(단, 확인청구는 법률관계를 명확하게 하기 위해 유색하게 표현하기도 한다). 실무에서와 달리, 기록형 시험에서는 청구취지 기재시 절대로 '숫자를 한글'로 표기하지 않고 아라비아 숫자로 적는다(다만, 청구원인에서는 가능하다). ㉡ 중복서술은 원칙적으로 금지된다. 따라서 하나의 청구취지 중에서 중복되는 부분이 있다면 중복부분에 '각'이라는 표현을 덧붙여 기재한다. '각'은 중첩관계를 표시하는 말이 아니라, 독립적인 관계를 나타내는 말이다. 예를 들어 "두 명의 피고들은 각 1억 원을 지급하라"는 것은 각각 1억 원, 즉 합하여 2억 원을 지급하라는 것이고, 반면 '연대하여', '공동하여'라는 표현은 채무를 이행하는 형태만 다를 뿐 합하여 1억 원을 지급하라는 것이다.

⑧ **[청구원인]** 청구원인은 '주체 · 시기 · 상대방 · 목적 · 내용 · 행위'의 순으로 기재한다(주/시/방/목/내/행)

  ㉠ 목차 : 피고별로 나누는 것이 바람직하고, 해당 청구취지를 "피고 ~에 대한 ~청구"로 기재한 목차를 기재한다.

  ㉡ 요건사실 : 위 청구취지의 정확한 '요건사실'을 기준으로 해당 사실관계를 간략하게 기재한다.

  ㉢ 소결 : 가장 비중이 많은 '이행청구'의 경우, 해당 '피고'를 주어로 하여, "~할 의무가 있습니다."로 소결을 작성한다(법률요건사실에 대응되는 법률효과에 해당). 청구취지 문장과 거의 같으나 '지연손해금'과 같은 유색한 표현이 들어가는 점과 위와 같은 존댓말 어미로 마무리 한다는 점에서 구별된다.

  ㉣ 항변 : 피고의 항변 중 이유 있는 것은 미리 반영하여 위 소결을 작성할 수 있다.

  ㉤ 결론 : 모든 항목들의 각 소결을 쓴 후 최종적으로 결론을 기재한다.

⑨ **[입증방법]** 원고의 경우에는 '갑 제1호증 매매계약서', 피고의 경우에는 '을 제1호증 등기부등본', 독립당사자참가의 경우에는 '병 제1호증 채권양도양수계약서'라고 각각 기재한다(변호사시험 에서는 일반적으로 입증방법의 기재를 생략한다).

⑩ **[작성연월일 및 작성자의 기명날인 또는 서명]** 소장의 말미에 소를 제기하는 "연, 월, 일"을 기재 한 후 행을 바꾸어 "원고 소송대리인 변호사 ○○○"이라고 기재한다.

⑪ **[관할법원]** 법원명을 기재할 때는 법원명 뒤에 반드시 "귀중"이라는 단어를 덧붙여 "○○지방법 원 귀중"이라고 기재한다.

★ 기록 작성시 주의사항(누락하기 쉬운 6가지 주의사항)

① **[작성요령]** 소 제기일, 지연손해금 청구 여부, 부동산 표기의 [별지목록], 진정명의회복을 원인 으로 한 소유권이전등기의 청구 금지 등 특이사항을 확인한다.

② **[상담일지]** '의뢰인의 희망사항'을 먼저 검토하여 문제가 되는 쟁점이나 청구유형을 파악(건물철 거,대지인도 등)하고, '상담내용'을 검토하면서 개략적인 사실관계 및 청구취지의 틀을 잡는다.

③ **[형식적 기재사항]** 당사자, 소송대리인, 사건명, 청구취지, 청구원인, 작성일, 대리인, 관할법원을 미리 답안지에 작성해놓고 빠뜨리지 않게 주의한다. 특히 사건명을 많이 놓치는 경우가 있으니 주 의할 것.

④ **[청구취지]** 수인의 채권 · 채무관계가 나오는 경우, 채권자들과 채무자들의 관계를 정확히 밝혀 주어야 한다. 예를 들어, 채무의 성질(ex. 연대/부진정연대)에 따라 '각/연대하여/공동하여'를 붙 이는 것을 잊지 말 것. 마지막으로, 소송비용/가집행은 누락하기 쉬운 청구취지이므로, 형식적 기재사항을 미리 답안지에 작성할 경우, '0. 소송비용은 피고들이 부담한다.', '0. 제0항은 가집 행할 수 있다.', '라는 판결을 구합니다.'라는 문구도 같이 작성해둔다.

⑤ **[청구원인]** 사실관계를 요건사실에 맞추어 설시하는 것이 필요하나, 요건사실에 맞춘 구성이 곤란한 경우 핵심 사실관계를 시간 순으로 작성하는 것도 하나의 방법이 될 수 있다(사실관계 에 배점이 있다). 요건사실에 맞춘 사실관계정리 후 각 청구원인의 마지막에 늘 '따라서 피고는 원고에게 ~~할 의무가 있습니다.'라는 '법률효과'를 언급해주어야 한다. 예) 양수금청구의 요건 사실인 "채.양.통.승"에 맞춘 사실관계 작성 후, '따라서 피고 甲은 원고에게 양수금 0원 및 이에

대한 이자/지연손해금(구체적으로 얼마)을 지급할 의무가 있습니다.' 라고 청구의 결론을 내주어야 한다.

⑥ **[상대방의 항변]** 상대방의 항변 자체는 간단하게 한줄처리 한다(사례형 답안에서 쟁점의 정리와 같이). 그에 대한 반박을 자세하게 설시해주는 것이 핵심이다. '예) 피고 甲은 채권의 이중양도 법리에 따라 원고는 양수금의 일부(얼마)만을 청구할 수 있다고 주장할 것으로 예상됩니다. 그러나 判例에 따르면 (반박의 내용)이므로, 피고의 주장은 타당하지 않습니다.'

Set 002 반소장 · 답변서 · 준비서면

1. 반소장 · 답변서 · 준비서면

반소장(2012.10. 법전협 모의고사), 답변서(제3회 변호사시험, 2013.8. 법전협 모의고사), 준비서면(2011.7. 법전협 모의고사, 2012.10. 법전협 모의고사)이 각각 변호사시험과 법전협 모의고사에 출제된 바 있다.

(1) 반소장

① 반소장에는 '반소장'이라는 표제를 붙인다. 반소는 본소 계속 중에 제기하는 소이므로 본소의 사건번호와 사건명을 당사자 표시 안에 밝혀주어야 한다. ⅰ) 사건, ⅱ) 사건번호, ⅲ) 사건명의 순으로 기재한다.

② "원고(반소피고)", "피고(반소원고)"와 같이 기재한다. '청구취지'를 기재할 때는 반드시 기재시마다 괄호 안의 표시를 병기하여야 하나, '청구원인'을 기재할 때는 "원고(반소피고, 이하 '반소피고'라 합니다)"와 같은 식으로 처음에만 기재한 후 생략할 수 있다. 기타의 작성방법은 일반적인 소장의 작성방법(가령, '사건의 표시', '반소 청구취지', '반소 청구원인' 등)과 동일하다.

③ 당사자를 표시한 후 "위 사건에 관하여 피고(반소원고)의 소송대리인은 다음과 같이 반소를 제기합니다."의 문구를 기재한다.

④ 입증방법, 첨부서류, 작성연월일 및 작성자의 기명날인 또는 서명 순으로 기재한다(소장과 동일하다).

⑤ 본소의 소송계속으로 이미 담당 재판부가 정해져 있으므로, 관할법원을 기재할 때 **재판부까지** 함께 기재한다.

(2) 답변서

① 답변서에는 사건번호와 수소법원의 재판부명을 기재한다(당사자의 주소는 소장에 적혀 있으므로 기재하지 않는다).

② 청구취지와 청구원인은 각각 '**청구취지에 대한 답변**', '**청구원인에 대한 답변**'이라고 기재한다. 답변서의 청구취지는 '이 사건 소를 각하한다.' 또는 '원고의 청구를 기각한다.'라고 기재한다.

③ 소장과는 반대로 "소송비용은 원고가 부담한다."고 기재한다.

④ 답변서의 내용은 '본안 전 항변'과 '본안에 대한 답변'이 있다. 본안 전 항변에는 소송요건에 대한 내용을 기재한다(예를 들어 제척기간의 도과, 소의이익이 흠결된 경우, 당사자 적격유무 등)

(3) 준비서면

준비서면은 2011.7. 법전협 모의시험, 2012.10 법전협 모의고사에 출제된 바 있다. 준비서면 역시 이미 사건이 진행 중이므로 '사건번호와 사건명'을 표시하고 '수소법원의 재판부명'을 기재하여야 한다.

※ 반소장 예시(12년 3차)

반 소 장

사 건	2012가합1920 건물철거 등

"본소원고(반소피고)"로 기재하지 않음에 유의한다

피고(반소원고)   최천운
          서울 서대문구 창천동 122 럭키아파트 107동 503호
          소송대리인 법무법인 사람세상
          담당변호사   이길만

원고(반소피고)   장준식
          서울 양천구 목2동 신시가지아파트 102동 708호

위 사건에 관하여 피고(반소원고)의 소송대리인은 다음과 같이 반소를 제기합니다.
소유권이전등기 청구의 소

반소 청구취지

반소 청구원인

첨 부 서 류

1. 반소장 부본 1부
2. 공시지가 확인원 1부

2012. 10. 5.
          피고(반소원고)의 소송대리인 법무법인 사람세상
                    담당변호사   이길만

재판부까지 함께 기재해야 한다.

서울서부지방법원   제12 민사부 귀중

답 변 서

사　　건　　2013가합34567 임대차보증금반환 등

원　　고　　박양수

피　　고　　1. 김건주

　　　　　　2. 이양도

피고들 소송대리인 법무법인 사람과사람 담당변호사 이방어

의정부시 가능동 555 소극빌딩 888호

전화 031-666-8888, 이메일 shieldlee@coolmail.com

위 사건에 관하여 피고들의 소송대리인은 다음과 같이 답변합니다.

청구취지에 대한 답변

청구원인에 대한 답변

증 거 방 법
(생　략)

첨 부 서 류
(생　략)

2013. 8. 14.

피고들의 소송대리인 법무법인 사람과사람

담당변호사　이　방　어　(인)

재판부까지 함께 기재해야 한다

서울중앙지방법원　제10민사부　귀 중

준 비 서 면

사　　건　　2011가합2733　토지인도 등
원　　고　　김근호
피　　고　　1. 이정모
　　　　　　2. 박준경

위 사건에 관하여 피고들의 소송대리인은 아래와 같이 변론을 준비합니다.

증 거 방 법

(생략)

첨 부 서 류

(생략)

2011.　6.　15.

피고들의 소송대리인
변호사 최 선 만

서울서부지방법원 민사 제12부 귀중

2026 해커스변호사
민사기록형 암기장

제 2 편
───
청구취지

1. 소송비용의 부담 및 가집행 선고 기재례

> 1. 소송비용은 피고들이 부담한다.
> 2. 제0항, 제0항은 각 가집행할 수 있다.
>   라는 판결을 구합니다.

※ 잊지 말자

소송비용과 가집행의 청구취지 및 '라는 판결을 구합니다.'의 문구는 누락하지 않도록 답안지를 받자마자 미리 작성해놓는 편이 좋다.

※ 가집행선고가 허용(재산권의 청구에 관한 이행판결 + 이행기도래)되지 않는 경우

가집행선고는 '재산권의 이행청구에 관한 미확정의 종국판결'에 집행력을 부여하는 형성적 재판이므로(민사소송법 제213조), ㉠ 확인판결, ㉡ 형성판결(공유물분할판결, 사해행위취소청구), ㉢ 별도의 집행절차가 없는 의사의 진술을 명하는 판결(이전등기 · 말소등기 청구, 부동산등기법 제57조 또는 제59조의 승낙의 의사표시를 구하는 청구, 채권양도 통지청구, 토지거래허가신청 등), ㉣ 이행기가 판결확정 이후에 도래함이 명백한 판결(사해행위취소소송에서의 가액배상청구) 등의 경우에는 가집행선고가 허용되지 않는다. 그러나 동시이행관계나 선이행관계는 가집행선고가 가능하다.

2. 청구취지 기재시 '각' 의 이용법

> ### (1) 1억 원을 이자율 연 10%, 변제기를 2020. 3. 4.로 하여 대여한 경우
> 피고는 원고에게 100,000,000원 및 이에 대한 2020. 3. 5.부터 이 사건 소장 부본 송달일까지는 연 10%의, 그 다음날부터 다 갚는 날까지는 연 12%의 각 비율로 계산한 돈을 지급하라.

※ 잊지 말자

수인의 피고에 대한 청구, 약정이율 · 지연손해금율 · 소촉법상 이율이 달라지는 경우 특히 주의할 필요가 있다.

※ '각'을 붙이지 않는 원래의 형태

원고의 청구를 원래의 형태로 적는다면 "피고는 원고에게 100,000,000원 및 이에 대한 2020. 3. 5.부터 이 사건 소장 부본 송달일까지는 연 10%의 비율로 계산한 돈을 지급하고, 그 다음날부터 다 갚는 날까지는 연 12%의 비율로 계산한 돈을 지급하라."가 될 것이다.

이럴 경우 '비율로 계산한 돈을 지급하라'라는 말이 중복되므로 그 앞에 '각'을 붙여 해결하는 것이다.

Set 004   이행의 소 2 : 금전지급청구

1. 기본형(동시이행을 명하는 청구취지, "원고로부터 OO을 지급(인도)받음과 동시에")

피고는 원고로부터 별지 목록 제3. 기재 토지에 관한 수원지방법원 성남지원 하남등기소 2018. 2. 15. 접수 제4927호로 마친 소유권이전등기의 말소등기절차를 이행받음과 동시에 원고에게 850,000,000원 및 이에 대한 이 사건 소장 부본 송달일부터 다 갚는 날까지 연 5%의 비율로 계산한 돈을 지급하라.(9회)

2. 장래이행의 소(정기금 형식의 부당이득반환청구, 선이행 조건부 청구, 장래 기한부 청구)

(1) 국가 또는 지자체의 불법점유와 소유권자의 손해배상 또는 부당이득반환 청구

피고는 원고에게 2012. 7. 1.부터 별지 목록 기재 토지에 관한 도로폐쇄로 인한 점유 종료일까지 월 10,000,000원의 비율로 계산한 돈을 지급하라.

(2) 사인의 불법점유에 따른 소유권자의 손해배상/부당이득반환 청구(1 · 2 · 3 · 6 · 13 · 14회)

1. 피고는 원고에게

　가. 별지 목록 제2. 기재 건물을 철거하고, 별지 목록 제1. 기재 토지를 인도하고

　나. 이 사건 소장부본 송달일부터 위 가.항 토지의 인도 완료일까지 월 3,000,000원의 비율로 계산한 돈을 지급하라.

(3) 사인의 적법점유에 따른 부당이득반환청구

피고는 원고에게, 이 사건 소장 부본 송달일부터 서울 광진구 광장동 578 대 160㎡ 중 별지 도면 1 표시 ㄱ. ㄴ. ㅁ. ㄱ의 각 점을 순차로 연결한 선내 (가) 부분 13㎡에 대한 사용 · 수익을 종료할 때까지 월 1,300,000원의 비율로 계산한 돈을 지급하라.

※ 암기 사항

불법점유의 경우 피고가 국가(등)인 경우 "점유 종료일까지(원고의 소유권상실일까지라고는 기재하지 않음)", 사인인 경우 "인도완료일까지", 사인의 적법점유의 경우 "사용 · 수익 종료일까지(인도 완료일까지로 기재하여도 무방함)"로 암기한다.

3. 이자 및 지연손해금 청구(1 · 2 · 3 · 4 · 5 · 6 · 8 · 10 · 11 · 12 · 13 · 14회)

(1) 기본형(원금의 뒤에 '및 이에 대하여', '~부터 ~까지', '이율'을 차례로 추가)

1. 피고는 원고에게 (원금) 및 이에 대한 (기산일)부터 다 갚는 날까지 (이율)로 계산한 돈을 지급하라.

1. 피고는 원고에게 70,000,000원 및 이에 대한 2023. 8. 1.부터 이 사건 소장부본 송달일까지는 연 5%의, 그 다음날부터 다 갚는 날까지는 연 12%의 각 비율로 계산한 돈을 지급하라.

1. 피고는 원고에게 180,000,000원 및 이에 대한 이 사건 소장 부본 송달일 다음날부터 다 갚는 날까지 연 12%의 비율로 계산한 돈을 지급하라.

(2) 1억 원을 이자약정 없이 2020. 3. 4. 상거래상 대여한 경우(상법 제55조 1항)

피고는 원고에게 100,000,000원 및 이에 대한 2020. 3. 4.부터 이 사건 소장 부본 송달일까지는 연 6%의, 그 다음날부터 다 갚는 날까지는 연 12%의 각 비율로 계산한 돈을 지급하라.

(3) 1억 원을 2016. 10. 8. 이자율 연 3%, 변제기 2017. 1. 7.로 하여 대여한 경우

피고는 원고에게 100,000,000원 및 이에 대한 2016. 10. 8.부터 2017. 1. 7.까지는 연 3%의, 그 다음날부터 이 사건 소장 부본 송달일까지는 연 5%의, 그 다음날부터 다 갚는 날까지는 연 15%의 각 비율로 계산한 돈을 지급하라.(9회)

(4) 2억 원을 2016. 1. 5. 이자율 연 6%, 변제기 2017. 1. 4.로 하여 대여한 경우

피고는 원고에게 200,000,000원 및 이에 대한 2016. 1. 5.부터 이 사건 소장 부본 송달일까지는 연 6%의, 그 다음 날부터 다 갚는 날까지는 연 15%의 각 비율로 계산한 돈을 지급하라.

(5) 1억 원을 2020. 3. 4. 이자율 연 2%, 지연이자율 연 3%, 변제기 2021. 3. 3.로 하여 대여한 경우

피고는 원고에게 100,000,000원 및 이에 대한 2020. 3. 4.부터 2021. 3. 3.까지는 연 2%의, 2021. 3. 4.부터 이 사건 소장 부본 송달일까지는 연 3%의, 그 다음날부터 다 갚는 날까지는 연 12%의 각 비율로 계산한 돈을 지급하라.

(6) 10억 원의 아파트를 피고가 원고에게 매도하기로 약정하고, 원고가 2017. 3. 25. 계약금 중 일부인 1천만 원을 지급하고, 계약금(5천만 원으로 약정)을 손해배상금으로 하는 특약을 한 경우(민법 제548조 2항, 제551조, 제398조)

피고는 원고에게 60,000,000원 및 그 중 10,000,000원에 대하여는 2017. 3. 25.부터 이 사건 소장 부본 송달일까지는 연 5%의, 50,000,000원에 대하여는 2017. 4. 27.부터 이 사건 소장부본 송달일까지는 연 10%의, 각 그 다음날부터 다 갚는 날까지는 연 15%의 각 비율로 계산한 돈을 지급하라.

※ 청구취지 (6) 사실관계

① 원고(매수인)는 피고(매도인) 김민호와 2017. 3. 25. 피고 김민호 소유의 부동산 매매계약을 체결, ② 계약금은 5,000만 원으로 하고 원고는 계약당일(2017. 3. 25) 1,000만 원을 지급(채무불이행에 대비하여 계약금을 손해배상액의 예정으로 하기로 함, 특약상 지연이자는 10% 약정), ③ 원고가 계약금 잔금 4,000만 원을 지급하려 하였으나 피고의 계좌폐쇄로 원고가 공탁(결국 계약금 전부 지급, 계약금 불성립→위약금약정 영향X), ④ 피고의 이행기전 이행거절로 원고가 2017. 4. 25. 해제의 의사표시. 2017. 4. 27. 의사표시의 도달로 매매계약의 해제

※ 법정이자 규정

이자 약정이 없는 경우에도 법정이자가 규정되어 있는 경우[예를 들면, 상인(상법 제55조 1항) 또는 계약해제시 금전 반환(제548조 제2항), 악의의 수익자의 반환범위(제748조 제2항) 등]에는 **법정이자를 함께 청구하여야 한다**('작성요령'에서 의뢰인에게 가장 유리한 내용으로 소장을 작성하도록 요구하고 있다).

※ 소촉법상의 법정이율 정리

소촉법상의 법정이율은 2015.9.30.까지는 연 20%, 2015.10.1.부터 2019.5.31.까지는 연 15%, 2019.6.1.부터는 연 12%이다.

소촉법은 채권자가 '이미 이행지체'에 빠진 금전채무의 이행을 구하는 '소'를 제기하여 그 전부 또는 일부의 이행을 명하는 판결을 선고할 경우, 금전채무이행으로 인한 손해배상액 산정의 기준이 되는 법정이율은 그 **금전채무의 이행을 구하는**'소장부본이 채무자에게 송달된 다음 날'로부터 '연 12%'로 규정하고 있다(⊙ 이혼으로 인한 재산분할로서 금전채무는 협의 또는 심판에 의하여 비로소 그 구체적 내용이 정해지게 되므로, ⓒ 사해행위 취소에 따른 가액배상채무는 판결확정 전에는 지체책임이 발생하지 않으므로, ⓒ 동시이행관계에 있는 채무상호간에는 지체책임 발생하지 않으므로 소촉법이 적용되지 않는다).

4. 수 개의 금전채권

(1) 복수의 금전채권, 각 채권의 이행기가 다른 경우

소구하는 원금의 총액을 적시한 뒤, 그 뒤에 **"및 그 중"**을 덧붙여 금액의 일부마다 변제기(이행기)를 특정하여 각각 기재한다. 이 경우 "다 갚는 날까지 (일율)비율로 계산한 돈을 지급하라."라는 문구가 중복되므로 다 갚는 날까지 앞에 '각'을 삽입하여 중복되지 않게 기재한다. 다만 약정이율이 소촉법 상의 이율보다 낮은 경우에는 '각'의 위치를 주의하여 기재해야 한다.

1. 피고는 원고에게 (청구총액) 및 그 중 (일부)에 대하여는 (이행기)부터, (일부)에 대하여는 (이행기)부터 각 다 갚는 날까지 (이율)비율로 계산한 돈을 지급하라.

1. 피고 강수근은 원고로부터 1,200,000,000원 및 그 중 200,000,000원에 대하여는 2015. 7. 1.부터, 1,000,000,000원에 대하여는 2015. 8. 1.부터 각 다 갚는 날까지 연 5%의 비율로 계산한 돈을 지급받음과 동시에 원고에게 서울 서초구 방배동 154 지상 철근콘크리트조 슬라브지붕 단층 근린생활시설 100㎡을 인도하고, 2015. 8. 1.부터 위 건물의 인도완료일까지 월 10,000,000원의 비율로 계산한 돈을 지급하라.(6회)

1-1) 원고가 피고에게 2020. 3. 1. 4,000만 원을 연 15%의 이율로 대여하고, 2020. 4. 1. 3,000만 원을 동이율로 각각 대여하고 변제기가 모두 도래한 경우

피고는 원고에게 70,000,000원 및 그 중 40,000,000원에 대하여는 2020. 3. 1.부터, 30,000,000원에 대하여는 2020. 4. 1.부터 각 다 갚는 날까지 연 15%의 비율로 계산한 돈을 지급하라.

1-2) 위 예시에서 약정이율이 소촉법상의 이율을 초과하지 않는 경우(약정이율 연 6%)

피고는 원고에게 70,000,000원 및 그 중 40,000,000원에 대하여는 2020. 3. 1.부터, 30,000,000원에 대하여는 2020. 4. 1.부터 각 이 사건 소장부본 송달일까지는 연 6%의, 그 다음날부터 다 갚는 날까지는 연 12%의 각 비율로 계산한 돈을 지급하라.

(2) 복수의 금전채권, 각 채권의 이행기 및 이율이 다른 경우

2-1) 원고가 피고에게 2020. 3. 1. 4,000만 원을 연 5%의 이율로 대여하고, 2020. 4. 1. 3,000만 원을 연 10%의 이율로 각각 대여하고 변제기가 모두 도래한 경우

피고는 원고에게 70,000,000원 및 그 중 40,000,000원에 대하여는 2020. 3. 1.부터 이 사건 소장부본 송달일까지는 연 5%의, 30,000,000원에 대하여는 2020. 4. 1.부터 이 사건 소장부본 송달일까지는 연 10%의, 각 그 다음날부터 다 갚는 날까지 연 12%의 각 비율로 계산한 돈을 지급하라.

5. 상환이행청구

(1) 기본형

1. 피고는 원고로부터 ~을 (지급·이행·인도 등) 받음과 동시에 원고에게 (금원)를 지급하라.

1. 피고 甲은 피고 乙로부터 별지 목록 제4. 기재 부동산 중 3층 300㎡을 인도받음과 동시에 원고에게 198,000,000원을 지급하라.(4회)

(2) 임대차계약이 종료된 경우

피고는 원고로부터 298,000,000(295,000,000원)원에서 2018. 5. 1.(2018. 8. 1.)부터 별지 목록 제4. 기재 건물의 인도완료일까지 월 1,000,000원의 비율로 계산한 돈을 공제한 나머지 돈을 지급받음과 동시에 원고에게 위 건물을 인도하라.(8회)

(3) 원고(매수인)이 매매 잔대금을 미지급한 경우(민법 제568조 2항)

피고는 원고로부터 200,000,000원을 지급받음과 동시에 원고에게 별지 목록 기제 제3. 토지에 관하여 2017. 1. 8. 매매를 원인으로 한 소유권이전등기절차를 이행하라.

(4) 피고가 정당한 '유치권' 행사를 하면서 스스로 목적물에 거주한 경우

1. 피고는 원고로부터 100,000,000원에서 2021. 11. 1.부터 별지 목록 기재 3. 건물의 사용수익 종료일까지 월 2,000,000원의 비율로 계산한 돈을 공제한 나머지 돈을 지급받음과 동시에 위 건물을 인도하라.(11회)

1. 피고는 원고로부터 50,000,000원 및 이에 대한 2020. 9. 17.부터 다 갚는 날까지 연 12%의 비율로 계산한 돈을 지급받음과 동시에 원고에게 별지 목록 기재 건물을 인도하라.

(5) 전세계약이 종료된 경우(민법 제317조)

피고는 원고로부터 별지 목록 기재 건물에 관하여 서울동부지방법원 2015. 4. 7. 접수 제5950호로 마친 전세권설정등기의 말소등기절차의 이행 및 위 건물을 인도받음과 동시에 원고에게 100,000,000원을 지급하라.

(6) 동기의 착오로 매매계약이 취소된 경우

피고는 원고로부터 별지 목록 제3. 기재 토지에 관한 수원지방법원 성남지원 하남등기소 2018. 2. 15. 접수 제4927호로 마친 소유권이전등기의 말소등기절차를 이행받음과 동시에 원고에게 850,000,000원 및 이에 대한 이 사건 소장 부본 송달일부터 다 갚는 날까지 연 5%의 비율로 계산한 돈을 지급하라.(9회)

※ 인도거절권능과 부당이득반환청구권

동시이행항변권이나 유치권과 같은 인도거절권능은 점유를 정당화시켜줄 뿐 점유에 따른 사용이익의 보유를 정당화시켜주지는 않으므로 점유·사용에 따른 부당이득은 성립한다.

6. 복수의 당사자가 있는 경우

(1) 피고 甲, 乙, 丙의 원고 A에 대한 금전채무(연 12% 이자약정)(다수의 피고들 사이에 중첩관
계가 없는 경우)

원고에게, 피고 甲은 30,000,000원, 피고 乙은 50,000,000원, 피고 丙은 20,000,000원
및 위 각 돈에 대한 2020. 3. 17.부터 다 갚는 날까지 연 12%의 비율로 계산한 돈을
지급하라.

(2) 다수의 원고가 피고 1인에게 청구하는 경우(연 6% 약정이율)

피고는 원고 甲에게 30,000,000원, 원고 乙에게 60,000,000원 및 위 각 돈에 대한
2020. 2. 1.부터 이 사건 소장 부본 송달일까지는 연 6%의, 그 다음날부터 다 갚는
날까지는 연 12%의 각 비율로 계산한 돈을 지급하라.

(3) 수인의 피고 사이에 기간이 다른 경우(피고 甲은 주채무자로서 이자에 대한 시효이익을 포
기하였으나, 피고 乙은 연대보증인으로서 시효이익을 포기하지 않은 경우)

피고 甲과 피고 乙은 연대하여 원고에게 100,000,000원 및 이에 대하여 피고 甲은
2011. 12. 10.부터, 피고 乙은 2012. 5. 10.부터 각 다 갚는 날까지 월 2%의 비율로
계산한 돈을 지급하라.

(4) 수인의 연대채무자 중 일부에 대한 채무면제가 있는 경우

1. 원고에게,

  가. 피고 甲은 80,000,000원 및 이에 대한 2022. 12. 2.부터 이 사건 소장 부본 송달
    일까지는 연 6%의, 그 다음날부터 다 갚는 날까지는 연 12%의 각 비율로 계산
    한 돈을 지급하고,

  나. 피고 乙은 피고 甲과 연대하여 위 가.항 기재 돈 중 30,000,000만원 및 이에 대
    한 2022. 12. 2.부터 이 사건 소장 부본 송달일까지는 연 6%의, 그 다음날부터
    다 갚는 날까지는 연 12%의 각 비율로 계산한 돈을 지급하라.

(5) 영업양도인과 영업양수인이 공동으로 책임을 져야 하는 경우(14회)

1. 피고 김선웅과 피고 오민한은 공동하여 원고 강용원에게 200,000,000원 및 이에 대한 2021. 11. 6.부터 이 사건 소장 부본송달일까지는 연 6%의, 그 다음 날부터 다 갚는 날까지는 연 12%의 각 비율로 계산한 돈을 지급하라.

※ 청구취지 (3) 사실관계

① 원고는 2011. 5. 10. 피고 甲에게 1억 원을 이자 월 2%(매월 9일 지급), 변제기 2012. 5. 9.로 정하여 대여하였고, 피고 乙은 위 채무를 연대보증하였음. ② 피고들은 2011. 5. 10.부터 2011. 12. 9. 까지의 7개월 분 이자만을 지급하였을 뿐, 그 이후에 발생한 이자, 지연손해금 및 원금을 변제하고 있지 않음. ③ 피고 甲은 이자에 대한 시효이익을 포기하였음. ④ 소 제기일은 2012. 5. 10.

※ '각'의 활용

피고들 사이에 중첩관계가 없는 경우 반드시 '각'을 기재해야 한다('각'을 누락할 경우 분할채무로 취급되기 때문이다).

※ '연대하여', '공동하여', '합동하여'

연대채무, 연대보증 : "연대하여"
불가분채무, 부진정연대채무, 단순보증 : "공동하여"
수인의 어음·수표채무자의 채무 : "합동하여"

6-1. 수인의 피고 사이에 채무 일부에 대해서만 중첩관계가 성립하는 경우

(1) 연대채무자 중 1인에 대한 소멸시효 완성 후 그가 시효이익을 포기한 경우

1. 원고에게,
   가. 피고 윤우상은 50,000,000원, 피고 주식회사 대천은 피고 윤우상과 연대하여 위 돈 중 25,000,000원 및 각 이에 대한 2011. 2. 21.부터 이 사건 소장 부본 송달일까지는 연 6%의, 그 다음 날부터 다 갚는 날까지는 연 15%의 각 비율로 계산한 돈을 각 지급하라.(6회)

(2) 주채무자는 피고 甲이며, 원고로부터 1차 및 2차로 각각 금전을 차용하고, 1차 차용금에 대해서는 乙과 주식회사 丙이, 2차 차용금에 대해서는 丁이 각각 주채무와 동일한 내용으로 연대보증계약을 체결한 사안(1차 차용금 1억, 이자 월 2%약정, 2차 차용금 5,000만 원, 연 30%의 지연손해금 약정) ☞ 당시에는 이자제한법상 유효한 약정임을 전제

1. 원고에게
   가. 피고 甲은 163,000,000원 및 그 중 100,000,000원에 대하여는 2012. 10. 10.부터

다 갚는 날까지 월 2%의, 50,000,000원에 대하여는 2012. 11. 20.부터 다 갚는 날까지 연 30%의 각 비율로 계산한 돈을,

나. 피고 乙, 피고 주식회사 丙은 피고 甲과 연대하여 위 가.항 기재 돈 중 112,000,000원 및 그 중 100,000,000원에 대한 2012. 10. 10.부터 다 갚는 날까지 월 2%의 비율로 계산한 돈을,

다. 피고 丁은 피고 甲과 연대하여 위 가.항 기재 돈 중 51,000,000원 및 그 중 50,000,000원에 대한 2012. 11. 20.부터 다 갚는 날까지 연 30%의 비율로 계산한 돈을,

각 지급하라.

(3) 피고 甲의 채무가 일상 가사에 관한 채무로서 피고 乙이 일부에 대하여 연대책임이 있는 경우

1. 원고에게,

가. 피고 甲은 25,000,000원 및 이에 대한 2012. 7. 1.부터 이 사건 소장 부본 송달일까지는 월 1%의, 그 다음날부터 다 갚는 날까지는 연 20%의 각 비율로 계산한 돈을 지급하고,

나. 피고 乙은 피고 甲과 연대하여 위 가.항 기재 돈 중 10,000,000원 및 이에 대한 2012. 7. 1.부터 이 사건 소장부본 송달일까지는 월 1%의, 그 다음날부터 다 갚는 날까지는 연 20%의 각 비율로 계산한 돈을 지급하라.

7. 각종 권리에서의 기산점

		소멸시효 기산점	이행기	이행지체 기산점
확정기한부 채무		기한이 도래한 **당일**	기한이 도래한 **당일**	기한이 도래한 **다음날** (제387조 1항 1문)
불확정기한부 채무		기한으로 정한 사실이 발생한 때 또는 발생하지 아니하는 것으로 확정된 때	기한으로 정한 사실이 발생한 때 또는 발생하지 아니하는 것으로 확정된 때	채무자가 기한이 **도래함을 안 다음날**(제387조 1항 2문)
기한의 정함이 없는 채무	원칙	채권성립 **당일**	채권성립 **당일**	이행청구를 받은 **다음날**(제387조 2항)
	불법행위 책임	손해 및 가해자를 안 날(3년), 불법행위를 한 날(10년)(제766조)	불법행위성립 **당일**	불법행위성립 **당일**
	기한없는 소비대차	최고를 할 수 있는 때 (계약성립일)로부터 **상당기간이 경과한 때**	최고 후 **상당기간이 경과한 때**(제603조 2항)	최고 후 **상당기간이 경과한 다음날**

1. 특정물의 인도 청구

(1) 기본형

1. 피고는 원고에게 OO를 인도하라

1. 피고는 원고에게 서울 노원구 상계동 75 대 100㎡을 인도하라.

1. 피고 乙은 피고 甲에게 별지 목록 제4. 기재 부동산 중 3층 300㎡을 인도하라.(1·2·4회)

(2) 별지 목록 및 별지도면을 이용한 청구

1. 피고 甲은 원고로부터 93,000,000원을 지급받음과 동시에 원고에게 별지 목록 제5. 기재 부동산 중 별지 도면 표시 1. 2. 3. 4. 1.의 각 점을 순차로 연결한 선내 (가) 부분 60㎡을 인도하라.(12회)

1. 원고에게

  가. 피고 甲은

   (1) 별지 목록 제2. 기재 토지 지상 별지 도면 표시 1. 2. 3. 4. 1.의 각 점을 순차로 연결한 선내 (가) 부분 경량철골조 샌드위치패널지붕 점포 80㎡을 철거하고, 별지 목록 제2. 기재 토지를 인도하고,

   (2) 2014. 5. 1.부터 위 토지의 인도 완료일까지 월 500,000원의 비율로 계산한 돈을 지급하고,

  나. 피고 장영낙은 위 가.(1)항 점포에서 퇴거하라

1. 피고 甲은 원고에게

  가. 904,500,000원 및 그 중 900,000,000원에 대한 2016. 11. 16.부터 이 사건 소장 부본 송달일까지는 연 5%의, 그 다음 날부터 다 갚는 날까지는 연 15%의 각 비율로 계산한 돈을 지급하고,

  나. 이 사건 소장 부본 송달일부터 서울 광진구 광장동 578 대 160㎡ 중 별지 도면 제1. 표시 ㄱ. ㄴ. ㅁ. ㄱ.의 각 점을 순차로 연결한 선내 (가) 부분 13㎡에 대한 사용·수익종료시까지 월 1,300,000원의 비율로 계산한 돈을 지급하라.

1. 피고 甲은 원고에게 서울 서초구 내곡동 181 대 500㎡ 중 별지 측량성과도 표시 1. 2. 3. 4. 1.의 각 점을 순차로 연결한 선내 (가) 부분 10㎡에 관하여 2015. 5. 31. 점유취득시효완성을 원인으로 한 소유권이전등기절차를 이행하라.

(3) 상환이행청구(2·7·9회)

피고는 원고로부터 185,000,000원을 지급받음과 동시에 원고에게 별지 목록 제2. 기재 부동산을 인도하라.

※ 토지와 건물의 표시 방법(등기부등본 기재사항 순서대로)

(1) 토지 : "소재지번+지목+면적"순으로 기재

대지(垈地)의 경우에만 '대'라고 표시하고, 면적은 한글이 아닌 'm²'인 단위기호를 사용하여 표시한다. 한편, 토지대장과 등기부등본의 현황이 일치하지 않는 경우에는 '토지대장'을 기준으로 표기하고 괄호를 덧붙여 등기부등본의 표시를 병기한다.

(2) 건물 : "소재지번(도로명주소)+지상+건물내역(구조-층수-용도-면적)"순으로 기재

지번의 경우 '지상'을 반드시 기재해야 하고, 지목은 쓰지 않음이 원칙이다. 다만, 토지의 인도와 건물의 철거를 함께 청구하는 경우에는 지목과 면적도 반드시 기재한다.

※ 간접점유자에 대한 인도청구

判例는 불법점유를 이유로 한 인도청구와 그 밖의 인도청구 예컨대, 인도약정에 따라 그 이행을 구하는 경우를 나누어, ㉠ 불법점유자에 대한 인도청구는 현실로 불법점유를 하고 있는 자만을 상대로 해야 한다고 하는 반면(70다1508), ㉡ 인도약정에 따른 이행청구의 경우에는 간접점유자에 대해서도 인도를 청구할 수 있다고 한다(81다187).[1]

2. 건물철거 및 퇴거청구

(1) 기본형(3 · 5 · 11 · 13 · 14회)

1. 피고는 원고에게 별지 목록 기재 건물을 철거하고, 별지 목록 기재 토지를 인도하라.

(2) 지상건물 소유자(甲) 이외의 자(乙)가 지상건물을 점유하고 있는 경우

1. 피고 甲은 원고에게

가. 별지 목록 기재 제4. 건물을 철거하고, 별지 목록 기재 제3. 토지를 인도하고,

나. 2018. 4. 17.부터 위 토지의 인도 완료일까지 월 5,000,000원의 비율로 계산한 돈을 지급하라.

2. 피고 乙은 원고에게 별지 목록 기재 제4. 건물에서 퇴거하라.

1. 피고 甲은,

가. 피고 乙에게 별지 목록 제2. 기재 건물 1층 120m²을 인도하고,

나. 피고 丙에게 별지 목록 제3. 기재 건물을 철거하라.(7회)

※ 핵심정리

判例는 ① '건물의 미등기 매수인'은 ⅰ) 대지인도 · 건물철거와 ⅱ) 대지에 대한 사용이익의

---

[1] "불법점유를 이유로 한 건물명도청구를 하려면 현실적으로 불법점유하고 있는 사람을 상대로 하여야 할 것이나, 그렇지 않은 경우에는 간접점유자를 상대로 명도를 청구할 수 있다"

부당이득반환청구의 상대방(건물 소유자와 부진정연대채무)으로 인정하나, ⅲ) 건물퇴거청구의 상대방으로는 인정하지 않는다(철거청구에 퇴거청구가 포함). ② 그러나 건물임차인과 같이 '건물소유자 아닌 건물의 직접점유자'는 ⅰ) 대지인도·건물철거와 ⅱ) 대지에 대한 사용이익의 부당이득반환청구의 상대방(건물소유자가 부담)으로 인정하지 않으나, ⅲ) 건물퇴거청구의 상대방으로는 인정한다.

Set 006   이행의 소 4 : 등기청구

1. 소유권이전등기청구

(1) 기본형

1. 피고는 원고에게 (부동산)에 관하여 (취득원인 : 매매, 증여, 명의신탁해지, 점유취득시효완성, 양도약정(4회), 대물변제약정)을 원인으로 한 소유권이전등기절차를 이행하라.

1. 피고는 원고들에게 별지 목록 기재 부동산 중 각 1/2 지분에 관하여 2010. 5. 1. 매매를 원인으로 한 소유권이전등기절차를 이행하라.(3회)

(2) 취득시효를 원인으로 한 소유권이전등기청구

피고는 원고에게 별지 목록 제3. 기재 토지에 관하여 2015. 10. 1. 취득시효완성을 원인으로 한 소유권이전등기절차를 이행하라.(13회)

(3) 대물변제약정을 원인으로 한 소유권이전등기청구

피고는 원고에게 별지 목록 제1. 기재 토지 및 별지 목록 제2. 기재 건물에 관하여 각 2017. 2. 9. 대물변제약정을 원인으로 한 소유권이전등기절차를 이행하라.(7회)

(4) 수인(상속인들)의 취득시효 완성을 원인으로 한 소유권이전등기청구권의 대위청구

1. 피고는 별지 목록 제1. 기재 부동산 중 소외 甲[주소]에게 3/7 지분에 관하여, 소외 乙[주소]에게 2/7 지분에 관하여, 소외 丙[주소]에게 2/7 지분에 관하여 각 2020. 2. 1. 취득시효완성을 원인으로 한 소유권이전등기절차를 이행하라.(12회)

※ **청구취지 작성 시 주의 사항**

부동산에 "관하여"(대하여 x), "등기절차를 이행하라"(등기하라 x)

※ **가집행 不可**

의사의 진술을 명하는 판결

※ **원인관계의 표시**

소유권이전등기를 구하는 경우 원인관계를 반드시 적시하여야 한다.

1-1. 특수한 소유권이전등기 청구

(1) 원고의 채권자대위권에 기한 순차대위청구 + 소유권이전등기청구권 가압류결정 해제조건부 청구

1. 서울 강서구 마곡동 900-1 대 350㎡에 관하여,

가. 피고 甲은 피고 乙에게, 피고 乙과 소외 丙 사이의 2018. 7. 23. 자 서울남부지방법원('서울남부지방법원 2018. 7. 23. 자' 라고 써도 무방함) 2018카단2416 소유권이전등기청구권 가압류결정에 의한 집행이 해제되면, 2017. 3. 2. 매매를 원인으로 한 소유권이전등기절차를 이행하고,

나. 피고 乙은 원고에게, 2018. 3. 25. 매매를 원인으로 한 소유권이전등기절차를 이행하라.

(2) 상환이행청구(2 · 7회)

피고 乙은 피고 甲으로부터 300,000,000원을 지급받음과 동시에 피고 甲에게 별지 목록 제1. 기재 토지에 관하여 2016. 7. 5. 매매를 원인으로 한 소유권이전등기절차를 이행하라.

(3) 소유권이전등기청구권 가압류집행 해제조건부청구와 상환이행청구의 결합

피고는 원고로부터 89,000,000원을 지급받음과 동시에 원고에게 별지 목록 제1. 기재 토지에 관하여 원고와 소외 甲 사이의 수원지방법원 2014. 12. 10. 자. 2014카합2341호 소유권이전등기청구권 가압류결정에 의한 집행이 해제되면 2014. 3. 31. 매매를 원인으로 한 소유권이전등기절차를 이행하라.

(4) 가등기에 기한 본등기청구

피고는 원고에게 별지 목록 기재 부동산에 관하여 의정부지방법원 고양등기소 2019. 8. 28. 접수 제6552호로 마친 가등기에 기하여 2020. 4. 13. 매매를 원인으로 한 소유권이전등기절차를 이행하라.

(5) 공동상속인(妻, 子)에 대한 청구

1. 원고에게

가. 피고 甲은 3/5 지분에 관하여, 피고 乙은 2/5 지분에 관하여 각 별지 목록 제2. 기재 건물을 철거하고,

나. 별지 목록 제1. 기재 토지 중 피고 甲은 3/5 지분에 관하여, 피고 乙은 2/5 지분에 관하여 각 2016. 12. 1. 매매를 원인으로 한 소유권이전등기절차를 이행하고,

다. 피고 甲과 피고 乙은 각 위 나.항 토지를 인도하라.(8회)

※ 소유권이전등기청구권 가압류결정 해제조건부청구 청구취지

날.자. 법.카. 소.가. 결.의. 집.해.원.소.절.이 (법원이 제일 앞에 와도 무방함)

다만, 변론주의 원칙상 제3채무자가 가압류된 사실을 주장하는 사정이 있어야 한다.

2. (근)저당권설정등기청구

(1) 기본형

피고는 원고에게 별지 목록 기재 각 부동산에 관하여 2016. 12. 18. 근저당권설정계약을 원인으로 한 채권최고액 200,000,000원, 채무자 이정회[주소: 서울 성북구 보문로 168(삼선동)]의 근저당권설정등기절차를 이행하라.

※ 기재형식
i) 저당권 : 저당권설정계약 + 채권액 + 채무자(주소만을 기재) + 변제기 + 이자(계+채+무+변+이)
ii) 근저당권 : 근저당권설정계약 + 채권최고액 + 채무자(주소만을 기재)(계+채+무)
※ 주소 등을 반드시 기재하여 당사자 아닌 '제3자'를 특정해야 하는 경우
① 저당권설정등기를 구할 때 채무자(주소), ② 채권양도 통지를 구할 때 채무자(주소), ③ 대위소송에서 채무자(주민등록번호, 주소), ④ 유치권항변으로 상환이행판결을 구할 때 채무자(주소) 등이 있다. 다만 채권자취소권에서 채무자는 당사자가 아니나 주소 등으로 특정될 필요가 없다(상대적 무효설)

3. 말소등기청구

청구의 유형	등기원인기재 여부
이전등기청구	○
원인무효등기의 말소등기청구(무효, 취소, 해제 등)	×
후발적 실효사유에 의한 말소등기 청구(해지, 변제 등)	○
선이행판결(피담보채무 변제 조건 저당권설정등기말소 등)	×

(1) 기본형

피고는 원고에게 (부동산)에 관하여 (법원 등기소 - 날짜 - 접수번호)로 마친 소유권이전등기(근저당권설정등기)의 말소등기절차를 이행하라.

(2) 등기부상 이해관계 있는 제3자가 존재하는 경우(부동산등기법 제57조 1항)(4 · 12회)

1. 피고 김병철에게 별지 목록 제1. 기재 토지에 관하여

　가. 피고 김상우는 서울중앙지방법원 2014. 12. 1. 접수 제15780호로 마친 소유권이전등기의 말소등기절차를 이행하고

　나. 피고 정우철은 위 말소등기에 대하여 승낙의 의사표시를 하라. (등.대.승.표)

1. 원고에게 별지 목록 제1. 기재 토지에 관하여,

　가. 피고 甲은 의정부지방법원 남양주지원 가평등기소 2020. 5. 21. 접수 제3975호로 마친 소유권이전등기의 말소등기절차를 이행하고,

　나. 피고 乙은 위 말소등기에 대하여 승낙의 의사표시를 하라.('승낙하라' X)

(3) 말소등기청구(원인무효의 사유)(1 · 4 · 5 · 9 · 10 · 12 · 13 · 14회)

1. 피고는 원고에게 별지 목록 제3. 기재 부동산에 관하여 수원지방법원 안산지원 시흥등기소 2017. 5. 13. 접수 제3325호로 마친 소유권이전등기의 말소등기절차를 이행하라.

1. 피고는 원고에게 별지 목록 기재 부동산에 관하여 의정부지방법원 남양주지원 가평등기소 2020. 5. 21. 접수 제3976호로 마친 근저당권설정등기의 말소등기절차를 이행하라.

1. 원고 강용원에게 별지 목록 제1. 기재 부동산 중 3/5 지분에 관하여,

　가. 피고 이문호는 서울동부지방법원 등기국 2024.10.5. 접수 제25797호로 마친 소유권이전등기의

　나. 피고 주식회사 대한은행은 위 등기국 2024.10.5. 접수 제25799호로 마친 근저당권설정등기의

　각 말소등기절차를 이행하라.(14회)

(4) 말소등기청구(후발적 실효사유)

1. 피고는 원고에게 별지 목록 제1. 기재 건물에 관하여 수원지방법원 성남지원 분당등기소 2010. 2. 9. 접수 제9537호로 마친 저당권설정등기에 대하여 2016. 2. 9. 변제를 원인으로 한(2016. 2. 9. 소멸시효 완성을 원인으로 한) 말소등기절차를 이행하라.

(5) 변제를 선이행조건으로 한 말소등기청구(2 · 3 · 8 · 9 · 10 · 11회)

1. 피고는 소외 甲으로부터 100,000,000원 및 이에 대한 2017. 7. 15.부터 다 갚는 날까지 연 15%의 비율로 계산한 돈을 지급받은 다음, 원고에게 별지 목록 제1. 기재

토지에 관하여 수원지방법원 안산지원 2017. 3. 16. 접수 제1536호로 마친 저당권설정등기의 말소등기절차를 이행하라.

1. 피고 주식회사 우리은행은 피고 최성규로부터 4,000,000원 및 이에 대한 2012. 11. 28.부터 다 갚는 날까지 월 1%의 비율로 계산한 돈을 지급받은 다음, 원고 정상민에게 별지 목록 제1. 기재 부동산에 관하여 서울중앙지방법원 2011. 4. 28. 접수 제5217호로 마친 근저당권설정등기의 말소등기절차를 이행하라.

1. 피고 박수길은 원고로부터 86,000,000원 및 이에 대한 2014. 9. 1.부터 다 갚는 날까지 월 2%의 비율로 계산한 돈을 지급받은 다음 피고 김병철에게(또는 원고에게) 별지 목록 제1. 기재 토지에 관하여 서울중앙지방법원 2011. 5. 1. 접수 제13259호로 마친 근저당권설정등기의 말소등기절차를 이행하라.

※ 소멸시효 완성의 소급효

소멸시효에 의한 말소청구도 결국 소급하여 소멸(민법 제167조)하므로 '원시적 사유'로 청구취지에 소멸원인을 기재하지 않는다는 입장과(현재실무), 소멸시효를 후발적 실효원인으로 보고 소멸원인을 기재하는 견해가 대립한다(채점기준표 참고).

※ 근저당권설정등기와 근저당권이전등기(부기등기)의 말소청구

'피고적격'은 부기등기명의자이나 '대상적격'(소의 이익)은 주등기인 근저당권설정등기

※ 등기부상 기재

〈법원⇒접수일자⇒접수번호⇒등기의 종류〉의 순으로 기재하고, 법원을 쓸 때 표시에 '법원만' 있는 경우에는 법원만을 기재하고, '지원'이나 '등기소'가 있는 경우에는 법원명에 이어서 지원이나 등기소까지 반드시 기재해야 하나, 등기국이나 등기과는 기재하지 않는다.

※ 등기상 이해관계 있는 제3자의 승낙의 의사표시

부동산 등기법상 권리의 변경등기, 경정등기(동법 제52조 5호), 말소등기(동법 제57조), 회복등기(동법 제59조)를 신청하는 경우 등기상 이해관계 있는 제3자가 있을 때에는 그 제3자의 승낙을 있어야 한다. 동조에서 말하는 '등기상 이해관계 있는 제3자'란, 말소등기를 함으로써 손해를 입을 우려가 있는 등기상의 권리자로서 그 손해를 입을 우려가 있다는 것이 등기부 기재에 의해 형식적으로 인정되는 자이고, 제3자가 승낙의무를 부담하는지 여부는 말소등기권리자에 대해 승낙을 하여야 할 실체법상 의무가 있는지 여부에 의해 결정된다(2005다43753등).

★ (주의) 근저당권설정등기가 터 잡고 있는 소유권이전등기가 원인무효인 경우 근저당권자는 이론상 소유권이전등기의 말소에 등기상 이해관계 있는 제3자이므로 승낙을 구할 수도 있으나, 실무에서는 직접 근저당권설정등기의 말소를 구하는 것이 굳어졌다. 이 점이 오로지 승낙을 구할 수밖에 없는 가압류등기명의자와의 차이점이다.

3-1. 순차말소청구, 진정명의회복을 원인으로 한 소유권이전등기청구, 대위말소청구

(1) 순차로 경료된 등기들의 말소를 청구하는 소송(소의 이익 : 긍정)

1. 원고에게, 별지 목록 제2. 기재 부동산 중 1/2 지분에 관하여,
   가. 피고 甲은 수원지방법원 안산지원 2019. 4. 1. 접수 제2683호로 마친 소유권이 전등기의,
   나. 피고 乙은 수원지방법원 안산지원 2019. 8. 1. 접수 제5218호로 마친 소유권이 전등기의,
   각 말소등기절차를 이행하라.
2. 피고 丙은 위 제1.나.항 기재 말소등기에 대하여 승낙의 의사표시를 하라.(10회)

(2) 대위권에 기한 말소청구(4회)

1. 피고 甲은 피고 乙에게(또는 원고에게) 별지 목록 제3. 기재 부동산 중 2/5 지분에 관하여 서울중앙지방법원 2012. 1. 5. 접수 제1451호로 마친 소유권이전등기의 말 소등기절차를 이행하라.
1. 피고 남지인은 피고 정인형에게(또는 원고에게) 별지 목록 제1. 기재 토지에 관하 여 광주지방법원 2011. 6. 30. 접수 제4566호로 마친 소유권이전등기의, 별지 목록 제2. 기재 건물에 관하여 같은 법원 같은 날 접수 제4567호로 마친 소유권이전등 기의 각 말소등기절차를 이행하라.

(3) 토지의 일부에만 말소사유가 있는 경우

피고는 원고에게 서울 종로구 청계천로 85 철근콘크리트조 슬래브지붕 근린생활시 설 300㎡ 중 별지 도면 제2. 표시 ㄱ. ㄴ. ㄷ. ㄹ. ㄱ.의 각 점을 순차로 연결한 선내 (가) 부분 27㎡에 관하여 의정부지방법원 고양등기소 2001. 8. 28. 접수 제6552호로 마친 소유권이전등기의 말소등기절차를 이행하라.

(4) 진정명의회복을 원인으로 한 소유권이전등기청구(6 · 11회)

피고는 원고에게 별지 목록 제3. 기재 부동산에 관하여 진정명의회복을 원인으로 한 소 유권이전등기절차를 이행하라.

4. 말소회복등기청구

피고는 원고에게 별지 목록 기재 부동산에 관하여 의정부지방법원 고양등기소 2020. 3. 5. 접수 제000호로 말소등기된 같은 법원 같은 등기소 2019. 11. 18. 접수 제0000호로 마친 근저당권설정등기의 회복등기절차를 이행하라.

5. 기타 의사의 진술을 명하는 청구

(1) 근저당권이전의 부기등기

1. 피고는 원고에게 별지 목록 기재 부동산에 관하여 서울중앙지방법원 2014. 12. 1. 접수 제15780호로 등기한(마친) 근저당권에 대하여 2016. 10. 31. 확정채권양도를 원인으로 한 근저당권이전등기절차를 이행하라.

(2) 전세권설정등기

피고는 원고에게 별지 목록 기재 부동산에 관하여 2020. 12. 20. 전세권설정계약을 원인으로 한 전세금 300,000,000원, 존속기간 2022. 12. 19.까지의 전세권설정등기절차를 이행하라.

(3) 채권양도통지 청구

1. 피고는 원고에게,
   가. 별지 2 목록 제1. 기재 보험사고와 관련하여 같은 목록 제2. 기재 채권을 원고에게 양도한다는 취지의 의사표시를 하고,
   나. 소외 주식회사 甲(주소 : 서울 종로구 돈화문로12가길 34. 대표이사 : 박일원)에게 위 채권을 양도하였다는 취지의 통지를 하라.

(4) 명의개서청구

피고는 원고에게, 피고가 발행한 보통주식 50,000주(1주 액면금액 5,000원)에 관하여 원고 명의로 주주명부상의 명의개서절차를 이행하라.

6. 동시이행청구, 장래이행청구, 선이행청구

(1) 동시이행청구

1. 피고는 원고로부터 100,000,000원에서 2019. 10. 1.부터 별지 목록 기재 건물의 인도완료일까지 월 1,400,000원의 비율로 계산한 돈을 공제한 나머지 돈을 지급받음과 동시에 원고에게 위 건물을 인도하라.

1. 피고는 원고로부터 50,000,000원을 지급받음과 동시에 원고에게 별지 목록 기재 건물을 인도하라.

1. 피고 최미정은 소외 안승규가 피고 김용갑으로부터 99,000,000원에서 2016. 3. 1.부터 위 건물의 인도완료일까지 월 1,000,000원의 비율로 계산한 돈을 공제한 나머지 돈을 지급받음과 동시에 피고 김용갑에게 위 건물을 인도하라.

(2) 장래이행청구

피고는 원고에게 2020. 2. 15.부터 별지 목록 기재 건물의 인도 완료일까지 월 1,500,000원의 비율로 계산한 돈을 지급하라.

(3) 선이행 청구

1. 피고는 원고에게,
  가. 원고로부터 34,000,000원 및 이에 대한 2013. 6. 1.부터 다 갚는 날까지 월 1%의 비율로 계산한 돈을 지급받은 다음, 별지 목록 제2. 기재 부동산에 관하여 서울동부지방법원 강동등기소 2010. 6. 3. 접수 제15111호로 마친 근저당권설정등기의 말소등기절차를 이행하고,
  나. 400,000,000원 및 그 중 100,000,000원에 대하여는 2013. 5. 20.부터, 300,000,000원에 대하여는 2013. 6. 15.부터 각 다 갚는 날까지 연 5%의 비율로 계산한 돈을 지급하라.

1. 피고 김유지는 원고로부터 89,000,000원을 지급받음과 동시에 원고에게 별지 목록 제1. 기재 토지에 관하여 원고와 소외 이현진 사이의 수원지방법원 2014. 12. 10.자 2014카합2341호 소유권이전등기청구권 가압류결정에 의한 집행이 해제되면 2014. 3. 31. 매매를 원인으로 한 소유권이전등기절차를 이행하라.

(1) 기본형

원고와 피고 사이에 (원고의 피고에 대한) ~을 확인한다. (확인하라 X)

(2) 소멸시효 중단을 위한 후소로서 '이행소송' 이외에 '새로운 방식의 확인소송'

원고와 피고 사이에서, 원고와 피고 사이의 청주지방법원 2011. 1.20. 선고 2008가단 24455 대여금 사건의 판결로 확정된 채권의 소멸시효 중단을 위한 재판상 청구가 있음을 확인한다.

(= 원고와 피고 사이에서, 원고와 피고 사이의 청주지방법원 2011. 1. 20. 선고 2008가단24455 대여금 사건의 판결에 기한 채권의 소멸시효 중단을 위하여 이 사건 소의 제기가 있었음을 확인한다.)

(3) 채무부존재확인

1. 원고와 피고 사이에서 2011. 12. 1. 자 50,000,000원의 차용금 채무는 부존재함을 확인한다.

1. 원고와 피고 사이에서, 원고의 피고에 대한,

가. 2016. 4. 10.자 소비대차계약에 기한 채무는 100,000,000원 및 이에 대한 2017. 4. 10.부터 다 갚는 날까지 월 1%의 비율에 의한 금원을 초과하여서는 존재하지 아니함을,

나. 2016. 10. 10.자 소비대차계약에 기한 채무는 8,000,000원 및 이에 대한 2017. 4. 10.부터 다 갚는 날까지 월 1%의 비율에 의한 금원을 초과하여서는 존재하지 아니함을

각 확인한다.(7회)

(4) 적극적 확인청구

1. 원고와 피고 대한민국 사이에서 안산시 단원구 신길동 245 답 800㎡가 피고 甲의 소유임을 확인한다.

1. 원고와 피고 최병철 사이에서, 서울 강남구 역삼로 59 두꺼비 빌딩 1층 210㎡에 관하여 원고에게, 원고와 피고 최병철 사이의 2013. 1. 4. 자 임대차계약에 의한 임대차보증금 100,000,000원, 차임 월 2,000,000원, 기간 2016. 1. 9.부터 2018. 1. 8.로 된 임차권이 존재함을 확인한다.(5회)

1. 원고와 피고 사이에서, 별지 목록 제6. 기재 토지에 관하여 원고에게 별지 목록 제7. 기재 건물의 소유를 위한 관습법상 법정지상권이 존재함을 확인한다.(13회)

(5) 적극적 확인청구 + 소극적 확인청구

원고와 피고 사이에서,

　가. 서울 마포구 성산동 750 잡종지 240㎡가 원고의 소유임을 확인하고,

　나. 위 가.항 기재 토지 지상 시멘트블록조 슬레이트지붕 단층 창고 126㎡에 관한
　　　원고의 철거의무는 존재하지 아니함을 확인한다.(5회)

(6) 유치권부존재확인청구

원고와 피고 사이에서, 별지 목록 제4. 기재 건물에 관하여 피고의 유치권이 존재하
지 아니함을 확인한다.(9회)

(7) 증서진부확인청구

원고를 매도인, 피고를 매수인으로 하여 2020. 7. 1. 자로 작성된 별지 사본과 같은
매매계약서는 진정하게 성립된 것이 아님을 확인한다.

(8) 기타 확인청구

1. 소외 甲[주소]과 피고 사이에서, 소외 甲이 세화건설 주식회사[본점 소재지, 대표
이사]의 보통주식 10,000주[액면금]의 주주임을 확인한다.(11회)

1. 피고의 2020. 2. 11. 임시주주총회에서 이사 김형수를 이사에서 해임하고 황철기
를 이사로 선임한 결의는 각 존재하지 아니함을 확인한다.

1. 피고의 2020. 5. 20. 이사회에서 김수현을 피고의 대표이사로 선임한 결의는 무효
임을 확인한다.

※ 잊지 말자 : 확인의 소의 대상적격과 확인의 이익

확인의 대상은 무제한이므로 남소를 방지하는 차원에서 소의 이익이 특히 중요한 의미를
갖는데, 구체적으로는 ⅰ) 대상적격, ⅱ) 즉시확정의 이익을 요건으로 한다.
즉, ⅰ) 대상적격으로 '권리 · 법률관계'를 대상으로 하는 바, 이는 자기의 권리이며 현재 법
률관계의 확인을 구하는 것이어야 한다. ⅱ) 그리고 즉시확정이익으로 "확인의 이익은
원고의 권리 또는 법률상 지위에 현존하는 불안, 위험이 있고 그 불안, 위험을 제거함에는
확인판결을 받는 것이 가장 유효적절한 수단일 때에만 인정된다"(91다14420 등).

※ 유색한 표현

확인을 구하는 법률관계를 명확히 하기 위해 청구취지에 유색한 표현을 쓸 수 있다.

※ 소멸시효 중단을 위한 후소로서 이행소송 이외에 새로운 방식의 확인소송

㉠ 소멸시효완성이 임박하지 않거나, ㉡ 피고측이 전소 변론 종결 후의 새로운 사유(변제, 소멸시효
완성, 상계 등)를 주장하는 경우 이행소송 보다 시효중단을 위한 재판상 청구가 있음을 확
인하는 확인의 소가 원고에게 유리하다(즉시확정의 이익)(2019다215272, 전합2015다232316 참고).

(1) 기본형 : 원물반환의 경우

1. 피고와 소외 甲 사이에 별지 목록 기재 부동산(목적물)에 관하여 2020. 5. 1. 체결된 매매계약(채무자와 수익자 사이의 법률행위)를 취소한다. (부.관.날.체.계.취)

2. 피고는 소외 甲에게 별지 목록 기재 부동산에 관하여 서울중앙지방법원 2020. 5. 1. 접수 제12579호로 마친 소유권이전등기의 말소등기절차를 이행하라.

(2) 기본형 : 가액반환의 경우

1. 피고와 소외 이형수 사이에 별지 목록 기재 부동산에 관하여 2020. 5. 15. 체결된 매매계약을 100,000,000원(가액배상액의 한도)의 한도 내에서 취소한다.

2. 피고는 원고에게 100,000,000원 및 이에 대한 이 판결 확정일 다음날부터 다 갚는 날까지 연 5%의 비율로 계산한 돈을 지급하라.

(3) 원물반환의 구체적 예

1. 가. 원고와 피고 甲, 피고 乙 사이에서, 소외 丙과 피고 甲 사이에 별지 목록 제2. 기재 부동산에 관하여 2022. 10. 15. 체결된 대물변제약정을 취소한다.

　나. 피고 甲은 소외 丙에게 위 가.항 기재 부동산에 관하여 서울중앙지방법원 2022. 10. 15. 접수 제12321호로 마친 소유권이전등기의 말소등기절차를 이행하라.

　다. 피고 乙은 소외 丙에게 위 가.항 기재 부동산에 관하여 서울중앙지방법원 2022. 11. 15. 접수 제13123호로 마친 소유권이전등기의 말소등기절차를 이행하라.(12회)

1. 가. 원고와 피고 甲 사이에서, 소외 乙과 피고 甲 사이에 별지 목록 제3. 기재 부동산에 관하여 2020. 7. 13. 체결된 근저당권설정계약을 취소한다.(10회)

　나. 피고 甲은 소외 乙에게 위 가.항 기재 부동산에 관하여 수원지방법원 송탄등기소 2020. 7. 13. 접수 제4977호로 마친 근저당권설정등기의 말소등기절차를 이행하라.

1. 가. 원고와 피고 윤미영 사이에서, 피고 정철수와 소외 정선수 사이에 별지 목록 제3. 기재 토지에 관하여 2018. 3. 14. 체결된 매매예약을 취소한다.

　나. 피고 윤미영은 피고 정철수에게 위 가.항 기재 토지에 관하여 서울중앙지방법원 중부등기소 2018. 3. 14. 접수 제1034호로 마친 소유권이전청구권가등기의 말소등기절차를 이행하라.(8회)

1. 별지 1 목록 제2. 기재 부동산에 관하여,

　가. 피고 손상제와 피고 고진한 사이의 2016. 11. 11. 체결된 매매계약을 취소한다.

나. 피고 손상제에게

    1) 피고 고진한은 서울중앙지방법원 2017. 4. 1. 접수 제6789호로 마친 소유권이전등기의,

    2) 피고 고상우는 서울중앙지방법원 2017. 4. 1. 접수 제6790호로 마친 소유권이전청구권가등기의,

    각 말소등기절차를 이행하라.

(4) 가액반환의 구체적 예(13 · 14회)

1. 가. 원고와 피고 甲 사이에서, 피고 乙과 피고 甲 사이에 별지 목록 제4. 기재 부동산에 관하여 2023. 5. 30. 체결된 매매계약을 100,000,000원의 한도 내에서 취소한다.

    나. 피고 甲은 원고에게 100,000,000원 및 이에 대한 이 판결 확정일 다음날부터 다 갚는 날까지 연 5%의 비율로 계산한 돈을 지급하라.(13회)

1. 가. 피고 박복한과 피고 박복녀 사이에 별지 목록 제3. 기재 아파트에 관하여 2018. 7. 14. 체결된 매매계약을 260,000,000원의 한도 내에서 취소한다.

    나. 피고 박복녀는 원고에게 260,000,000원 및 이에 대하여 이 판결 확정일 다음날부터 다 갚는 날까지 연 5%의 비율로 계산한 돈을 지급하라.

(5) 채권양도가 사해행위인 경우

1. 가. 피고 이대철과 피고 이양순 사이에 소외 박정삼에 대한 2019. 4. 30.자 정산금 채권에 관하여 2020. 1. 8. 체결된 채권양도약정을 취소한다.

    나. 피고 이양순은 소외 박정삼[주소 : 서울 관악구 관악로 38길 13(봉천동)]에게 위 채권양도약정이 취소되었다는 통지를 하라.

(6) 원고·피고가 여럿인 경우

1. 가. 원고들과 피고 박이순 사이에서, 서울 은평구 대조로 120 문화아파트 211동 203호에 관하여 피고 박이채와 피고 박이순 사이에 2011. 4. 9. 체결된 매매계약을 200,000,000원의 한도 내에서 취소한다.

    나. 피고 박이순은 원고들에게 각 200,000,000원 및 이에 대한 이 판결 확정일 다음날부터 다 갚는 날까지 연 5%의 비율로 계산한 돈을 지급하라.(3회)

1. 원고와 피고 수익자, 피고 전득자 사이에서, 소외 채무자와 피고 수익자 사이에 별지 목록 기재 부동산에 관하여 2020. 5. 3. 체결된 매매계약을 취소한다.

2. 채무자에게, 별지 목록 기재 부동산에 관하여,

    가. 피고 전득자는 서울중앙지방법원 2020. 7. 8. 접수 제456호로 마친 소유권이전등기의,

나. 피고 수익자는 같은 법원 2020. 5. 8. 접수 제123호로 마친 소유권이전등기의,
　　각 말소등기절차를 이행하라.

(7) 가등기의 부기등기를 경료한 전득자 상대로 사해행위취소소송을 제기한 경우

1. 가. 원고와 피고 윤미영 사이에서, 소외 정선수와 피고 정철수 사이에 별지 목록
　　제3. 기재 토지에 관하여 2018. 3. 14. 체결된 매매예약을 취소한다.

　나. 피고 윤미영은 피고 정철수에게 위 토지에 관하여 서울중앙지방법원 중부등
　　기소 2018. 3. 14. 접수 제1034호로 마친 소유권이전등기청구권가등기의 말소
　　등기절차를 이행하라.(8회)

※ 법적성질

현행법상 채권자취소권은 채무자의 사해행위를 '취소'하고 아울러 채무자의 일반재산으
로부터 일탈된 재산의 '원상회복'을 구하는 권리이다(절충설 또는 병합설). 따라서 '취소'는
'형성의 소'의 성질을, '원상회복'은 '이행의 소'의 성질을 갖는다.

※ 가집행 不可

※ 가액배상의무의 이행지체책임 발생 시점과 소촉법 소정의 법정이율 적용 여부

가액배상의무는 판결이 확정된 다음날부터 이행지체책임을 지게 되므로, 소촉법 소정의
법정이율은 적용되지 않고, "이 사건 판결 확정일 다음날부터 다 갚는 날까지 연 5%의
비율로 계산한 돈을 지급하라."고 청구한다.

※ 취소채권자가 수인인 경우 사해행위 취소와 가액반환의 한도를 명하는 방법

취소채권자가 수인인 경우 각 채권자의 피보전채권 범위 내에서 각각에게 취소한도액 전
액의 지급을 명한다. 따라서 그 합계가 취소한도액을 초과하여도 무방하다.

※ 피고가 여럿인 경우

사해행위 취소의 상대적 효력 때문에 여러 명의 공동피고가 있는 경우 원고와 사해행위
취소의 피고 사이에서만 취소한다는 점을 명확하게 하기 위해 '~와~사이에서'를 기재하는
것이 일반적이다. 이는 그 뒤에 사해행위를 특정하기 위해 당사자를 기재한 '~와~사이에'
의 표현과 구별할 필요가 있다

(1) 공유물분할(현금분할, 대금분할 ; 민법 제269조 참고)

1. 별지 목록 기재 토지를, 별지 도면 표시 1. 2. 3. 4. 1.의 각 점을 순차로 연결한 선내 (가)부분 300㎡는 원고의 소유로, 같은 도면 표시 2. 5. 6. 3. 2.의 각 점을 순차로 연결한 선내 (나) 부분 200㎡는 피고의 소유로 분할한다.

1. 별지 목록 기재 부동산을 경매에 부쳐 그 대금에서 경매비용을 공제한 나머지 금액을 원고에게 7/10, 피고에게 3/10의 각 비율로 분배한다.(또는 원고, 피고에게 각 1/2의 비율로 분배한다)

(2) 이혼청구

원고와 피고는 이혼한다.

(3) 청구이의의 소(민사집행법 제44조)

1. 피고의 원고에 대한 서울중앙지방법원 2020 .5. 10. 선고 2019가합432087 판결에 기초한 강제집행을 불허한다.

1. 피고의 원고에 대한 서울중앙지방법원 2020. 5. 10. 선고 2019가합432087 판결에 기초한 강제집행은 100,000,000원을 초과하는 부분에 한하여 이를 불허한다.

(4) 배당이의의 소 제기에 따른 배당액 경정청구

서울중앙지방법원 2019타경32569호 부동산강제경매사건에 관하여 위 법원이 2019. 12. 2. 작성한 배당표 중 원고에 대한 배당액 30,000,000원을 70,000,000원으로, 피고에 대한 배당액 40,000,000원을 0원으로 각 경정한다.

(1) 주주대표소송

피고 이차만은 피고 주식회사 대천에게 200,000,000원 및 이에 대한 2014. 10. 5.부터 이 사건 소장부본 송달일까지는 연 5%의, 그 다음날부터 다 갚는 날까지 연 15%의 각 비율로 계산한 돈을 지급하라.(6회)

(2) 주주총회결의 취소·무효확인·부존재확인 소송

1. 피고 주식회사 甲의 2017. 11. 20. 임시주주총회에서 별지 목록 제5. 기재 토지 및 별지 목록 제6. 기재 건물을 소외 乙 에게 매각하기로 한 ㉠ 결의를 취소한다.(7회) ㉡ 결의는 존재하지 아니함을 확인한다. ㉢ 결의는 무효임을 확인한다.

1. 피고의 2020. 6. 25. 임시주주총회에서 이사 김성실을 이사에서 해임하고 황만연을 이사로 선임한 결의를 각 취소한다.

(3) 신주발행무효청구

피고가 2020. 5. 20.에 한 액면 5,000원의 보통주식 10,000주의 발행을 무효로 한다.

(4) 주주권확인 및 명의개서청구

1. 소외 甲[주소]과 피고 사이에서, 소외 甲이 세화건설 주식회사[본점 소재지, 대표이사]의 보통주식 10,000주[액면금]의 주주임을 확인한다.(11회)

1. 원고가 별지 목록 기재 주식의 주주임을 확인한다.

2. 피고는 원고에게 별지 목록 기재 주식에 관하여 원고 명의로 명의개서절차를 이행하라.

(5) 주식매수청구

신청인이 매수를 청구한 민사기록 주식회사 발행의 기명식 보통주식 10,000주(액면가 5,000원)의 매수가격을 1주당 금 8,000원으로 정한다.

(6) 합병무효의 소

1. 피고(존속회사)와 소외 甲 주식회사[해산시의 본점소재지 : 서울 서초구 반포대로 86, 201호(서초동, 신원빌딩)] 사이에 2020. 3. 4. 행해진 합병은 이를 무효로 한다.

1. 소외 **** 주식회사[해산시의 본점소재지: 서울 서초구 반포대로 86, 201호(서초동, 신원빌딩)]와 소외 #### 주식회사(해산시의 본점소재지: 서울 강남구 언주로 726) 사이에 피고를 신설회사로 하는 2020. 3. 7. 행해진 분할 및 분할합병은 이를 무효로 한다.

1. 피신청인 이형수는 이사선임결의취소청구사건의 본안판결 확정시까지 피신청인 주식회사 영광운수의 이사 겸 대표이사, 피신청인 김형우는 위 피신청인 회사의 이사의 직무를 각각 집행해서는 아니 된다.

2. 위 기간 중 이사 겸 대표이사의 직무를 수행하기 위하여 변호사 전부승[주소: 서울 서초구 반포대로 86, 201호(서초동, 신원빌딩), 송달장소: 서울 서초구 반포대로 86, 201호(서초동, 신원빌딩), 전화: 02-540-4478, 팩스: 02-540-7789)], 이사의 직무를 수행하기 위하여 변호사 전승우(주소: 서울 강남구 언주로 726, 송달장소 : 서울 강남구 언주로 726, 전화: 02-354-9876, 팩스: 02-354-9877)를 각각 직무대행자로 선임한다.

(7) 고지의무위반을 이유로 한 보험계약 해지

원고와 피고 사이에 체결된 2020. 3. 15.자 화재보험계약[증권번호 300에이(A) 3478290]DP 의한 원고의 피고에 대한 채무는 존재하지 아니함을 확인한다.

(8) 약속어음의 발행인과 배서인에 대한 어음금 청구

피고들은 합동하여 원고에게 100,000원 및 이에 대하여 2020. 3. 27.부터 이 사건 소장부본 송달일까지는 연 5%의, 그 다음날부터 다 갚는날까지는 연 12%의 각 비율로 계산한 돈을 지급하라.

2026 해커스변호사
민사기록형 암기장

제 3 편
_____

요건사실론

1. 매매대금 및 소유권이전등기 청구

(1) 청구의 유형 및 요건사실

청구의 유형 및 요건사실	기재례
1) 매매대금만을 청구 ① 매매계약 체결사실(제568조)	ⅰ) 원고는 2020. 10. 27. 피고에게 이 사건 부동산을 1억원에 매도하였습니다. ⅱ) 따라서 피고는 원고에게 2020. 10. 27. 매매계약을 원인으로 한 매매대금 1억 원을 지급할 의무가 있습니다.
2) 매매대금 및 지연손해금 청구 ① 매매계약 체결사실 ② 소유권이전의무의 이행(의 제공) ③ 대금지급기한의 도래 ⅰ) 확정기한 : 확정기한 약정사실 ⅱ) 불확정기한 : 불확정기한 약정사실, 불확정기한 도래사실, 매수인이 도래를 안 사실 ⅲ) 기한의 정함이 없는 경우 : 기한의 정함이 없이 매도한 사실, 매도인이 매매대금의 지급을 이행 청구한 사실 ④ 목적물의 인도(제587조) ⑤ 손해의 발생 및 범위	ⅰ) 원고는 2020. 10. 27. 피고에게 이 사건 부동산을 1억원에 매도하면서, 이 사건 부동산은 2020. 12. 27. 인도하고, 위 대금 중 1천만 원은 2020. 10. 27, 9천만 원은 2020. 12. 27. 각 지급받기로 약정하였습니다. ⅱ) 원고는 피고에게 위 약정대로 이 사건 부동산을 인도하였습니다. ⅲ) 따라서 피고는 원고에게 2020. 10. 27. 매매계약을 원인으로 한 매매대금 1억 원 및 그 중 1천만 원에 대하여는 2020. 10. 27.부터, 9천만 원에 대하여는 2020. 12. 27.부터 각 이 사건 소장 부본 송달일까지는 연 5%의, 그 다음 날부터 다 갚는 날까지는 연 12%의 각 비율로 계산한 돈을 지급할 의무가 있습니다.

3) 소유권이전등기청구

① 매매계약 체결사실(제568조)

ⅰ) 원고는 2020. 10. 27. 피고에게 이 사건 부동산을 총 1억원에 매수하기로 하고, 계약금 1천만원은 계약 당일, 중도금 4천만원은 2020. 11. 27, 잔금 5천만원은 2020. 12. 27., 소유권이전등기에 필요한 서류를 교부받음과 상환으로 지급하되, 특약으로 ~라고 정하였습니다.

ⅱ) 따라서 피고는 원고에게 2020. 10. 27. 이 사건 매매계약을 원인으로 한 소유권이전등기절차를 이행할 의무가 있습니다.

4) 매매예약의 체결(제564조)

① 매매예약 체결사실, ② 매매예약완결권 행사사실

(2) 피고의 항변 등(가능한 공격방어방법)

피고의 항변 및 요건사실	(재)재항변
1) 이행지체를 이유로 한 계약해제(제544조) ① 원고가 채무의 이행을 지체한 사실 ⅰ) 채무가 이행기에 있을 것 　a. 확정기한의 경우 : 확정기한의 약정사실 　b. 불확정기한의 경우 : 불확정기한의 약정사실, 기한의 확정 및 　　확정된 기한의 도래사실, 원고가 기한의 도래를 안 사실, 　c. 기한의 정함이 없는 경우 : 원고에게 채무의 이행을 청구한 　　사실, 각 원고가 자기 채무를 이행 또는 이행의 제공을 하지 　　않은 사실, 피고에게 원고의 채무와 동시이행관계가 있는 채무 　　가 있는 경우에는 피고가 자기 채무를 이행 또는 이행제공을 　　한 사실 ⅱ) 이행이 가능함에도 불구하고 이행을 지체할 것 ⅲ) 채무자의 귀책사유가 있을 것 ⅳ) 위법할 것 ② 원고에게 상당한 기간을 정하여 이행을 최고한 사실 ③ 원고가 상당기간 내에 이행(의 제공)을 하지 않은 사실 ④ 해제의 의사표시를 한 사실	① 귀책사유의 부존재(제390조 단서)[2] ※ **채권자지체를 이유로 한 해제 주 　장과 재반박**(8회) 채권자지체가 성립하는 경우 그 효 과로서 채무자가 채권자에 대하여 일반적인 채무불이행책임과 마찬가 지로 손해배상이나 계약해제를 주 장할 수 없다(2019다293036)
2) 이행불능을 이유로 한 계약해제(제546조) ① 원고의 채무이행이 불가능한 사실 ② 해제의 의사표시를 한 사실	① 귀책사유의 부존재 vs 이행불능이 이행지체 중에 생 　김(재항변)
3) 이행거절을 이유로 한 계약해제(신의칙) ① 명백하고 종국적인 거절의 의사표시 ② (의사표시 철회 전) 해제의 의사표시를 한 사실	① 이행거절 의사표시 철회

4) 해제조건 및 실권특약

① 정지조건부 해제(해제권자가 해제의 의사표시에 붙인 조건)

ⅰ) 채무자가 채무이행을 최고한 사실, ⅱ) 최고 당시 최고기간 내에 채무자의 채무가 이행되지 않을 것을 정지조건으로 하는 해제의 의사표시를 한 사실, ⅲ) 채무자가 최고기간 내에 자신의 채무를 이행하지 아니한 사실, ⅳ) 채권자에게 채무자의 채무와 동시이행관계가 있는 자신의 채무가 있으면 이를 이행하였거나 그 이행의 제공을 한 사실

② 실권조항에 의한 해제(당사자합의에 의한 계약의 일종)

㉠ 잔대금미지급 자동해제특약에 의한 해제

ⅰ) 매수인이 이행기가 도과하도록 잔대금지급의무를 이행하지 않은 사실, ⅱ) 자동해제특약을 한 사실, ⅲ) **동시이행관계에 있는 매도인의 반대의무 이행 또는 이행의 제공을 한 사실**

㉡ 중도금미지급 자동해제특약에 의한 해제

ⅰ) 매수인의 중도금미지급 사실, ⅱ) 자동해제특약 사실

5) 약정해제권(특히 계약금)의 항변(제565조) ① 매매계약 체결시 계약금을 전부 교부한 사실 ② 계약해제의 목적으로 계약금 배액을 현실제공(매도인) 또는 계약금 반환청구권 포기의 의사표시(매수인) ③ 매매계약 해제의 의사표시를 한 사실	① 계약금을 해약금으로 하지 않기로 약정한 사실 ② 당사자 일방이 해제의 의사표시가 있기 전에 이행에 착수한 사실3)
6) 하자담보책임에 의한 계약해제 ① 매매계약 당시 목적물에 하자가 있는 사실 ② 하자로 인하여 계약의 목적을 달성할 수 없는 사실 ③ 해제의 의사표시를 한 사실(그 통지가 원고에게 도달)	① 매수인인 피고가 하자 있는 사실을 알았거나 과실로 알지 못한 사실 ② 제척기간 도과사실(직권조사사항)
7) 변제 ① 피고 또는 제3자의 원고(채권자)에 대해 채무의 내용에 따른 이행을 한 것 ② 위 이행이 그 채무에 대하여 이루어진 것	변제충당 (재)재항변4)5)
8) 조건과 기한 ① 정지조건의 경우 : 정지조건의 약정사실 ② 해제조건의 경우 : 해제조건 약정사실 및 성취사실 ③ 기한의 경우 : 이행기의 약정이 있는 사실	① 정지조건의 성취사실 ② 이행기의 도래사실
9) 동시이행의 항변(제536조 : 동, 대, 변, 이)6) ① 동일한 쌍무계약에 의한 대가적 채무가 존재할 것 ② 적어도 상대방의 채무가 변제기에 있을 것 ③ 동시이행항변 의사표시 사실	① 서로 이행의 상대방을 달리하는 경우 ② 상대방이 이행 또는 이행의 제공을 하고 있지 않는 경우

---

2) 채권의 가압류는 제3채무자에 대하여 채무자에게 지급하는 것을 금지하는데 그칠 뿐 채무 그 자체를 면하게 하는 것이 아니고, 가압류가 있다 하여도 그 채권의 이행기가 도래한 때에는 제3채무자는 그 지체책임을 면할 수 없으므로 유효한 재항변이 되지 않는다(93다951).

3) 이행기의 약정이 있더라도 당사자가 이행기 전에는 착수하지 아니하기로 하는 특약을 하는 등의 특별한 사정이 없는 한, 이행기 전에도 이행에 착수할 수 있으므로, 이행기 전에 착수하였다는 사실은 이행착수의 재항변에 대한 유효한 재재항변이 될 수 없다.

4) 변제의 항변 : ⅰ) 피고 또는 제3자가 원고(채권자)에게 채무의 내용에 따른 이행을 한 것, ⅱ) 위 이행이 그 채무에 대하여 이루어진 것

5) 변제충당의 재항변 및 재재항변 : ① ⅰ) 피고가 원고에 대하여 이와 별개의 동종의 채무를 부담하고 있는 사실, ⅱ) 피고가 지급한 급부가 총 채무를 소멸시키기에 부족한 사실, ⅲ) 피고가 제공한 급부의 전부 또는 일부가 합의충당, 지정충당, 법정충당 등의 방식에 의하여 다른 채무에 충당된 사실(재항변)
② 동종 채무의 발생원인이 무효사유에 해당하여 채무가 발생하지 않았다는 사실, 급부 이전에 이미 변제되어 소멸한 사실 등을 주장(재재항변). ② ⅰ), ⅱ)의 요건사실이 증명되면 일단 변제충당의 문제로 들어가게 되는데, 민법 제477조에서 규정하고 있는 안분비례에 의한 법정충당 이상으로 자신에게 유리한 변제충당의 효과를 주장하기 위해서는 그에 해당하는 사실을 주장·증명할 책임을 부담한다(93다49338).

6) 말소되지 않은 근저당권등기가 남아있는 부동산을 매매하는 경우, 매도인의 소유권이전등기의무에는 근저당권등기말소의무도 포함된다(79다1562).

2. 대리의 법률관계

(1) 상대방이 본인을 피고로 한 경우

청구의 유형 및 요건사실	기재례	예상되는 항변
1) 유권대리(제114조) ① 원고와 대리인이 계약을 체결한 사실(법률행위의 존재) ② 그 때 대리인이 본인(피고)을 위하여 하는 것을 나타낸 것(현명) ③ 본인이 대리인에게 위 계약체결에 대한 대리권을 수여한 것(대리권의 발생원인사실)[7] ⅰ) 원고는 2020. 10. 27. 소외 乙에게 10,000,000원을 이자 연 5%, 변제기 2021. 10. 27.로 정하여 대여하였습니다. ⅱ) 소외 乙은 위 ⅰ)때, 피고 甲을 위하여 하는 것을 나타냈으며, 피고 甲은 피고 乙에게 ⅰ)에 앞서, ⅰ)의 대리권을 수여하였습니다. ⅲ) 따라서 피고 甲은 원고에게 위 소비대차계약에 기하여 ~~원을 지급할 의무가 있습니다.		① 대리권 남용 ② 무효, 취소(대리권을 수여한 적이 없다. 자기계약·쌍방대리금지 위반, 공동대리 위반) ※ 무권대리 주장(6회) ☞ 항변이 아닌 부인에 해당 vs (재)추인
2) 제125조의 표현대리(표, 내, 상) ① 대리권 수여의 표시 ② 표시된 대리권 범위 내 행위 ③ 표시의 통지를 받은 상대방과의 대리행위	–	① 대리권 없음을 상대방이 알았거나 알 수 있었음(제125조 단서) ② 대리권 남용
3) 제126조의 표현대리(기, 넘, 정) ① 기본 대리권의 존재 ② 권한을 넘은 표현대리행위 ③ 상대방의 정당한 이유 있음	–	① 대리권 남용
4) 제129조의 표현대리(소, 내, 선) ① 대리권의 소멸 ② 대리 권한 내의 행위 ③ 상대방의 선의·무과실	–	① 대리권 남용

---

7) "전등기명의인의 직접적인 처분행위에 의한 것이 아니라 제3자가 그 처분행위에 개입된 경우 현등기명의인이 그 제3자가 전등기명의인의 대리인이라고 주장하더라도 현등기명의인의 등기가 적법히 이루어진 것으로 추정되므로 그 등기가 원인무효임을 이유로 말소를 청구하는 전등기명의인으로서는 그 반대사실 즉, 그 제3자에게 전등기명의인을 대리할 권한이 없었다든지, 또는 그 제3자가 전등기명의인의 등기서류를 위조하였다는 등의 무효사실에 대한 입증책임을 진다"(93다18914 ; 등기 추정력에 의한 증명책임의 전환)

(2) 상대방이 대리인을 피고로 한 경우

청구의 유형 및 요건사실	기재례	예상되는 항변
1) 제135조 무권대리인의 책임(대, 표, 선, 행, 철) ① 원고와 대리인(피고)이 계약을 체결한 사실(법률행위의 존재) ② 그 때 대리인이 본인을 위하여 하는 것을 나타낸 것(현명) ③ 손해배상 또는 이행을 선택하는 의사표시를 한 것	ⅰ) 원고는 2020. 10. 27. 소외 乙에게 10,000,000원을 이자 연 5%, 변제기 2021. 10. 27.로 정하여 대여하였습니다. ⅱ) 피고 乙은 위 ⅰ)때, 甲을 위하여 하는 것을 나타냈습니다. ⅲ) 따라서 원고는 피고 乙에 대하여, 무권대리인에 대한 이행청구로 위 소비대차계약에 기해 ~~원의 지급을 구하는 바입니다.	① 대리권의 수여 ② 추인 ③ 대리권 없는 것에 대하여 악의 또는 과실 있는 선의 ④ 제한능력

(3) 상대방이 본인과 대리인 쌍방을 피고로 하는 경우

청구의 유형 및 요건사실	기재례	예상되는 항변
주관적 예비적 병합(민소법 제70조 : 양립불가)	ⅰ) 주위적 피고에 대하여 ' 피고 甲은 원고에게 ~하라.' ⅱ) 예비적 피고에 대하여 ' 피고 乙은 원고에게 ~하라.'	–

3. 특수한 매매의 경우

청구의 유형 및 요건사실	기재례	예상되는 항변
1) 현행 농지법상 토지매매 ① 매매계약 체결사실	–	–
2) 토지거래허가구역 내 토지매매 ① 매매계약 체결사실	–	무허가에 따른 유동적 무효 사유
3) 법인의 기본재산 처분 ① 매매계약 체결사실 ② 주무관청의 허가사실		–

1. 대여원금 및 약정이자, 지연손해금 청구

(1) 청구의 유형 및 요건사실

청구의 유형 및 요건사실	기재례
1) 대여금반환청구(제598조) ① 소비대차계약(변제기 포함)[8] 체결, ② 금전 교부, ③ 변제기 도래	
2) 이자청구(부대청구)(제101조 2항) ① 원본채권의 발생원인사실, ② 이자 약정을 한 사실[9] ③ 금전을 교부한 사실 및 시기	
3) 지연손해금청구(부대청구)(제390조) ① 원본채권의 발생원인 ② 반환시기 및 그 도과(변제기 도과) ③ 손해의 발생과 그 범위(액수)	ⅰ) 원고는 2009. 1. 5. 피고에게 2억 원을 이자 연 6%, 변제기 2010. 1. 4.로 정하여 대여하였습니다. ⅱ) 따라서 피고는 원고에게 2억원 및 이에 대하여 2009. 1. 5.부터 이 사건 소장부본 송달일까지는 약정이율인 연 6%의, 그 다음날부터 다 갚는 날까지는 소송촉진 등에 관한 특례법에서 정한 연 15%의 각 비율에 의한 이자 내지 지연손해금을 지급할 의무가 있습니다.

(2) 피고의 항변 등(가능한 공격방어방법)[10]

피고의 항변 및 요건사실	(재)재항변
1) 변제공탁 ① 공탁원인사실(제487조) ② 채무자가 변제를 위해 공탁을 한 것 ③ 공탁이 채무의 본지에 따른 것	① 일부공탁으로서 무효
2) 면제 ① 채무면제권자, ② 채무면제의 의사표시 ※ 부담부분형 절대효(10회)	

---

8) 소비대차계약은 대차형 계약이기 때문에 '반환시기의 약정'(변제기의 합의)은 필수불가결한 요소이다. 차용자가 대여자의 다른 반환시기의 약정을 주장하는 것은 항변이 아니라, 적극적인 부인에 해당한다.

9) 소비대차계약은 무이자가 원칙이므로 ⅱ)가 청구원인으로 필요하다. 한편 이자지급의 합의가 있더라도 그 약정이율의 주장·증명이 없는 때에는 이율은 민법 제379조에 의하여 연 5%가 된다. 그리고 이자지급의 합의가 없더라도, 상인 사이의 금전소비대차는 물론 상인이 그 영업에 관하여 상인이 아닌 자에게 금전을 대여한 경우에도 당연히 법정이자를 청구할 수 있으므로(상법 제55조 1항), 소비대차계약 당시, 이를 주장·증명하여 상사법정이율인 연 6%의 이자를 청구할 수 있다(상법 제54조).

10) 표에 기술된 것 외에도, 의사무능력, 반사회질서 위반행위, 통정허위표시, 원시적 이행불능(이상 권리장애항변), 경개, 해제조건의 성취(이상 권리소멸항변), 최고·검색의 항변권, 동시이행의 항변권, 유치권(이상 권리저지항변)이 있다.

ⅰ) 피고 최영만은 원고가 피고 박계호에게 한 채무 면제의 효력이 자신에게 미친다고 주장할 것으로 예상됩니다.

ⅱ) 그러나 연대채무의 1인에 대한 면제의 효력은 그 연대채무자가 지급해야 할 잔존 채무액이 부담부분을 초과하는 경우에는 그 연대채무자의 부담부분이 감소한 것은 아니므로 다른 연대채무자의 채무에도 영향을 주지 않아 다른 연대채무자는 채무 전액을 부담하여야 하고 반대로 일부 면제에 의한 피면제자의 잔존 채무액이 부담부분보다 적은 경우에는 차액(부담부분 − 잔존 채무액)만큼 피면제자의 부담부분이 감소하였으므로, 차액의 범위에서 면제의 절대적 효력이 발생하여 다른 연대채무자의 채무도 차액만큼 감소합니다.

ⅲ) 이에 따르면 피고 최영만의 채무는 피고 박계호의 부담부분을 넘는 부분만 소멸하게 되므로 피고 박계호의 부담부분인 5,000만 원을 초과하는 2,000만 원 부분에 대해서만 소멸하게 됩니다. 따라서 피고 최영만의 주장은 이유 없습니다.

3) 변제와 변제충당

① 피고 또는 제3자가 원고(채권자)에게 채무의 내용에 따른 이행

② 이행이 그 채무에 대하여 이루어짐

※ 보증채무(양수금)의 이행청구와 변제항변(12회)

ⅰ) 피고는 2022. 9. 30. 주채무자인 소외 乙이 원고에게 9천만 원을 이미 변제하였다는 항변을 할 것으로 예상됩니다.

ⅱ) 그러나 다음과 같은 이유로 피고의 변제 항변은 타당하지 않습니다.

ⅲ) 원고는 주채무자인 소외 乙에 대하여 이 사건 양수금채권 외에도, 2021. 6. 30. 금전소비대차계약에 기한 원금 2천만 원, 변제기 2022. 4. 30.로부터의 지연손해금 월 2%의 대여금채권, 2021. 9. 30. 연대보증계약에 기한 주채무 1억원, 변제기인 2022. 9. 30.부터 지연손해금 월 1%의 연대보증채권이라는 동종의 금전채권을 가지고 있습니다. 따라서 소외 乙의 9천만 원의 변제로는 위 채무들을 모두 충당하기에는 부족하고, 이 경우 충당방법에 대한 별도의 합의나 지정이 없는 이상 제477조, 제479조에 따른 법정충당의 방법에 따라야 합니다.

ⅳ) 이에 따르면 9천만 원은 각 채권의 이자 내지 지연손해금에 먼저 충당되므로, 양수금채권의 지연손해금 4천8백만 원(1억 원 × 월 1% × 48개월), 대여금채권의 지연손해금 2백만 원(2천만 원 × 월 2% × 5개월)에 충당되고, 남은 4천만 원은 세 채권이 모두 변제기가 도래하였으므로 제477조 2호에 따라, 양수금채권과 대여금채권이 변제자 소외 乙이 부담하는 '주채무'라는 점에서 연대보증채권보다 변제이익이 더 많고, 대여금채권의 약정이율이 양수금채권의 지연손해금율보다 높다는 점에서 변제이익이 더 많으므로 대여금채권 원본 2천만원에 가장 먼저 충당되고 그 다음으로 이 사건 양수금채권의 원본에 충당된다고 할 것입니다.

ⅴ) 따라서 피고는 원고에게 8천만 원 및 이에 대한 2022. 10. 1.부터 다 갚는 날까지 월 1%의 비율로 계산한 돈을 지급할 의무가 있습니다.

※ 잔존채무의 선이행을 조건으로 한 근저당권설정등기 말소청구의 대위행사(2회)

ⅰ) 근저당권설정계약 및 근저당권설정등기 경료
피고회사는 2010. 8. 23. 피고 최정북으로부터 금 5,000만 원을 이자 월 4%, 변제기 2012.

8. 22.로 정하여 차용하고, 이를 담보하기 위하여 피고 최정북에게 이 사건 건물에 채권최고액 6,500만 원으로 된 근저당권을 설정하여 주기로 하는 내용의 근저당권설정계약을 체결하고, 같은 달 25. 그와 같은 근저당권을 설정하여 주었습니다.

ii) 변제충당에 따른 잔존피담보채무

피고 회사는 위 채무의 변제조로 피고 최정북에게 2011. 2. 22. 금 3,750만 원을, 2012. 2. 22.에 금 2,000만 원을 각 지급하였습니다. 위 변제금은 제477조, 제479조에 따라 이자 및 지연손해금에 먼저 충당되고 나머지는 원금에 충당됩니다.

그런데 이자제한법 제2조 제1항, 이자제한법 제2조 제1항의 최고이자율에 관한 규정에 의하면 금전대차의 최고이율은 연 30%를 넘지 못하므로, 2011. 2. 22.에 지급한 3,750만 원은 2010. 8. 23.부터 2011. 2. 22.까지의 6개월간의 연 30%의 비율에 의한 이자 750만 원(5,000만 원 × 연 30% × 0.5년)에 먼저 충당되고 나머지 금 3,000만 원은 원금에 충당되어 원금은 2,000만 원이 남았고, 2012. 2. 22.에 지급한 금 2,000만 원은 2011. 2. 23.부터 2012. 2.22.까지 1년 간의 연 30%의 비율에 의한 이자 600만 원(2,000만 원 × 연 30% × 1년)에 먼저 충당되고 나머지 1,400만 원은 원금에 충당되어 결국 위 차용금 채무는 원금 600만 원과 그에 대한 이자 및 지연손해금만 남게 되었습니다.

iii) 미리 청구할 필요

그런데 피고 최정북은 월 4%의 이자와 지연손해금을 지급하여 줄 것을 주장하면서 만약 피고 회사가 이를 지급하지 아니하면 위 근저당권설정등기를 말소하여 주지 아니할 태세를 보이고 있으므로 피고 회사로서는 피고 최정북을 상대로, 피고 최정북은 위 남은 원리금의 지급을 받은 다음, 위 근저당권설정등기의 말소를 미리 청구할 필요가 있습니다.

iv) 채권자대위권의 행사

한편 원고 송무중은 피고 회사에 대하여 앞서 본 바와 같이 이 사건 건물에 관한 소유권이전등기청구권이 있고, 이 사건 건물에 관하여 제한물권의 등기가 없는 완전한 등기명의를 취득하기 위하여 피고회사를 대위하여 소를 제기할 보전의 필요성이 있습니다.

v) 소 결

그러므로 피고 최정북은 피고 회사로부터 대여금 600만 원 및 이에 대한 지연손해금 지급일 다음 날인 2012. 2. 22.부터 완제일까지 약정이율 중 이자제한법 제한이율의 범위 내인 연 30%의 비율에 의한 지연손해금을 지급받은 다음, 피고 회사에게 이 사건 건물에 관하여 청구취지 제2항 기재의 근저당권설정등기의 말소등기절차를 이행할 의무가 있습니다. 원고 송무중은 피고 회사를 대위하여 이를 청구하는 바입니다.

☞ 피고 최정북은 피고 을서 주식회사로부터 6,000,000원 및 이에 대한 2012. 2. 23.부터 다 갚는 날까지 연 30%의 비율로 계산한 돈을 지급받은 다음, 피고 을서 주식회사에게 위 제1. 가. 의 (1)항 기재 건물에 관하여 서울중앙지방법원 2010. 8. 25. 접수 제17543호로 마친 근저당권설정등기의 말소등기절차를 이행하라.

4) 소멸시효	① 시효**중**단(6회)[11][12]
	vs 제170조-제176조(재)
① 기산점(주요사실)	② 시효이익의 **포**기 vs 시효이익 포기의 상대효(9회)
② 시효기간	③ 소멸시효의 **남**용

5) 상계(제492조)
① 자동채권 발생원인
② 자동채권과 수동채권이 상계적상
③ 상계의 의사표시
	① 채무의 성질상 상계가 허용되지 않음(제492조 1항 단서)[13]
	② 상계금지특약(제492조 2항 본문)
	  vs 선의의 제3자(재)(제492조 2항 단서)
	③ 상계의 의사표시에 조건 또는 기한이 붙어 있음
	  (제493조 1항 후문)
	④ 자동채권의 시효소멸 vs 제495조(재)
	⑤ 상계권의 남용
	⑥ 상계충당(6회)

Set 013 　보증채무 이행청구

(1) 청구의 유형 및 요건사실

청구의 유형 및 요건사실	기재례(12회)

1) 대여금반환청구

① 주채무의 발생원인, ② 보증계약의 체결, ③ 연대의 특약 그 밖에 보증을 연대로 하는 사실[14]

※ 보증채권 양수금 청구

ⅰ) 문구제조업을 하는 상인인 소외 甲은 2018. 8. 28. 소외 乙, 丙과 이 사건 투명독서대 납품계약을 체결하면서, 특약으로 총 대금 2억 원, 2018. 9. 30. 투명독서대를 인도받음과 동시에 대금을 지급할 것, 월 1%의 지연손해금, 납품대금채권에 관한 양도를 금지하기로 정하였고, 피고는 같은 날 소외 乙, 丙의 위 납품대금채무를 보증하였습니다.

ⅱ) 원고는 2020. 1. 20. 이 사건 납품대금 및 지연손해금 채권의 양수인인 소외 丁으로부터 위 채권을 양수하는 약정을 체결하였고, 2020. 1. 21. 소외 乙, 丙은 위 채권양도의 통지를 수령하였습니다.

ⅲ) 따라서 피고는 원고에게 8천만 원 및 이에 대한 2022. 10. 1.부터 다 갚는 날까지 월 1%의 비율로 계산한 돈을 지급할 의무가 있습니다.

---

11) 채권자가 어음채권에 기하여 청구를 하는 경우 원인채권의 소멸시효를 중단시키는 효력이 있고, 이러한 법리는 어음채권을 피보전권리로 하여 채무자의 재산을 가압류함으로써 그 권리를 행사한 경우에도 마찬가지로 적용된다(99다16378). (2회)

12) 가압류에 의한 시효중단의 효력은 가압류의 집행보전의 효력이 존속하는 동안은 계속되는 것이고(2000다11102, 2013다18622), 가압류의 피보전채권에 관하여 본안의 승소판결이 확정되었다고 하더라도 가압류에 의한 시효중단의 효력이 이에 흡수되어 소멸된다고 할 수는 없다(2000다11102). (3회)

13) ★ 수동채권의 제한인 제496조, 제498조와 자동채권의 제한인 제536조, 제443조 검토

14) 단순보증이 아닌 연대보증에 있어서는 ⅲ)의 사실을 원고가 주장·증명하여야 한다. 그러나 단순히 보증채무의 이행을 구하는 경우에는 피고의 최고·검색의 항변이 있는 경우에 비로소 원고는 이에 대한 '재항변'으로 해당 보증이 연대보증인 사실을 주장하면 된다.

(2) 피고의 항변 등(가능한 공격방어방법)

피고의 항변	(재)재항변
1) 주채무와 관련된 항변 ① 주채무의 소멸시효 완성[15] ② 주채무자의 채권과 상계(제434조)	① 주채무의 시효중단 가압류에 의한 시효중단의 효력은 가압류의 집행보전의 효력이 존속하는 동안(가압류등기가 말소되지 않고 남아 있는 동안)은 계속된다(2013다18622 등)(3·12회)
2) 보증채무에 특유한 항변 ① 최고·검색의 항변권(제437조 본문) 　i) 주채무자에게 변제자력이 있는 사실 　ii) 그 집행이 용이한 사실 ② 이행거절권(제435조)	① 연대보증인 사실(제437조 단서)

Set 014 　소유권에 기한 부동산인도·철거·퇴거청구

(1) 청구의 유형 및 요건사실

청구의 유형 및 요건사실	기재례(13회)
1) 부동산인도청구(제213조 본문) ① 원고의 목적물 소유 ② 피고의 목적물 점유[16] **2) 건물철거청구**(제214조) ① 원고의 토지 소유 ② 피고의 지상건물 소유[17] **3) 건물퇴거청구**(제214조) ① 원고의 토지 소유 ② 피고의 지상건물 **직접점유** **4) 부대청구**[18] ① 제741조 또는 제750조 ② 반환범위 및 종기	ⅰ) 원고는 서울중앙지방법원 2021타경5278호 강제경매절차에서 이 사건 토지 중 피고 甲의 1/2 지분에 관하여 2022. 5. 16. 매각대금을 완납하여 소유권을 취득하였습니다. ⅱ) 피고 甲은 2021. 9. 10. 이 사건 토지 위에 이 사건 토지의 다른 공유자 소외 乙의 동의를 받아 자신의 재료와 노력으로 이 사건 건물을 신축하여 이 사건 건물의 소유권을 취득하였습니다. ⅲ) 원고는 위와 같이 이 사건 토지 중 2분의 1 지분에 관한 소유권을 취득하였고, 피고 甲은 이 사건 건물에 관한 원시취득자로서 이 사건 토지를 점유·사용하고 있다 할 것이고, 이로써 이 사건 토지에 대한 사용이익을 얻고 이로 인하여 원고에게 같은 금액 상당의 손해를 가하고 있다 할 것입니다. ⅳ) 따라서 특별한 사정이 없는 한 피고 甲은 원고에게, 이 사건 건물을 철거하고, 이 사건 토지를 인도하며, 이 사건 소장 부본 송달일부터 이 사건 토지의 인도완료일까지 월 3백만 원의 비율로 계산한 돈을 지급할 의무가 있습니다.

---

15) 보증인이 자신의 보증채무에 관하여 시효의 이익을 포기하고 나서 주채무의 시효소멸을 이유로 보증채무의 소멸을 주장할 수 있는가에 관하여, 판례는 주채무의 시효소멸에도 불구하고 보증채무를 이행하겠다는 의사를 표시한 경우 등과 같이 부종성을 부정하여야 할 특별한 사정이 없는 한 보증인은 여전히 주채무의 시효소멸을 이유로 보증채무의 소멸을 주장할 수 있다고 보아야 한다(2010다51192)

(2) 피고의 항변 등(가능한 공격방어방법)

피고의 항변 및 요건사실	(재)재항변
1) 정당한 점유권원의 존재(제213조 단서)	

1) 정당한 점유권원의 존재(제213조 단서)

① 물권적 권리 : ㉠ (관습법상) 법정지상권, ㉡ 지상권·전세권, ㉢ 유치권, ㉣ 과반수 지분
② 채권적 권리 : ㉠ 미등기 매수인, ㉡ 점유취득시효완성, ㉢ 임차인(7·11회)
③ 동시이행의 항변권(7회)[19]
④ 신의칙(권리남용, 실효의 원칙)

※ 대항력 있는 임차권과 선행가처분

부동산에 관하여 처분금지가처분의 등기가 마쳐진 후에 가처분권자가 본안소송에서 승소판결을 받아 확정되면 그 피보전권리의 범위 내에서 그 가처분에 저촉되는 처분행위의 효력을 부정할 수 있고, 이 때 그 처분행위가 가처분에 저촉되는 것인지의 여부는 그 처분행위에 따른 등기와 가처분등기의 선후에 의하여 정해진다(2000다65802,65819)(11회)

※ 상가임대차보호법상 대항력 취득을 위한 임대인의 조건(7회)

임차인이 대항력 있는 임차권을 취득하기 위해서는 임대인이 소유자이거나 또는 소유권을 갖고 있지는 않더라도 적어도 적법하게 임대차계약을 체결할 수 있는 권한을 갖고 있어야 한다.

피고의 항변 및 요건사실	(재)재항변
2) 점유취득시효항변(제245조 1항)(6회) ① 20년간 ② 점유한 사실(제198조)	① 타주점유(제197조 1항, 악의의 무단점유) ② 취득시효 완성 후의 소유명의 변경 ③ 점유중단 ④ 시효중단 ⑤ 시효소멸 ⑥ 대상적격(5회) 대내외적으로 모두 자기 소유였던 기간 동안의 점유는 취득시효의 기초로서 점유에 해당하지 않는다(96다55860)

3) 관습법상 법정지상권(처동, 매, 특)[20]

① 처분 당시 토지와 건물의 동일인 소유
② 매매 기타 적법한 원인으로 소유자 변경
③ 당사자 사이에 건물 철거 특약 또는 토지의 점유·사용에 관한 다른 약정의 부존재

---

16) 判例는 불법점유를 이유로 한 인도청구와 그 밖의 인도청구 예컨대, 인도약정에 따라 그 이행을 구하는 경우를 나누어, ㉠ 불법점유자에 대한 인도청구는 현실로 불법점유를 하고 있는 자만을 상대로 해야 한다고 하는 반면(70다1508), ㉡ 인도약정에 따른 이행청구의 경우에는 간접점유자에 대해서도 인도를 청구할 수 있다고 한다(81다187)

17) 判例는 "건물을 매수하여 점유하고 있는 자는 등기부상 아직 소유자로서의 등기명의가 없다 하더라도 그 점유 중인 건물에 대하여 법률상 또는 사실상 처분을 할 수 있는 지위"에 있으므로 그 자를 상대로 건물철거를 구할 수 있다고 한다(86다카1751). 이 경우 건물을 매도하고 퇴거한 매도인(미등기건물 사례임)은 철거청구의 상대방이 될 수 없다고 하며(87다카257,258), 아울러 미등기건물을 '관리'하고 있는 자도 철거청구의 상대방이 될 수 없다고 한다(2002다61521).

18) 미등기건물의 원시취득자와 사실상의 처분권자가 토지 소유자에 대하여 부담하는 부당이득반환의무는 동일한 경제적 목적을 가진 채무로서 부진정연대채무 관계에 있다고 볼 것이다(2018다243133(본소), 2018다243140(반소)).

토지공유자 1인이 다른 공유자의 지분에까지 지상권을 설정하는 처분행위를 할 수 있음을 인정하는 셈이므로 법정지상권은 성립하지 않는다(86다카2188, 87다카140)(13회)

토지 또는 그 지상 건물에 관하여 강제경매를 위한 (가)압류가 있기 이전에 저당권이 설정되어 있다가 그 후 '강제경매'로 인해 그 저당권이 소멸하는 경우에는 제366조의 법정지상권이 아니라 관습상의 법정지상권이 문제되며, 이 때 토지와 그 지상 건물이 동일인 소유에 속하였는지는 그 '저당권 설정 당시'를 기준으로 판단한다(2009다62059)(5회)

4) 법정지상권(제366조 : 설건, 설동, 저, 경) ① 저당권 설정 당시부터 건물 존재 ② 저당권 설정 당시 토지와 건물의 소유자 동일 ③ 토지나 건물 중 적어도 어느 하나에 저당권 설정 ④ 임의경매로 인해 건물과 토지의 소유자 분리	강제경매의 경우에는 관습법상 법정지상권이 인정(5회)
5) 유치권(제320조) ① 타인의 물건 또는 유가증권 ② 그 목적물에 관하여 생긴 채권[21] ③ 변제기 도래	① 불법 점유(제320조 2항) ② 유치권배제특약 ③ 제324조 2·3항의 소멸청구(7회)[22] 유치권자는 채무자의 승낙이 없는 이상 그 목적물을 타에 '임대'할 수 있는 처분권한이 없으므로, 유치권자의 그러한 임대행위는 소유자의 처분권한을 침해하는 것으로서 소유자에게 그 임대의 효력을 주장할 수 없고 (2010다94700)
6) 신의성실의 원칙과 권리남용[23]	

---

19) 유치권, 동시이행항변권에 따른 인도거절권능은 '점유'를 정당화시켜줄 뿐 점유에 따른 '사용이익의 보유'를 정당화시켜주지는 않으므로 점유·사용에 따른 부당이득은 성립한다(98다15545)

20) 제406조의 채권자취소권의 행사로 인한 사해행위의 취소와 일탈재산의 원상회복은 채권자와 수익자 또는 전득자에 대한 관계에 있어서만 효력이 발생할 뿐이고 채무자가 직접 권리를 취득하는 것이 아니므로, 토지와 지상 건물이 함께 양도되었다가 채권자취소권의 행사에 따라 그 중 건물에 관하여만 양도가 취소되고 수익자와 전득자 명의의 소유권이전등기가 말소되었다고 하더라도, 이는 관습상 법정지상권의 성립요건인 '동일인의 소유에 속하고 있던 토지와 지상 건물이 매매 등으로 인하여 소유자가 다르게 된 경우'에 해당한다고 할 수 없다(2012다73158)

21) 임차인의 보증금반환청구권 또는 권리금반환청구권은 임대차목적물에 관하여 생긴 채권이라 할 수 없어 견련관계 부정(75다1305, 93다62119)(9회)

22) 공사대금채권에 기하여 유치권자 스스로 유치물인 주택에 거주하며 사용하는 경우 부당이득의 내용은 차임에 상당한 이득이 기준이 되며(2009다40684)(7회), 유치권자가 목적물을 타인에게 전세를 주고 전세금을 받은 때에는 전세금에 대한 법정이자 상당액이 된다(2009다32324)

23) 지상권의 부담을 용인하고 그 설정등기절차를 이행할 의무있는 자가 그 권리자를 상대로 한 청구라 할 것이어서 '신의성실의 원칙'상 허용될 수 없다'(84다카1131,1132)

(1) 청구의 유형 및 요건사실

청구의 유형 및 요건사실	기재례

1) 부당이득반환청구(제741조)[24][25]

① 법률상 원인 없음, ② 타인의 재산 또는 노무, ③ 이득·손해, ④ 인과관계

2) 부대청구[26]

※ 침해부당이득

① 불법점유 경위, 이익, 손해

원고는 2020. 1. 1. 피고에게 이 사건 건물을 보증금 1억 원, 차임 월 100만 원, 기간 2020. 1. 1.부터 2021. 12. 31.로 하여 임대하고, 2020. 1. 1. 인도하였으며, 2021. 12. 31. 이 사건 임대차는 기간 만료로 종료되었습니다.

피고는 위 임대차가 종료되었음에도 불구하고 2022. 1. 1.부터 현재까지 이 사건 건물을 점유·사용함으로써, 사용이익을 얻고 이로 인하여 원고에게 사용 이익 상당의 손해를 가하였다고 할 것입니다.

② 이득액

통상의 경우 부동산의 점유사용으로 인한 이득액은 그 부동산의 차임 상당액이라고 할 것인바, 이 사건 임대차 종료 후의 차임 상당액도 이 사건 건물의 차임인 월 100만 원일 것으로 추인됩니다.

③ 피고의 의무

따라서 피고는 원고에게 2022. 1. 1.부터 이 사건 부동산의 인도 완료일까지 월 100만 원의 비율로 계산한 돈을 지급할 의무가 있습니다.

※ 급부부당이득 : 명의신탁 기재례

① 명의신탁약정

원고는 2010. 5. 경 피고 甲과 사이에 원고가 이 사건 임야를 매수하여 피고 박이채에게 명의만을 신탁하여 두기로 하는 내용의 계약명의신탁약정을 체결하였습니다.

② 매매계약, 매도인 선의, 등기[27]

ⅰ) 원고는 2010. 5. 1. 소외 乙로부터 위 임야를 대금 5억 원, 매수인 명의를 피고 甲, 자신은 피고 甲의 대리인 자격으로 매수하는 계약을 체결하였고, 소외 乙은 이 사건 명의신탁약정사실을 알지 못했습니다.

ⅱ) 원고는 2010. 6. 30. 소외 乙에게 위 임야의 대금 5억 원을 지급하고 위 임야에 관하여 같은 날 피고 甲 명의로 소유권이전등기를 경료하였습니다.

③ 피고 甲의 부당이득반환의무[28]

ⅰ) 이 사건 명의신탁정은 부동산실명법 제4조 1항에 따라 무효이고, 매도인인 소외 乙이 선의였으므로 같은 법 제4조 2항 단서에 따라 피고 甲은 이 사건 임야의 소유권을 취득하였습니다.

ii) 원고가 피고 甲에게 제공한 이 사건 임야 매수대금 5억 원은 무효인 명의신탁약정을 원인으로 급부된 돈이므로 피고 박이채는 원고에게 부당이득금 5억 원을 지급할 의무가 있습니다.

iii) 피고 甲은 이 사건 임야의 소유권을 취득한 소유권이전등기일인 2010. 6. 30.부터 악의의 수익자이므로 이 사건 소장 부본 송달일까지는 연 5%의 법정이자와 그 다음날부터 다 갚는 날까지는 소송촉진 등에 관한 특례법 소정의 연 12%의 지연손해금을 지급할 의무가 있습니다.

(2) 피고의 항변 등(가능한 공격방어방법)

피고의 항변	(재)재항변
1) 점유·사용으로 인한 부당이득반환청구 ① 법률상 원인 있음 ② 선의의 점유자로서 과실수취권을 포함하는 권원이 있다고 오신함에 대한 정당한 근거(제201조 1항) 2) 특수부당이득(제742조 내지 제746조)	점유개시 이후 어느 시점에서 악의로 전환(13회) 본권에 관한 소에서 패소(제197조 2항)(5회) 타인의 토지 위에 권한 없이 건물을 소유하고 있는 자는 그 자체로써 특별한 사정이 없는 한 법률상 원인 없이 타인의 재산으로 인하여 토지의 차임에 상당하는 이익을 얻고 이로 인하여 타인에게 동액 상당의 손해를 주고 있다(98다2389) (5회)

---

24) 判例는 급부부당이득의 경우에는 부당이득반환을 주장하는 사람에게'법률상 원인이 없다는 점'에 대한 증명책임을 인정하고, 침해부당이득의 경우에는 부당이득반환 청구의 상대방에게'이익을 보유할 정당한 권원이 있다는 점'에 대한 증명책임을 인정한다(대판 2018.1.24. 2017다37324).

25) 어떤 물건에 대하여 직접점유자와 간접점유자가 있는 경우, 그에 대한 점유·사용으로 인한 부당이득의 반환채무는 동일한 경제적 목적을 가진 채무로서 서로 중첩되는 부분에 관하여는 일방의 채무가 변제 등으로 소멸하면 타방의 채무도 소멸하는 이른바 부진정연대채무의 관계에 있다(2011다76747)(6회)

26) 부대청구로(물론 악의의 수익자의 이자의 반환과 손해의 배상도 부대청구에 해당한다), 지연손해금의 청구에 있어서, 부당이득에 기한 이득반환채무는, 법률상 발생하는 채무로, 기한의 정함이 없는 채무이므로 이행청구에 의하여 이행지체에 빠지고, 그 다음날부터 지연손해금을 청구할 수 있다(제387조 2항)(2회). 이는 채무불이행에 기한 손해배상청구권의 성질을 가진다(주로 작성요령에서 '부당이득금에 대한 지연손해금을 청구하지 말 것'이라는 지시사항을 안내하므로, 작성요령에서 이를 반드시 파악할 것)

27) ① 매매계약, ② 대금지급, ③ 등기, ④ 대금의 출처, ⑤ 매도인 정준일의 선의

28) ① 명의신탁약정의 무효, ② 정준일의 선의, ③ 완전한 소유권 취득, ④ 악의의 수익자

(1) 청구의 유형 및 요건사실

청구의 유형 및 요건사실	기재례

1) 소유권에 기한 소유권이전등기 말소청구(제214조)

① 원고 소유, ② 피고의 소유권이전등기 경료, ③ 등기의 원인무효

1-1) 등기상 이해관계 있는 제3자의 승낙의 의사표시(부동산등기법 제57조)(10 · 12회)

2) 진정명의회복을 원인으로 하는 소유권이전등기청구권(제214조)

① 원고 소유, ② 피고의 소유권이전등기 경료, ③ 등기의 원인무효

① 원고 소유(11회)

ⅰ) 원고는 2021. 2. 1. 피고와 별지 목록 제3. 기재 건물을 신축하는 도급계약을 맺으면서, 총 공사대금 5억 원, 선급금 1억 원은 계약 당일, 1-3차 중도금 각 1억 원은 각 기성고 20%, 40%, 60% 도달시, 잔대금 1억 원은 공사 완공시, 공사기간 2021. 2. 1.부터 2021. 6. 15.까지, 도급인 피고는 원고로부터 잔대금을 지급받음과 동시에 이 사건 건물을 원고에게 인도하고, 원고 명의로 건축허가명의 변경신청 및 소유권보존등기를 경료하기로 정하였습니다.

ⅱ) 피고는 이 사건 건물을 완공하였으므로 건물의 완공시부터 원고는 이 사건 건물의 소유자가 됩니다.

② 피고 등기 · ③ 등기 원인무효

피고는 위 특약과 달리 이 사건 건물에 관하여 서울동부지방법원 2021. 8. 1. 접수 제7728호로 자신 명의로 소유권보존등기를 경료하였는바, 피고 명의의 소유권보존등기는 원고에게 소유권을 원시취득하게 하기로 하는 특약의 내용에 반하는 것으로서 원인무효입니다.

④ 피고의 의무

따라서 피고는 원고에게 이 사건 부동산에 관하여 진정명의회복을 원인으로 한 소유권이전등기절차를 이행할 의무가 있습니다.

3) 말소회복등기청구(제214조, 제370조)

① 원고 명의 저당권설정등기, ② 저당권설정등기 불법말소

3-1) 등기상 이해관계 있는 제3자의 승낙의 의사표시(부동산등기법 제59조)

4) 근저당권설정등기 말소청구

① 소유권에 기한 말소등기청구(제214조, 물권적 청구권)

ⅰ) 원고 소유, ⅱ) 피고의 근저당권설정등기 경료, ⅲ) 근저당권의 소멸

② 근저당권설정계약에 따른 말소등기청구(채권적 청구권)

ⅰ) 원고와 피고간의 근저당권설정계약 체결, ⅱ) 피고의 근저당권설정등기 경료, ⅲ) 피담보채권 확정, 근저당권의 소멸

※ 계약에 기한 근저당권설정등기 말소등기청구

① 근저당권설정계약체결, 피고의 근저당권설정등기

　원고는 2022. 3. 22. 피고로부터 1억 원을 변제기 2023. 3. 22.로 정하여 차용하였고, 위 차용금을 담보하기 위하여 원고에게 이 사건 건물에 관하여 채권 최고액 2억 원으로 하는 근저당권설정계약을 체결하고, 이 사건 부동산에 관하여 채무자 원고, 채권자 피고, 채권최고액 2억 원으로 하여 서울중앙지방법원 2022. 3. 22. 제23456호로 근저당권설정등기를 마쳐 주었습니다.

② 피담보채권의 확정, 근저당권 소멸

　원고는 2023. 3. 22. 1억 원을 변제로 지급했고, 피고는 이를 이의 없이 수령하였습니다.

③ 피고의 의무

　따라서 피고는 원고에게 이 사건 부동산에 관하여 서울중앙지방법원 2024. 3. 22. 접수 제23456호로 마친 근저당권설정등기에 대하여 2023. 3. 22. 확정채권변제를 원인으로 한 말소등기절차를 이행할 의무가 있습니다.

5) 시효취득을 원인으로 한 소유권이전등기청구(제245조 1항)

① 20년간, ② 점유

① 20년간 점유(13회)

　원고는 1995. 10. 1. 피고 甲의 대리인이라고 칭하는 소외 丙으로부터 이 사건 대지를 매수하여 1995. 10. 1. 위 대지를 인도받아 2017. 경까지 20년 이상 이 사건 대지를 점유하였습니다.

② 피고의 의무

　따라서 피고 甲은 원고에게 2015. 10. 1. 점유취득시효 완성을 원인으로 한 소유권이전등기절차를 이행할 의무가 있습니다.

(2) 피고의 항변 등(가능한 공격방어방법)

피고의 항변	(재)재항변

1) 소유권에 기한 소유권이전등기 말소청구

① 등기원인의 유효[29], ② 실체적 권리관계에 부합[30], ③ 원고 명의 등기의 원인무효, ④ 원고의 후발적 소유권 상실[31]

※ 관련 판례

반사회질서에 반하는 법률행위(제103조 · 제104조)나 강행규정 위반(제105조)의 경우와 같은 '절대적 무효'의 경우에는 추인에 의하여 유효로 될 수 없다(2001다77352)(13회)

부동산등기에는 공신력이 인정되지 아니하므로, 불실등기를 믿고 부동산을 매수하여 소유권이전등기를 경료하였다 하더라도 그 소유권을 취득한 것으로 될 수 없고, 부동산에 관한 소유권이전등기가 무효라면 이에 터잡아 이루어진 근저당권설정등기는 특별한 사정이 없는 한 무효이다

(2006다72802)(12회)

인지를 요하지 아니하는 모자관계에는 인지의 소급효 제한에 관한 민법 제860조 단서가 적용 또는 유추적용되지 아니하며, 제1014조를 근거로 자가 모의 다른 공동상속인이 한 상속재산에 대한 분할 또는 처분의 효력을 부인하지 못한다고 볼 수도 없다(2018다1049)(10회)

타인소유의 부동산을 무단점유한 경우, 특별한 사정이 없는 한 점유자는 타인의 소유권을 배척하고 점유할 의사를 갖고 있지 않다고 보아야 할 것이므로 이로써 소유의 의사가 있는 점유라는 추정은 깨어졌다(전합 95다28625)(1회)

2) 근저당권설정등기 말소청구

① 피담보채무의 잔존[32], ② 등기유용의 합의

※ 소멸시효 중단과 시효이익의 포기에 대한 재항변(11회)

소장에서 청구의 대상으로 삼은 채권 중 일부만을 청구하면서 소송의 진행경과에 따라 장차 청구금액을 확장할 뜻을 표시하였으나 당해 소송이 종료될 때까지 실제로 청구금액을 확장하지 않은 경우에는 소송의 경과에 비추어 볼 때 채권 전부에 관하여 판결을 구한 것으로 볼 수 없으므로, 나머지 부분에 대하여는 재판상 청구로 인한 시효중단의 효력이 발생하지 아니한다(2019다223723)(11회)

직접 이익을 받는 자의 시효원용권은 채무자의 시효원용권에 기초한 것이 아닌 독자적인 것이라고 하여 채무자의 시효이익의 포기는 다른 직접수익자의 시효원용권에 영향을 미치지 않는다. 담보물의 제3취득자는 피담보채권의 소멸에 의해 직접 이익을 받는 관계에 있으므로 소멸시효의 완성을 주장할 수 있다(95다12446)(9 · 11회)

※ 법정변제충당의 변제이익 판단기준(11회)

법정충당 순서는 변제자의 이익을 고려하여 규정된 것이며, 이때 법정변제충당의 순서는 채무자의 변제제공 당시를 기준으로 정하여야 한다(2014다71712)(8회)

3) 시효취득을 원인으로 한 소유권이전등기청구

① 타주점유(악의의 무단점유)(1회) vs 자주점유로의 전환 ② 취득시효 완성 후의 소유명의 변경(이중양도 법리) vs 제3자 명의의 소유권이전등기가 무효 ③ 점유중단, ④ 시효중단, ⑤ 시효소멸

※ 타주점유, 이중양도, 시효소멸에 대한 재항변(13회)

ⅰ) 실제로 매매계약이 있었던 이상 그 계약이 무효라 하더라도 매수인은 원칙적으로 자주점유자이다(94다25513)

ⅱ) 시효완성 후 제3자가 등기를 갖추었으나 그 소유권이전등기가 **당연무효인 경우**(사안의 경우 반사회적 행위로서 무효인 법률행위에 터 잡은 경우로서 그 등기 또한 원인무효이기 때문에, 점유취득시효 완성자는 그 당시 소유자를 대위하여 위 제3자에게 그 등기의 말소를 구할 수 있다(대판 2002.3.15. 2001다77352,77369 등)],

ⅲ) 시효완성자가 점유를 상실한 경우에는 그것을 **시효이익의 포기로 볼 수 있는 것이 아닌 한, 이미 취득한 소유권이전등기청구권은 소멸되지 아니하나 그 점유를 상실한 때로부터 10년간 등기청구권을 행사하지 아니하면 소멸시효가 완성한다**(전합93다47745).

---

29) ㉠ 선의의 제3자(제108조 2항 등), ㉡ 원고의 매매계약의 추인(무권대리 또는 무권리자)(13회)

30) 실체관계에 부합한다는 것은 ㉠ 등기명의인 앞으로 현재와 같은 등기가 행하여져야 할 실체적 권리가 있고, ㉡ 동시이행의 항변권 등을 포함하여 등기의무자에게 등기의무의 이행을 거절할 정당한 사유가 없는 것, 즉 등기청구권의 실현에 장애가

1. 임대차보증금·목적물반환청구

(1) 청구의 유형 및 요건사실

청구의 유형 및 요건사실	기재례
1) 임대차보증금반환청구 ① 임대차계약 체결 ② 임대차보증금의 지급 ③ 임대차의 종료 ④ 대항력을 갖춘 사실(임대인으로부터 목적물을 양수한 제3자에 대한 청구시 주장·증명 要)	ⅰ) 원고는 2022. 3. 22. 피고로부터 이 사건 건물을 보증금 1억 원, 차임 월 1백만 원, 기간 2022. 3. 22.부터 2024. 3. 21.까지 2년으로 정하여 임차하였고, 같은 날 피고에게 위 임대차보증금을 지급하였습니다. ⅱ) 위 임대차계약은 2024. 3. 21. 기간만료로 종료되었습니다. ⅲ) 따라서, 피고는 원고에게 보증금 1억 원을 지급할 의무가 있습니다.
2) 임대차목적물반환청구 ① 임대차계약 체결 ② 임대차목적물의 인도 ③ 임대차의 종료 **2-1) 전차인에 대한 직접 청구** ① 임대차계약 체결 ② 임대차목적물의 인도 ③ 임차인이 임대인의 동의를 얻어 전차인과 임(사용)대차계약을 체결한 사실 ④ 전차인에게 대해 목적물 인도 ⑤ 임대차의 종료	ⅰ) 원고는 2023. 3. 22. 피고에게 이 사건 건물을 보증금 1억 원, 차임 월 1백만 원, 기간 2023. 3. 22.부터 2025. 3. 21.까지 2년으로 정하여 임대하였고, 같은 날 피고에게 위 건물을 인도하였습니다. ⅱ) 한편 피고는 2024. 1. 22.부터 2024. 3. 31. 현재까지 2기 이상(3기)의 차임을 연체하였고, 이를 이유로 원고는 2024. 3. 23. 임대차계약 해지의 의사를 발송, 위 의사표시는 2024. 3. 31. 피고에게 도달하였습니다. ⅲ) 따라서, 위 임대차계약은 2024. 3. 31. 해지되어 종료되었으므로, 피고는 원고에게 이 사건 건물을 인도할 의무가 있습니다.

없어야 한다. 判例는 ① 중간생략등기이며, 3자간의 합의가 있었다는 항변 또는 전소유명의자와 피고 사이에 중간생략등기의 합의가 없었더라도 관계 당사자들 사이에 매매계약이 체결되어 이행되는 등 적법한 원인행위가 성립하였다는 항변(79다2104), ② 피고가 미등기부동산을 전전 매수하여 최종매수인으로서 소유권보존등기를 경료하였다는 항변(83다카1152), ③ 등기부상 등기원인(예컨대, 매매)과 다른 실제 등기원인(예컨대 증여)이 있었다는 항변(80다791)(6회), ④ 점유취득시효가 완성되었다는 항변(83다카848), ⑤ 원고로부터 매수했다는 항변(피고는 매매계약체결사실, 매매대금완납 또는 등기선이행약정사실을 주장 입증해야 한다), ⑥ 실질적 소유자인 명의신탁자로부터 매수했다는 항변, ⑦ 무효의 등기이지만 유용의 합의가 있어 유효하다는 항변, ⑧ 중간생략형 명의신탁에서 명의수탁자가 명의신탁자에게 소유권이전등기를 경료해 주었다는 항변 등을 들고 있다.

31) 최종 등기명의자가 등기부취득시효의 항변을 제출하여 법원에서 그것이 받아들여진 사실을 주장·증명

32) ㉠ 원고가 변제를 주장함에 대하여 피고는 그 변제금이 원고의 다른 채무에 충당되었다고 항변(변제충당의 항변)(8회), ㉡ 원고가 피고에 대한 채권으로 피담보채권과 대등액에서 상계하였다고 주장함에 대하여 피고는 원고의 채권에 동시이행항변권이 붙어 있는 사실을 주장하여 성질상 상계가 허용되지 아니한다고 항변, ㉢ 원고가 피담보채무의 시효소멸을 주장함에 대하여 피고는 소멸시효의 중단사유를 들어 항변(11회)

(2) 피고의 항변 등(가능한 공격방어방법)

피고의 항변	(재)재항변
1) 임대차보증금반환청구 ① 묵시의 갱신의 항변 ② 공제의 항변 ⅰ) 계약 존속 중의 연체차임 ⅱ) 임대차계약 종료 후의 부당이득[33] ⅲ) 목적물의 멸실 등에 따른 손해배상[34] ③ 동시이행의 항변	① 계약해지 통고에 의한 임대차종료(제635조) ② 공제 대상 채권의 소멸사실(변제 등) ③ 목적물을 인도하였거나 계속하여 그 이행의 제공을 한 사실

2) 임대차목적물반환청구
① 매수청구권의 행사 vs ① 매수청구권의 포기특약(예외)[35]
② 유치권 vs ② 비용상환청구권의 포기특약(원칙)
③ 동시이행의 항변 vs ③ 공제 대상 채권의 발생 vs 공제 대상 채권의 소멸(재)

※ 연체 차임의 소멸시효 완성 및 압류 · 추심명령(12회)

임대인이 이미 소멸시효가 완성된 차임채권을 자동채권으로 삼아 임대차보증금 반환채무와 상계하는 것은 민법 제495조에 의하더라도 인정될 수 없다"(대판 2016.11.25. 2016다211309).

임대차 존속 중 차임이 연체되고 있음에도 임대차보증금에서 연체차임을 충당하지 않고 있었던 임대인의 신뢰와 차임연체 상태에서 임대차관계를 지속해 온 임차인의 묵시적 의사를 감안하면 연체차임은 민법 제495조의 유추적용에 의하여 임대차보증금에서 공제할 수는 있다"(대판 2016.11.25. 2016다211309)(8 · 12회).

차임채권에 관하여 압류 및 추심명령이 있는 경우에도 임대차종료시까지 추심되지 않은 차임은 보증금에서 당연히 공제된다(2004다56554).

---

33) 이 경우 공제의 항변이 인정되기 위해서, 피고(임대인)는 실질적 이득론에 따라 원고(임차인)가 목적물의 본래의 용법대로 사용 · 수익하고 있는 사실까지 주장 · 증명하여야 함
34) 이 경우 공제의 항변이 인정되기 위해서, 피고(임대인)는 ① 목적물의 멸실 · 훼손사실, ② 그 손해액을 주장 · 증명하여야 함
35) 매수청구권과 관련된 규정은 강행규정이나 포기특약의 내용이 임차인에게 특별히 불리하지 않은 것이라면 예외적으로 유효한 반면, 비용상환청구권과 관련된 규정은 임의규정이므로 포기특약이 원칙적으로 유효하다. 따라서 원고(임대인)은 ① 매수청구권 포기의 특약 사실, ② 그 특약이 임차인 등에게 일반적으로 불리한 것이 아니라는 사정에 관한 사실을 주장하며 '재항변'할 수 있다.

2. 부속물 · 지상물매수청구권 : 임차인의 항변

(1) 청구의 유형 및 요건사실

청구의 유형 및 요건사실	기재례
1) 부속물매수청구권(제646조) ① 임대인의 동의를 얻어 부속물을 설치하였거나 그 부속물을 임대인으로부터 매수 ② 부속물의 현존 ③ 매수청구권 행사[36] ④ 부속물의 시가	피고는 간판설치비용을 지급받기 전에는 이 사건 건물을 인도할 수 없다고 주장할 것으로 예상됩니다. 그러나 부속물은 건물의 사용에 객관적인 편익을 가져오게 하는 물건을 의미하므로, 피고가 음식점 영업을 위하여 설치한 간판은 건물의 사용에 객관적인 편익을 가져오는 물건이 아니어서 부속물에 해당되지 않습니다.
2) 지상물매수청구권(제643조)[37] ① 지상물 소유의 목적으로 토지임대차계약을 체결한 사실 ② 임차인이 지상물을 건축하여 현존하고 있는 사실 ③ 계약갱신을 청구하였으나 임대인이 이를 거절한 사실 ④ 매수청구권을 행사한 사실 ⑤ 임대차의 기간만료 ⑥ 지상물의 시가(원고가 예비적으로 지상물의 인도 및 소유권이전등기청구를 하고 있는 경우 주장 증명 **要**)	피고는 2015. 5. 13.자 서신을 통해 이 사건 건물에 대한 매수청구권을 행사하면서 그 매매대금으로 시가 상당인 2억 원의 지급을 요구하였고, 위 서신은 2015. 5. 15. 원고에게 도달하였습니다. 따라서 이 사건 건물에 관하여 원고와 피고 사이에 2015. 5. 15. 매매대금을 2억 원으로 하는 매매가 성립하였습니다. 따라서 피고는 원고로부터 매매대금 2억 원을 지급받음과 동시에 원고에게, 이 사건 건물에 관하여 2015. 5. 15. 매매를 원인으로 한 소유권이전등기절차를 이행함과 아울러 위 건물을 인도할 의무가 있습니다.

---

36) 원칙적으로 임대차계약이 체결되었다가 종료한 사실도 요건사실에 포함된다 할 것이지만, 이는 청구원인사실의 인정단계에서 이미 판단되었을 것이므로 따로 주장·증명할 필요는 없다.

37) 임차권 소멸 후 임차목적물이 양도된 경우, 제3자에 대하여 대항할 수 있는 임차권(제622조 1항)을 가진 토지 임차인은 그 새로운 소유자에 대하여도 위 매수청구권을 행사할 수 있다(96다14517)(2회)

Set 018   사해행위취소청구

1. 사해행위취소청구(제406조)

(1) 요건사실

요건사실	기재례(3회)
① 피보전채권, ② 사해행위[38], ③ 사해의사[39], ④ 제척기간	

① 피보전채권

　앞서 본 바와 같이 원고들은 피고 박이채에 대하여 2010. 6. 30. 이후 각 2억 5천만 원 및 그에 대한 지연손해금의 부당이득금반환채권을 가지고 있습니다.

② 사해행위와 사해의사

ⅰ) 피고 박이채는 2010. 9. 1. 이후 채무초과상태에 빠져 있던 중, 2011. 4. 9. 여동생인 피고 박이순에게 시가 2억 원인 이 사건 아파트를 대금 1억 원에 매도하고 같은 날 피고 박이순에게 소유권이전등기를 경료하여 주었습니다.

　피고 박이채의 위 매도행위는 채무초과상태에 빠져 있는 사람이 유일한 부동산을 시가보다 현저히 저렴하게 쉽게 소비 또는 은닉될 수 있는 금전으로 변경하는 행위로서 사해행위에 해당합니다.(3·8회)

ⅱ) 피고 박이채는 스스로 채무초과사실, 저렴하게 매도한다는 사실, 부동산을 소비 또는 은닉하기 쉬운 금전으로 변경한다는 사실을 잘 알고 있었으므로 사해의사가 있고 피고 박이순의 악의는 추정됩니다.

ⅲ) 원고들은 2013. 4. 초순경 피고 박이채의 위 아파트 매매행위가 사해행위임을 알게 되었으므로 그 때부터 아직 출소기간인 1년이 경과하지 않았습니다.

③ 사해행위의 취소와 가액배상

ⅰ) 그러므로 피고 박이채, 박이순 사이의 위 매매행위는 원고들을 해치는 사해행위에 해당하여 취소되어야 합니다.

ⅱ) 한편 피고 박이순은 이 사건 아파트에 관하여 소유권이전등기를 마친 후 2011. 5. 2. 주식회사 신한은행으로부터 금원을 차용하고 이를 담보하기 위하여 위 은행에게 채권최고액 5천만 원인 근저당권을 설정하여 주었습니다.

　이로 인하여 피고 박이채는 이 사건 아파트에 관하여 사해행위 당시의 상태대로 원상회복받을 수 없게 되었으므로 가액배상을 청구하고자 합니다.

ⅲ) 그러므로 피고 박이순은 가액배상금으로 원고들에게 각 원고들의 피담보채무의 범위 내에서, 각 이 사건 아파트의 시가 상당액인 각 2억 원 및 이에 대하여 이 판결 확정일 다음날부터 다 갚는 날까지 민법 소정의 연 5%의 비율에 의한 지연손해금을 지급할 의무가 있습니다.

---

38) 사해행위 이후 우선변제권이 있는 채권이 있는 경우(우선변제권이 있는 채권 비공제) : 사해행위 후 그 목적물에 관하여 선의의 제3자가 저당권을 취득하였음을 이유로 가액배상을 명하는 경우에는 사해행위 당시 일반 채권자들의 공동담보로 되어 있었던 부동산 가액 전부의 배상을 명하여야 할 것이고, 그 가액에서 제3자가 취득한 저당권의 피담보채권액을 공제할

(2) 피고의 항변 등(가능한 공격방어방법)

피고의 항변	(재)재항변
① 제척기간 도과(12회), ② 수익자·전득자의 선의, ③ 채무자의 자력회복, ④ 피보전채권의 시효소멸(10회)	

※ 피보전채권의 상사소멸시효 완성으로 소멸에 대한 재반박

회사의 기관인 대표이사 개인이 상인이 되는 것은 아니다. 대표이사 개인이 회사의 운영자금으로 사용하려고 돈을 빌리거나 투자를 받더라도, 그것만으로 상행위에 해당하는 것은 아니다(2017다205127)(10회)

부동산 실권리자명의 등기에 관한 법의 시행 후에 부동산 소유자가 등기명의를 수탁자에게 이전하는 이른바 양자간 명의신탁에서, 신탁부동산에 관하여 채무자인 신탁자가 실질적 당사자가 되어 법률행위를 하는 경우 이러한 신탁자의 법률행위가 사해행위에 해당할 수 있다(2011다107382)(10회)

(3) 주요 기출 판례

주요 판례

※ 사해행위성 : 상당한 대가를 받고 유일한 재산을 매각하는 행위(3·8·14회)

判例는 채무자가 유일한 재산인 부동산을 매각하여 소비하기 쉬운 금전으로 바꾸는 행위는 정당한 변제를 위한 상당한 매각이 아닌 한 원칙적으로 사해행위에 해당한다고 한다(대판 1966.10.4, 66다1535 ; 대판 2015.10.29, 2013다83992).

※ 피보전채권에 물적 담보가 설정되어 있는 경우(14회)

채권자취소권에 의하여 보호될 수 있는 채권은 '책임재산의 감소로 피해를 입을 수 있는 일반채권'이어야 한다. 따라서 만약 피보전채권을 위해 담보권이 설정되어 있다면, 담보제공자가 누구인가를 불문하고 '그 담보물로부터 우선변제받을 금액'을 공제한 나머지 채권액에 대하여만 채권자취소권이 인정된다. 이에 대한 증명책임은 '채권자'에게 있고(대판 2014.9.4. 2013다60661). 이때 취소채권자가 '담보물로부터 우선변제받을 금액'은 사해행위 당시를 기준으로 담보물의 가액에서 취소채권자에 앞서는 선순위 담보물권자가 변제받을 금액을 먼저 공제한 다음 산정하여야 한다(대판 2021.11.25. 2016다263355).

※ 저당권부 부동산이 사해행위로 양도된 후 수익자의 변제에 의하여 수개의 저당권 중 일부가 소멸한 경우(3회)

사해행위의 목적인 부동산에 수개의 저당권이 설정되어 있다가 사해행위 후 그 중 일부 저당권만이 말소된 경우에도 사해행위의 취소에 따른 원상회복은 가액배상의 방법에 의할 수밖에 없을 것이고, 그 경우 배상하여야 할 가액은 사해행위 취소시인 사실심 변론종결시를 기준으로 하여 그 부동산의 가액에서 말소된 저당권의 피담보채권액과 말소되지 아니한 저당권의 피담보채권액을 모두 공제하여 산정하

것은 아니다(2003다40286)(3회)

39) 수익자·전득자의 악의는 요건사실이 아님에 주의(3·8회)

여야 한다(97다6711). 그러나 수익자에 의해 일부 저당권이 말소된 경우가 아니라 근저당권의 피담보채무액이 일부 대위변제된 경우는 가액반환이 아니라 원물반환에 의하여야 한다(98다41490)

※ 사해행위인 매매예약에 기하여 수익자 앞으로 가등기를 마친 후 전득자 앞으로 가등기 이전의 부기등기를 마치고 가등기에 기한 본등기까지 마친 경우(8회)

채권자는 수익자를 상대로 사해행위인 매매예약의 취소를 청구할 수 있고, 부기등기의 결과 가등기 및 본등기에 대한 말소청구소송에서 수익자의 피고적격이 부정되더라도, 수익자는 부기등기로 인한 가등기말소의무의 불능에 대한 원상회복으로서 가액배상을 할 의무를 진다(전합2012다952). 그러나 부기등기가 없는 사안에서는 수익자에게 가등기 및 본등기에 대한 말소청구소송의 피고적격이 인정되므로 가액배상이 이루어져야 하는 것이 아니다(2003다19435).

※ 선의의 전득자가 저당권을 취득한 경우 : 원물반환과 가액반환의 선택(3회)

채권자는 수익자를 상대로 원물반환 대신 그 가액 상당의 배상을 구할 수도 있다고 할 것이나, 그렇다고 하여 채권자가 스스로 위험이나 불이익을 감수하면서 원물반환을 구하는 것까지 허용되지 아니하는 것으로 볼 것은 아니고, 그 경우 채권자는 원상회복 방법으로 가액배상 대신 수익자 명의의 등기의 말소를 구하거나 수익자를 상대로 채무자 앞으로 직접 소유권이전등기절차를 이행할 것을 구할 수 있다(2000다57139). 그러나 부기등기가 없는 사안에서는 수익자에게 가등기 및 본등기에 대한 말소청구소송의 피고적격이 인정되므로 가액배상이 이루어져야 하는 것이 아니다(2003다19435).

Set 019 채권양도에 기한 양수금 청구

1. 양수채권 청구소송

(1) 요건사실

요건사실	기재례(4회)
① 양수채권의 발생원인, ② 채권양도약정, ③ 채무자에 대한 대항요건(제450조 1항)	

① 양수채권의 발생원인사실 : 임대차보증금반환의무

　피고 甲은 2013. 3. 1. 소외 乙로부터 소외 乙 소유 이 사건 건물을 임대차보증금 2억 원, 차임 월 1백만 원, 기간 2013. 3. 1.부터 2014. 12. 31.까지로 정하여 임차하는 계약을 체결한 후 임대차보증금을 지급하고 목적물을 인도받은 다음, 2013. 3. 2. 사업자등록을 신청하여 등록증을 교부받은 후 위 건물에서 영업을 시작하였습니다.

② 채권양도약정 및 채무자에 대한 대항요건

　피고 甲은 2014. 10. 15. 위 임대차계약에 기한 임대차보증금 반환채권을 원고에게 양도하고 임대인에 대한 통지권한을 수여하였고, 원고는 같은 달 16. 피고 甲을 대리하여 소외 乙에게 임대차보증금양도사실을 통지하여 그 통지가 같은 달 18. 소외 乙에게 도달하였습니다.

③ 임대인 지위의 승계

　소외 乙은 2014. 10. 31. 이 사건 건물을 피고 丙에게 대금 8억 원에 매도하고 같은 날 위 건

물에 관하여 피고 丙 명의로 소유권이전등기를 경료하였습니다. 이로써 피고 丙은 상가건물임
대차보호법 제3조 제2항에 의하여 피고 甲과 사이의 위 임대차계약의 임대인의 지위를 승계
하였습니다.

④ 피고의 의무

피고 甲은 2014. 11. 1.부터 2014. 12. 31.까지의 차임 2백만 원을 연체하였고 피고 丙에게
위 임대차목적물을 반환하지는 아니하였으나 현재 영업을 중단하고 있는 상태입니다. 임대차
계약의 종료시 임대차목적물반환의무와 임대차보증금반환의무는 동시이행관계에 있습니다. 그
러므로 피고 丙은 피고 甲으로부터 위 임차부분을 인도받음과 동시에 원고에게 연체 차임 2
백만 원을 공제한 임대차보증금 양수금 198,000,000원을 지급할 의무가 있습니다.

(2) 피고의 항변 등(가능한 공격방어방법)

피고의 항변 및 요건사실	(재)재항변
1) 채무자의 양수인에 대한 항변[40] ① 제449조 1항 단서 또는 제449조 2항 ② 제451조 2항 2) 채무자의 양도인에 대한 항변 ① 제452조 1항	양수인이 채무자에게 재항변 ① 제451조 1항에 따른 이의를 보류하지 않은 승낙 vs 양수인에게 악의 또는 중과실 있음(재) 악의의 양수인으로부터 다시 선의로 양수한 전득자 도 제449조 2항 단서에서의 선의의 제3자에 해당한 다. 또한 이러한 선의의 양수인으로부터 다시 채권 을 양수한 전득자는 선의·악의를 불문하고 채권을 유효하게 취득한다(2012다118020)(12회)

---

40) 일반적으로 채권에 대한 가압류가 있더라도 이는 채무자가 제3채무자로부터 현실로 급부를 추심하는 것만을 금지하는 것일
뿐 채무자는 제3채무자를 상대로 그 이행을 구하는 소송을 제기할 수 있고, 법원은 가압류가 되어 있음을 이유로 이를 배척
할 수 없는 것이 원칙(2001다59033)이므로, 가압류된 금전채권의 양수인이 양수금의 이행을 청구한 경우 가압류가 되어 있다
는 이유로 배척되지 않는다.(1회)

1. 금전채권에 대한 강제집행 - 추심금청구

(1) 청구의 유형 및 요건사실

요건사실	기재례(5회)
① 추심채권, ② 압류 및 추심명령, ③ 제3채무자에게 송달	

원고는 2010. 5. 1. 소외 우범선에게 400,000,000원을 변제기 2013. 4. 30., 이율 월 2.7%로 정하여 대여하였습니다. 그러나 소외 우범선은 원리금을 전혀 변제하지 않았고, 이에 원고는 피고를 상대로 서울동부지방법원 2013가합12345호로 4억 원 및 2.7%의 이자 및 지연손해금을 구하는 대여금 청구의 소를 제기하였으나 소송 도중인 2013. 7. 11. "피고는 원고에게 300,000,000원 및 이제 대하여 2010. 5. 1.부터 다 갚는 날까지 연 30%의 비율로 계산한 돈을 지급하라."는 화해권고결정이 내려졌고 확정되었습니다. 따라서 원고에게는 집행채권이 존재하고 이에 원고는 원고의 우범선에 대한 서울동부지방법원 2013가합12345호 대여금청구사건의 집행력 있는 화해권고결정에 기하여 2015. 11. 18. 우범선의 피고 삼진전자에 대한 위 어음금채권의 원금 및 지연손해금에 관하여 압류·추심명령을 받고 그 명령이 같은 달 21. 피고 삼진전자에게 송달되었습니다.

따라서 원고는 추심채권자로서 피고 삼진전자에 위 어음금 및 이에 대하여 지연손해금 전부를 청구할 수 있습니다.

(2) 피고의 항변 등(가능한 공격방어방법)

피고의 항변	(재)재항변
① 추심채권의 소멸 ② 추심명령의 취소 ③ 추심명령 신청 취하	※ 집행채권의 소멸 주장에 대한 재반박 집행채권의 부존재나 소멸은 집행채무자가 청구이의의 소에서 주장할 사유이지 추심의 소에서 제3채무자가 이를 항변으로 주장하여 채무의 변제를 거절할 수는 없다(94다34012)(9회) ※ 압류의 경합 주장에 대한 재반박 같은 채권 채권에 관하여 추심명령이 여러 번 발부되더라도 그 사이에는 순위의 우열이 없으므로 압류나 추심명령이 경합하여도 추심명령은 유효하고, 추심권능도 피압류채권 전액에 미친다(94다34012)(9회)

2. 금전채권에 대한 강제집행 - 전부금청구

(1) 청구의 유형 및 요건사실

요건사실	기재례(13회)
① 피전부채권, ② 압류 및 전부명령, ③ 제3채무자에게 송달, ④ 확정	

① 피전부채권

ⅰ) 피고는 2020. 8. 1. 소외 甲에게 이 사건 건물을 임대차보증금 1억 원, 차임 월 2백만 원, 기간 2020. 8. 1.부터 2023. 7. 31.로 하여 임대하였고, 같은 날 소외 甲으로부터 임대차보증금을 지급받았으며, 이 사건 임대차계약은 기간만료로 종료하였습니다. 따라서 소외 甲은 피고에게 이 사건 임대차보증금반환채권을 갖고 있습니다.

② 압류 및 전부명령 ③ 제3채무자에게 송달 ④ 확정

ⅱ) 원고는 이 사건 임대차보증금반환채권 중 7천만원 및 이에 대한 지연손해금 채권에 관하여 압류 및 전부명령을 신청하였고, 2022. 7. 25.자 압류 및 전부명령은 2022. 7. 31. 제3채무자인 피고에게 송달, 2022. 8. 9. 확정되었습니다.

ⅲ) 따라서 피고는 원고에게 5천만원 및 이에 대한 2023. 8. 1.부터 이 사건 소장 부본 송달일까지는 연 5%의, 그 다음날부터 다 갚는 날까지는 연 12%의 각 비율로 계산한 돈을 지급할 의무가 있습니다.

(2) 피고의 항변 등(가능한 공격방어방법)

피고의 항변	(재)재항변
① 피전부채권에 관하여 ② 전부명령에 관하여 (압류의 경합)[41] ③ 상계	압류 및 추심명령 당시 피압류채권이 이미 대항요건을 갖추어 양도되어 그 명령이 효력이 없는 것이 되었다면, 그 후의 사해행위취소소송에서 채권양도계약이 취소되어 채권이 원채권자에게 복귀하였다고 하더라도 이미 무효로 된 압류 및 추심명령이 다시 유효로 되는 것은 아니다(2019다235702)(13회) 건물의 공유자가 공동으로 건물을 임대하고 임차보증금을 수령한 경우 보증금반환채무는 성질상 불가분채무에 해당한다(98다43137)(10회)

---

41) 피고는 제3채무자인 자신에게 전부명령이 송달될 당시[압류의 경합 여부는 제3채무자 송달시를 기준으로 하고, 피전부채권이 장래의 채권, 조건부 채권이라도 압류의 경합 여부는 제3채무자 송달시를 기준으로 한다(대판 1995.9.26. 95다4681)] (가)압류의 경합 또는 배당요구가 있었음을 주장하며 전부명령의 효력을 다툴 수 있다. 아울러 (가)압류의 경합으로 인하여 무효로 된 전부명령은 그 이후 경합 상태에서 벗어났다고 하여 다시금 되살아나 그 효력을 발생하는 것은 아니다(2000다19373)(10 · 13회)

3. 채권 가압류

요건사실	기재례
① 가압류 신청 ② 청구채권 ③ 가압류결정 고지 ④ 송달	서울중앙지방법원은 2023. 9. 15. 소외 최박수의 신청에 의하여, 최박수의 위 피고에 대한 대여금채권을 청구채권으로 하여 같은 법원 2023카단1234호로 위 피고의 원고에 대한 위 물품대금채권을 가압류하는 결정을 고지하고, 그 결정이 2023. 9. 18. 원고에게 송달되었습니다.

Set 021 주의할 청구원인

1. 채권자대위청구(청구원인에 소송물인 피대위권리 먼저 적고, 보전의 필요성은 소결론에)

(1) 요건사실

요건사실	기재례(13회)

① 피보전채권, ② 피대위권리, ③ 권리 불행사, ④ 보전의 필요성

 ※ 필수 문구 : "보전하기 위하여, 대위하여 청구"

① 원고는 1995. 8. 1. 피고 甲의 대리인이라고 칭하는 소외 丙으로부터 이 사건 대지를 매수하여 2017. 경까지 20년 이상 이 사건 대지를 점유함으로써 피고 甲에 대하여 점유취득시효 완성을 원인으로 한 소유권이전등기청구권을 가지고 있습니다.

② 피고 甲과 피고 乙 사이에 이 사건 대지에 관하여 체결된 2017. 5. 13. 매매계약은, 피고 乙이 피고 甲의 배임행위에 적극적으로 조언하는 등 가담한 사정이 인정되므로, 이중양도 법리에 따라 정의관념에 반하여 당연무효이므로, 이 사건 대지에 관하여 피고 乙 앞으로 경료된 소유권이전등기는 원인무효의 등기라고 할 것입니다. 따라서 피고 甲은 피고 乙의 소유권이전등기의 말소등기절차의 이행을 청구할 권리가 있습니다.

③ 그럼에도 불구하고 피고 甲은 피고 乙에 대하여 아무런 조치를 취하고 있지 않습니다.

④ 따라서 원고는 피고 甲에 대하여 갖는 점유취득시효 완성을 원인으로 한 소유권이전등기청구권을 보전하기 위하여, 피고 甲을 대위하여 피고 乙에게 이 사건 대지에 관하여 피고 乙 앞으로 경료된 소유권이전등기의 말소등기절차의 이행을 청구할 보전의 필요성이 있습니다.

2. 불법행위 손해배상청구

(1) 청구의 유형 및 요건사실

청구의 유형 및 요건사실	기재례

1) 일반불법행위(11회)

① 손해배상채권의 발생(고과위인손), ② 손해의 범위

① 손해배상채권의 발생

ⅰ) 원고는 2018. 9. 5. 자신의 父인 소외 乙이 사망함에 따라 이 사건 토지를 단독으로 상속받아 소유권을 취득하였습니다.

ⅱ) 피고는 소외 乙의 인감도장을 도용하여 소외 乙과 이 사건 토지에 관하여 매매계약을 체결한 것으로 관련 서류를 위조, 이 사건 토지에 관하여 서울동부지방법원 2010. 3. 2. 접수 제5923호로 자신의 명의로 소유권이전등기를 경료하였습니다.

ⅲ) 그 후 피고는 2010. 3. 10. 소외 甲에게 이 사건 토지를 매도하였고 소외 甲은 2010. 3. 15. 이 사건 토지에 관하여 자신 앞으로 소유권이전등기를 경료하였습니다.

ⅳ) 원고는 소외 甲을 상대로 이 사건 토지에 관하여 소유권이전등기의 말소등기절차의 이행을 구하는 소를 제기하였으나 소외 甲의 등기부취득시효가 완성되었음을 이유로 패소하였고 위 판결은 2021. 7. 25. 확정됨에 따라, 원고는 피고의 고의에 의한 위법한 등기 서류 위조 행위로 인하여 이 사건 토지에 관한 소유권을 상실하였습니다.

② 손해의 범위

소외 甲의 등기부취득시효 완성으로 인한 원고의 소유권 상실은 원고 소외 甲에 대한 소유권 이전등기말소소송의 패소 판결이 확정된 때 현실화되므로, 피고는 원고에게 위 패소 판결 확정시인 2021. 7. 25. 이 사건 토지의 시가 5억 원 및 이에 대한 지연손해금을 지급할 의무가 있습니다.

2) 사용자책임

① 손해배상채권의 발생: ⅰ) 타인을 사용, ⅱ) 사무집행관련성, ⅲ) 일반불법행위, ⅳ) 면책사유 부존재(항변)
② 손해의 범위

(2) 피고의 항변 등(가능한 공격방어방법)

피고의 항변	(재)재항변
① 소멸시효 완성(제766조) ② 손해액(과실상계)	소유자의 소유권 상실이라는 손해는 소유자가 제3자를 상대로 제기한 등기말소 청구 소송이 패소 확정될 때에 그 손해의 결과발생이 현실화된다고 볼 것이며, 그 등기말소 청구 소송에서 제3자의 등기부 시효취득이 인정된 결과 소유자가 패소하였다고 하더라도 그 등기부 취득시효 완성 당시에 이미 손해가 현실화되었다고 볼 것은 아니다(2007다36445)(11회)

3. 상계 : 변제기 선도래설의 경우

기재례
① 원고는 2023. 8. 28. 위 피고에게 원고의 위 대여금채권을 자동채권으로, 위 피고의 위 물품대금채권을 수동채권으로 상계하는 의사표시가 담긴 통고서를 보내어 그 통고서가 같은 달 31 위 피고에게 도달하였습니다. ② 수동채권이 가압류되었다하더라도 자동채권의 변제기가 수동채권의 변제기와 동시에 또는 그보다 먼저 도래하는 경우에는 상계가 허용되므로, 위 피고의 물품대금채권 중 2023. 10. 31.에 변제기가 도래하는 금 4천만 원에 대하여는 상계가 이루어지지 않고, 2023. 12. 31.에 변제기가 도래하는 금 5천만 원에 대하여만 상계가 이루어집니다. ③ 따라서 상계적상일인 2023. 12. 31. 원고의 대여금채권의 지연손해금 1천7백만 원과 원금 1억 원은 위 피고의 물품대금채권 5천만 원과 대등액에서 상계되었습니다.

4. 양도담보를 원인으로 한 소유권이전등기청구

요건사실	기재례
① 피담보채권 ② 양도담보약정	–

5. 어음금 청구

(1) 청구의 유형 및 요건사실

청구의 유형 및 요건사실	기재례(5회)

1) 발행인에 대한 어음금 청구
① 피고의 어음발행, ② 원고의 어음상 권리의 취득 및 어음 소지

피고 삼진전자주식회사(이하 '피고 삼진전자' 라 합니다)의 대표이사인 소외 이정진은 대주주인 소외 송병일(이하 '송병일' 이라 합니다)에게 회사의 주요업무를 위임하였고, 이에 따라 송병일은 '삼진전자 대표이사 송병일' 이라는 명함과 대표이사 인장을 소지하면서 대부분의 회사업무를 처리해 왔고 주변 사람들과 소외 최상진(이하 '최상진' 이라 합니다), 소외 우범선(이하 '우범선' 이라 합니다) 등은 모두 송병일이 대표이사라고 믿었습니다. 이에 송병일은 피고 삼진전자의 명의로 2015. 3. 1.액면금 백지, 지급기일 2015. 10. 31., 지급지 서울, 지급장소 삼진전자주식회사 본점 또는 기업은행 서울 공항동지점, 수취인 최상진, 발행일 2015. 3. 1., 발행지 서울로 된 약속어음 1장을 발행하여 최상진에게 교부하고, 최상진은 2015. 6. 25. 우범선에게 위 어음을 배서양도하였습니다. 현재 위 어음은 우범선이 소지하고 있으며, 배서당시 지급거절증서작성은 면제되었습니다.

한편, 송병일과 최상진은 금전거래가 종료하면 그때까지의 최종 차용액을 액면금액란에 기재하기로 하였는데, 그때까지 피고 삼진전자의 차용금은 총 1억 원이었습니다.
그럼에도 피고 최상진은 2015. 6. 25. 채무변제에 갈음하여 위 어음을 배서, 교부하였는데, 배서할 당시에 액면금란에 1억2천만 원으로 보충해도 좋다고 말하였습니다. 이에 우범선은 액면란에 동 금액을 기재하여 지급기일이 도과된 2015. 11. 12.에 지급제시를 하였으나 지급이 거절되었습니다. 따라서 피고 삼진전자는 우범선에게 일응 1억 2,000만 원 및 이에 대하여 지연손해금을 지급할 의무가 있습니다.

2) 배서인에 대한 청구
① 원고의 어음상 권리의 취득 및 어음 소지, ② 피고의 어음 배서, ③ 적법한 지급제시 및 지급거절, ④ 지급거절증서의 작성 또는 작성면제의 특약

(2) 피고의 항변 등(가능한 공격방어방법)

피고의 항변	기재례(5회)

① 물적 항변, ② 어음법 제17조의 인적 항변, ③ 백지어음에 관한 항변, ④ 융통어음항변, ⑤ 제3자의 항변, ⑥ 이중무권의 항변, ⑦ 기한후배서

1) 백지어음에 관한 항변

피고 삼진전자는 송병일이 최상진에게 1억 원의 보충권만을 수여하였으므로, 최상진으로부터 배서를 받은 우범선이 이를 초과하여 보충한 것은 부당보충에 해당하고, 따라서 초과금액인 2,000만 원에 대해서는 채무가 없다고 주장할 것으로 예상됩니다.

이에 대하여 대법원은 "어음법 제10조가 규정하는 '악의로 어음을 취득한 때' 라 함은 소지인이 백지어음이 부당 보충되었다는 사실과 이를 취득할 경우 어음채무자를 해하게 된다는 것을 알면서도 어음을 양수한 때를 말하고, '중대한 과실로 인하여 어음을 취득한 때' 라 함은 소지인이 조금만 주의를 기울였더라면 백지어음이 부당 보충되었다는 사실을 알 수 있었음에도 불구하고 그와 같은 주의도 기울이지 아니하고 부당 보충된 어음을 양수한 때를 말한다. 그리고 어음금액란의 기재는 대단히 중요한 사항이므로 어음금액란을 백지로 하는 어음을 발행하는 경우에 발행인은 통상적으로 그 보충권의 범위를 한정한다고 봄이 상당하고, 부당 보충된 약속어음을 취득함에 있어 소지인 취득자가 보충권에 대하여 발행인에게 직접 조회하지 않았다면 특별히 사정이 없는 한 소지인에게는 악의 또는 중과실이 있다"고 하면서도 "소지인이 악의 또는 중과실로 부당 보충된 어음을 취득한 경우에도 발행인은 자신이 유효하게 보충권을 수여한 범위 안에서는 당연히 어음상의 책임을 진다"는 입장입니다(98다37736).

이에 따르면, 우범선에게 보충권에 대하여 발행인에게 직접 조회하지 않은 중과실은 인정되나, 1억 원에 대해서는 유효하게 보충권을 수여하였으므로 피고 삼진전자는 1억 원의 범위내에서는 어음금 채무를 부담하여야 합니다.

2) 지급제시기간 도과의 항변

피고 삼진전자는 소지인인 우범선이 적법한 지급제시기간 내인 만기일로부터 이에 이은 2 거래일 이내 지급제시 하지 않아 어음상 권리를 행사할 수 없다고 주장할 것으로 예상됩니다. 그러나 지급기일은 어음면상 2015. 10. 31.로 표시되어 있는데, 지급기일이 명시된 경우 3년의 소멸시효가 적용되고 지급제시기간 내에 지급제시 했는지 여부와 무관하게 어음의 최종소지인이나 배서인이 어음지급기일로부터 3년 내에 발행인에 대해 어음금 지급 청구를 하면 발행인은 무조건적 1차적 책임을 지게 됩니다.

우범선은 지급기일인 2015. 10. 31.을 지난 2015. 11. 12.에 지급제시를 하였으나 지급제시일로부터 3년 내임이 역수상 명백하므로 피고의 위 항변은 이유없습니다.

제 4 편

기출요약정리

1. 사실관계 및 청구취지

(1) 원고의 김선웅에 대한 물품대금채권 발생 및 김선웅과 오민한 사이의 영업양도약정

- 강용원은 인테리어 자재 도매업을 하던 중, 2021. 6. 5. '해드림(SUN-DREAM)'이라는 비법인 상호로 인테리어 시공업을 하는 김선웅과의 사이에서 2억 원 상당의 인테리어 자재 매매계약을 체결하고 같은 날 납품을 완료하였는데, 그 당시 대금은 추후 지급하기로 하면서 지급기일을 약정하지 않았다.
- 강용원은 2021. 11. 5. 김선웅에게 전화로 위 물품대금의 지급을 요구하였고, 2024. 5. 4. 김선웅에게 같은 취지의 최고서를 보냈고, 이는 2024. 5 .6. 김선웅에게 도달하였다.
- 오민한은 2024. 7. 5. 김선웅과 영업양도계약을 체결하며 위 '해드림(SUN-DREAM)'을 인수하여 현재까지 같은 장소에서 같은 상호로 인테리어 시공업을 하고 있다.
- 강용원은 오민한과 김선웅 사이의 계약관계를 알지 못했고, 2024. 8. 5.에서야 위 '해드림(SUN-DREAM)' 양도사실을 전해 듣고서 김선웅을 찾아가 항의를 하자, 김선웅은 이행각서를 작성하여 강용원에게 교부하였다.
- 강용원은 물품대금 채권을 실현하는 데 필요한 소의 제기를 희망한다(소제기일 2025. 1. 17).

(2) 피고의 항변

오민한은 ① 영업양도계약 당시 영업 인수 전 발생한 김선웅의 채무에 관하여서는 본인이 책임지지 않는다는 약정을 하였고, ② '위 물품대금 채무가 시효로 소멸하였고, 만일 김선웅이 시효이익을 포기하였더라도 그 효과는 양수인인 자신에게 미치지 않는다'고 주장한다.

※ 청구취지

1. 피고 김선웅과 피고 오민한은 공동하여 원고 강용원에게 200,000,000원 및 이에 대한 2021. 11. 6.부터 이 사건 소장 부본송달일까지는 연 6%의, 그 다음 날부터 다 갚는 날까지는 연 12%의 각 비율로 계산한 돈을 지급하라[42].
2. 제1항은 가집행 할 수 있다.

---

[42] 부진정연대채무를 지는 영업양수인에게, 이행최고와 채무승인에 따른 소멸시효 중단의 효력의 소급효를 인정하는 것은 너무 과도한 책임을 지우는 것이므로, 부진정연대채무의 일반원칙으로 돌아가 채권을 만족시키는 사유인 변제, 대물변제, 공탁, 상계에 관하여서만 절대효가 인정된다는 비판이 있다.

2. 요건사실(① 매매계약체결사실, ② 목적물인도사실, ③ 영업양도계약체결사실)

① 인테리어 자재 도매업자인 원고 강용원은 2021. 6. 5. '해드림'이라는 상호로 인테리어 시공업을 하는 피고 김선웅과 2억 원 상당의 인테리어 자재 매매계약을 체결하면서, 대금은 추후 지급하기로 하면서 지급기일을 약정하지 않았습니다.

② 원고는 위 매매계약 당일 피고 김선웅에게 납품을 완료하는 한편, 2021. 11. 5. 피고 김선웅에게 위 물품대금의 지급을 청구하였습니다(이행기의 정함이 없는 이 사건 물품대금채권의 2021. 11. 6.부터 이행지체책임을 묻기 위한 요건사실).

③ 피고 김선웅은 2024. 7. 5. 피고 오민한과 영업양도계약을 체결하였고, 오민한은 그 날부터 현재까지 '해드림'을 인수하여 현재까지 같은 장소에서 같은 상호로 인테리어 시공업을 하고 있습니다 (상법 제42조 1항).

④ 따라서 피고 김선웅과 피고 오민한은 공동하여 원고 강용원에게 200,000,000원 및 이에 대한 2021. 11. 6.부터 이 사건 소장 부본송달일까지는 연 6%의, 그 다음 날부터 다 갚는 날까지는 연 12%의 각 비율로 계산한 돈을 지급할 의무가 있습니다.

3. 피고 오민한의 항변에 관련된 법리

(1) 영업 인수 전 발생한 김선웅의 채무에 관하여서는 본인이 책임지지 않는다는 면책약정

① 전항의 규정은 양수인이 영업양도를 받은 후 지체없이 양도인의 채무에 대한 책임이 없음을 등기한 때에는 적용하지 아니한다. 양도인과 양수인이 지체없이 제3자에 대하여 그 뜻을 통지한 경우에 그 통지를 받은 제3자에 대하여도 같다(상법 제42조 2항)

(2) 소멸시효 완성 및 김선웅의 시효이익의 포기의 상대효

① [소멸시효 완성여부] 원고 강용원의 이 사건 채권은 상인이 판매한 물품대금채권으로서 3년의 소멸시효 기간을 가지며(제163조 6호), 이행기의 정함이 없는 채무로서 발생한 때부터 권리행사가 가능하므로(제166조 1항), 2021. 6. 5.부터 3년이 지난 2024. 6. 5. 24:00 시효소멸한다.

② [이행최고 후 승인에 따른 시효중단 여부] 최고는 권리자가 '재판 외'에서 의무자에게 의무의 이행을 청구하는 것으로 6월 내에 재판상의 청구, 파산절차참가, 화해를 위한 소환, 임의출석, 압류 또는 가압류, 가처분을 하지 아니하면 시효중단의 효력이 없다(제174조).
그런데 최고 후 확정적 시효중단을 위한 보완조치에, 민법 제174조를 유추적용하여 '채무의 승인' (일부변제)이 포함된다는 것이 判例의 입장이다(대판 2022.7.28. 2020다46663).
따라서 2024. 8. 5. 피고 김선웅의 승인으로부터 6월 내의 최고 시점인 2024. 5. 6. 이 사건 물품대금채권의 소멸시효가 소급하여 중단된다.

③ [상호속용 영업양수인의 부진정연대채무] 피고 오민한은 2024. 7. 5. 영업양도계약 체결 당시, 이미 소멸시효가 중단된 이 사건 물품대금채무에 관하여 부진정연대책임을 부담한다.

1. 사실관계 및 청구취지

(1) 원고의 변제충당에 따른 일부 지분에 관한 근저당권 소멸, 그에 기한 경매실행

- 별지 목록 제1항 기재 대지('성수동 대지')에 관하여서는 그 소유자인 강석우가 사망함으로써 강용원이 2/5의(서울동부지방법원 등기국 2022. 12. 8. 제11202호로 마친 소유권이전등기), 정유심이 3/5의 각 지분에 따라 상속하였다.
- 강용원은 인테리어 자재 도매업체의 영업자금 조달을 위하여 오민한으로부터 2023. 1. 6. 2억 원을 이자 연 10%, 변제기 2024. 1. 5.로 차용하면서 성수동 대지의 2/5 지분에 근저당권을 설정해 주었다(2023. 1. 6. 근저당권설정계약, 채권최고액 2억 6천만 원, 서울동부지방법원 등기국 2023. 1. 6. 접수 제1088호).
- 강용원은 2023. 4. 6. 정유심으로부터 성수동 대지의 3/5 지분을 증여받아 소유권이전등기를 마친 후(서울동부지방법원 등기국 2023. 4. 6. 제7202호로 마친 지분이전등기), 2023. 7. 6. 같은 영업자금 조달을 위하여 오민한으로부터 추가로 3억 원을 이자 연 15%, 변제기 2024. 7. 5. 차용하면서 성수동 대지의 3/5 지분에 근저당권을 설정하여 주었다(2023. 7. 6. 근저당권설정계약, 채권최고액 3억 9천만 원, 서울동부지방법원 등기국 2023. 7. 6. 접수 제8293호).
- 강용원은 2024. 7. 5. 오민한에게 위 차용금 변제로 4억 원을 지급하였는데, 그 무렵 강용원과 오민한은 변제할 채무를 구체적으로 특정하지 않았다.
- 오민한은 위와 같이 차용금을 변제받았음에도 성수동 대지의 지분에 관한 위 각 근저당권설정등기에 터 잡아 법원에 담보권실행을 위한 경매를 신청하여 각 경매개시결정을 받았고, 법원이 일괄경매로 진행한 결과 이문호가 최고가 매수신고를 하고 매각대금을 완납함으로써 성수동 대지 전체에 관하여 이문호 앞으로 소유권이전등기가 마쳐졌다(서울동부지방법원 등기국 2024. 10. 5. 접수 제25797호).
- 이문호는 위 경매의 매각대금을 납입하기 위하여 2024. 10. 5. 주식회사 대한은행으로부터 4억 원을 대출받으면서 성수동 대지 전체에 근저당권설정등기를 마쳐 주었다(서울동부지방법원 등기국 2024. 10. 5. 접수 제25799호).
- 강용원은 성수동 대지와 관련하여 자신이 가지는 모든 권리를 실현하기 위한 소의 제기를 희망한다(등기청구에 한할 것).

(2) 피고의 항변

이문호와 주식회사 대한은행은 '성수동 대지에 관하여 등기부와 법원의 경매절차를 신뢰하고서 소유권이전등기와 근저당권설정등기를 마쳤으므로 법적으로 보호받아야 하고, 민사집행법 제267조가 경매의 공신력을 인정하고 있는 이상 자신들에 대한 등기말소청구에는 응할 수 없다'고 주장한다.

2. 요건사실(① 원고 소유, ② 피고 등기, ③ 피고 등기 원인무효)

① 원고 강용원은 2022. 11. 8. 별지 목록 제1. 기재 부동산(이하 '성수동 대지'라고 합니다)의 소유자 소외 망 강석우의 사망으로 인하여 2/5 지분을 상속받아 서울동부지방법원 등기국 2022. 12. 8. 제11202호로 소유권이전등기를, 2023. 4. 6. 소외 정유심으로부터 성수동 대지의 3/5 지분을 증여받아 서울동부지방법원 등기국 2023. 4. 6. 제7202호로 지분이전등기를 경료한 성수동 대지의 소유권자입니다.

② 피고 이문호는 2024. 10. 5. 성수동 대지에 관한 담보권실행을 위한 경매에서 이를 경락받아 같은 날 제25797호로 소유권이전등기를 경료하였고, 피고 주식회사 대한은행은 2024. 10. 5. 성수동 대지에 관하여 이문호와 근저당권설정계약을 체결하여 제25799호로 근저당권설정등기를 경료하였습니다.

③ ⅰ) 원고 강용원은 인테리어 자재 도매업체의 영업자금 조달을 위하여 2023. 1. 6. 피고 오민한으로부터 2023. 1. 6. 2억 원을 이자 연 10%, 변제기 2024. 1. 5.로 차용하면서(이하 제1채무라 합니다) 성수동 대지의 2/5 지분에 근저당권을, 2023. 7. 6. 같은 영업자금 조달을 위하여 피고 오민한으로부터 추가로 3억 원을 이자 연 15%, 변제기 2024. 7. 5. 차용하면서(이하 제2채무라 합니다) 성수동 대지의 3/5 지분에 근저당권을 각 설정하여 주었습니다.

ⅱ) 원고 강용원은 2024. 2024. 7. 5. 피고 오민한에게 위 차용금 변제로 4억 원을 지급하였는데, 그 무렵 강용원과 오민한은 변제할 채무를 구체적으로 특정하지 않았습니다.

ⅲ) 원고 강용원의 변제액 4억 원은 위 채무 전액을 변제하기에 부족하고 원고 강용원과 피고 오민한 사이에 변제충당에 관한 아무런 합의나 지정도 없었으므로, 민법 제479조에 따라 법정변제충당의 순서에 따라야 합니다.

ⅳ) 변제일 2024. 7. 5. 당시, 제1채무액은 원본 2억 원, 약정이자 2천만 원(2억 원 × 연 10% × 1년), 지연손해금 1천만 원(2억 원 × 연 10% × 0.5년)이고, 제2채무액은 원본 3억 원, 약정이자 4천 5백만 원(3억 원 × 연 15% × 1년)입니다.

ⅴ) 원고 강용원이 변제한 4억 원은 변제이익이 더 높은 고이율의 제2채무부터 충당하되, 구체적으로는 제2채무의 이자, 제1채무의 이자 및 지연손해금, 제2채무의 원본, 제1채무의 원본 순으로 충당되어야 하므로, 총 합산 이자 및 지연손해금 7천 5백만 원 전액, 제2채무의 원본에 3억 원 전액, 제1채무의 원본에 2천 5백만 원만큼 순차적으로 충당됩니다.

vi) 원고 강용원의 2024. 7. 5. 변제에 따라 피고 오민한에 대한 제2채무는 전액 소멸하였고, 그에 따른 피고 오민한의 성수동 대지 중 3/5 지분에 관하여 경료된 근저당권설정등기는 부종성에 의하여 원인무효의 등기가 됩니다.

vii) 이미 소멸한 피고 오민한의 근저당권에 기하여 임의경매가 개시되고 피고 이문호에게 매각이 이루어진 경우 그 경매의 효력은 무효이므로, 성수동 대지 중 3/5 지분에 관하여 피고 이문호 앞으로 경료된 이 사건 소유권이전등기는 원인무효이고, 원인무효인 3/5 지분에 관한 피고 이문호의 소유권이전등기를 토대로 경료된 피고 주식회사 대한은행의 근저당권설정등기도 무효라고 할 것입니다.

④ 따라서 피고 김성수는 근저당권설정계약의 당사자인 원고에게 원상회복으로 위 근저당권설정등기의 말소등기절차를 이행할 의무가 있습니다.

3. 피고의 항변에 관련된 법리

(1) 등기의 공신력

현재 등기부의 등기표시가 불완전하여 진실한 권리관계가 일치하지 않는 경우가 많기 때문에 거래의 안전보다는 진정한 권리자의 보호에 중점을 두어 공신의 원칙을 인정하지 않고 있다. 즉 등기의 공신력을 인정하지 않는다.

(2) 민사집행법 제267조에 따른 경매의 공신력

종래 대법원은 민사집행법 제267조가 신설되기 전에도 실체상 존재하는 담보권에 기하여 경매개시결정이 이루어졌으나 그 후 경매 과정에서 담보권이 소멸한 경우에는 예외적으로 공신력을 인정하여, 경매개시결정에 대한 이의 등으로 경매절차가 취소되지 않고 매각이 이루어졌다면 경매는 유효하고 매수인이 소유권을 취득한다고 해석해 왔다. 대법원은 민사집행법 제267조가 신설된 후에도 같은 입장을 유지하였다. 즉, 민사집행법 제267조는 경매개시결정이 있은 뒤에 담보권이 소멸하였음에도 경매가 계속 진행되어 매각된 경우에만 적용된다고 보는 것이 대법원의 일관된 입장이다. 위와 같은 현재의 판례는 타당하므로 그대로 유지되어야 한다(대판 2022.8.25. 2018다205209)

1. 사실관계 및 청구취지

(1) 원고의 3/5 대지지분권에 기한 지상건물철거 및 대지인도 청구

- (Set 023 사실관계에서 이어짐)
- 이문호는 집행법원으로부터 인도명령을 받아 2024. 10. 10. 성수동 대지를 인도받고서, 같은 해 11. 10. 성수동 대지 위에 별지 목록 제2항 기재 건물('성수동 건물')을 신축하였는데, 그 이후 성수동 대지 전체가 성수동 건물의 부지로만 사용되고 있다(이문호가 대지 전체에 관한 사용·수익개시일은 2024. 11. 10.으로 한다).
- 성수동 건물에 관하여서는 아직 소유권보존등기가 경료되지 않은 상태인데, 2024. 11. 20. 박성희는 이문호로부터 '성수동 대지를 임차하고 성수동 건물을 매수'하기로 약정하고, 같은 날 임대차보증금과 매매대금을 모두 지급하고서 성수동 대지와 성수동 건물을 모두 인도받아 현재까지 점유하고 있다.
- 성수동 대지의 2024년도 차임 시세는 아래와 같고, 현재의 부동산 시장 상황에 비추어, 특별한 사정이 없는 한 이후로도 2, 3년간은 같은 시세가 유지될 것으로 전망된다.
- (차임 시세) 지상에 건물이 있는 경우 ⅰ) 보증금 3억 원인 경우 월 250만 원, ⅱ) 보증금 없는 경우 월 400만 원
- (차임 시세) 지상에 건물이 없는 경우 ⅰ) 보증금 3억 원인 경우 월 350만 원, ⅱ) 보증금 없는 경우 월 500만 원
- 강용원은 성수동 대지와 관련하여 자신이 가지는 모든 권리를 실현하기 위한 소의 제기를 희망한다. 아울러 가능하다면, 성수동 건물을 강제로 철거할 경우 철거에 지장이 없도록 그 점유자를 퇴거시키는 데 필요한 소의 제기를 희망한다(대지에 관한 등기청구는 제외할 것).

※ 청구취지

1. 원고 강용원에게, 피고 이문호는 2024. 11. 10.부터, 피고 박성희는 피고 이문호와 공동하여 2024. 11. 20.부터 각 별지 목록 제1. 기재 부동산의 인도완료일까지 월 3,000,000만 원의 비율로 계산한 돈을 지급하라.
2. 피고 박성희는 원고에게
   가. 별지 목록 제2. 기재 부동산을 철거하고,
   나. 별지 목록 제1. 기재 부동산을 인도하라.
3. 제1항, 제2항은 각 가집행 할 수 있다.

2. 요건사실

(1) 건물철거청구(① 원고 토지 소유, ② 피고 건물 소유(미등기 매수인))

① 원고 강용원은 2022. 11. 8. 2023. 4. 6. 소외 정유심으로부터 성수동 대지의 3/5 지분을 증여받아 서울동부지방법원 등기국 2023. 4. 6. 제7202호로 지분이전등기를 경료한 성수동 대지의 지분권자입니다. 한편, 피고 이문호는 2024. 10. 5. 성수동 대지에 관한 담보권실행을 위한 경매에서 이를 경락받아 같은 날 제25797호로 소유권이전등기를 경료하였으나, 앞서 살펴본 바와 같이 피고 이문호의 성수동 대지 중 3/5 지분에 관한 소유권이전등기는 원인무효로서, 원고 강용원과 피고 이문호는 성수동 대지를 각 3/5, 2/5 지분으로 공유합니다.

② ⅰ) 피고 이문호는 집행법원으로부터 인도명령을 받아 2024. 10. 10. 성수동 대지를 인도받고서, 같은 해 11. 10. 성수동 대지 위에 별지 목록 제2항 기재 건물(이하 '성수동 건물'이라 합니다)을 신축하여 2024. 11. 10. 이후부터 성수동 대지 전체가 성수동 건물의 부지로 사용되고 있습니다. ⅱ) 성수동 건물에 관하여서는 아직 소유권보존등기가 경료되지 않은 상태인데, 2024. 11. 20. 박성희는 이문호로부터 '성수동 대지를 임차하고 성수동 건물을 매수'하기로 약정하고, 같은 날 임대차보증금과 매매대금을 모두 지급하고서 성수동 대지와 성수동 건물을 모두 인도받아 현재까지 점유하고 있습니다.

③ ⅰ) 判例에 따르면, "건물을 매수하여 점유하고 있는 자는 점유 중인 건물에 대하여 **법률상 또는 사실상 처분을 할 수 있는 지위**"에 있으므로 그 자를 상대로 건물철거를 구할 수 있습니다. 이 경우 건물을 매도하고 퇴거한 매도인은 철거청구의 상대방이 될 수 없습니다.
ⅱ) 따라서 성수동 건물의 미등기 매수인으로서 성수동 건물에 관한 법률상, 사실상 처분권자인 피고 박성희는 원고에게 성수동 건물을 철거할 의무가 있습니다(민법 제265조 본문).

(2) 대지인도청구(① 원고 토지 소유, ② 피고 토지 점유)

① 원고 강용원과 피고 이문호는 성수동 대지를 각 3/5, 2/5 지분으로 공유하고 있습니다.

② ⅰ) 判例에 따르면 ㉠ "건물의 부지가 된 토지는 그 건물의 소유자가 점유하는 것으로 볼 것이고, 이 경우 건물의 소유자가 현실적으로 건물이나 그 부지를 점거하고 있지 아니하고 있더라도 마찬가지이며, 미등기건물을 양수하여 건물에 관한 사실상의 처분권을 보유하게 된 양수인은 건물부지 역시 아울러 점유하고 있다고 볼 수 있다"고 합니다. ㉡ 다만, "불법점유자에 대한 인도청구는 현실로 불법점유를 하고 있는 자"만을 상대로 해야합니다.
ⅱ) 피고 박성희는 미등기 매수인으로서 성수동 대지를 현실로 점유하고 있습니다.

③ 따라서 피고 박성희는 성수동 건물의 미등기 매수인으로서 원고에게 성수동 대지를 인도할 의무가 있습니다(민법 제265조 본문).

(3) 부당이득반환청구(① 법률상 원인 없음, ② 타인의 재산 또는 노무, ③ 이득·손해, ④ 인과관계)

① 앞서 살펴본 바와 같이, ⅰ) 피고 이문호와 피고 박성희는 성수동 대지를 점유할 아무런 권원 없이 성수동 건물을 소유 내지 사실상 소유함으로써 성수동 대지 전체를 사용·수익함으로써 법률상 원인 없이, ⅱ) 원고의 성수동 대지 중 3/5 지분에 관한 사용·수익권을 침해하는 손해를 일으키고, ⅲ) 그에 상응하여 월 3백만 원(보증금이 없는 경우 월 차임 5백만 원 × 3/5) 상당의 이득을 얻었으며,

iv) 원고의 손해와 피고들의 이득은 상당인과관계가 인정됩니다.

② i) 判例에 따르면 미등기건물의 원시취득자와 사실상의 처분권자가 토지 소유자에 대하여 부담하는 부당이득반환의무는 동일한 경제적 목적을 가진 채무로서 부진정연대채무 관계에 있습니다.

ii) 따라서 원고 강용원에게, 피고 이문호는 2024. 11. 10.부터, 피고 박성희는 피고 이문호와 공동하여 2024. 11. 20.부터 각 별지 목록 제1. 기재 부동산의 인도완료일까지 월 3,000,000만 원의 비율로 계산한 돈을 지급할 의무가 있습니다(민법 제263조).

3. 관련 법리

(1) 건물철거청구에서 건물의 미등기 매수인

判例는 "건물철거는 소유권의 종국적 처분에 해당하는 사실행위이므로 원칙으로는 소유자(등기명의자)에게만 그 철거처분권이 있다고 할 것이나, 건물을 매수하여 점유하고 있는 자는 등기부상 아직 소유자로서의 등기명의가 없다 하더라도 그 권리의 범위내에서 그 점유 중인 건물에 대하여 법률상 또는 사실상 처분을 할 수 있는 지위"에 있으므로 그 자를 상대로 건물철거를 구할 수 있다고 한다(대판 1986.12.23. 86다카1751). 이 경우 건물을 매도하고 퇴거한 매도인(미등기건물 사례임)은 철거청구의 상대방이 될 수 없다[43]고 하며(대판 1987.11.24. 87다카257,258), 아울러 미등기건물을 '관리'하고 있는 자도 철거청구의 상대방이 될 수 없다고 한다(대판 2003.1.24. 2002다61521).

(2) 대지인도청구에서 건물의 미등기 매수인

① 判例에 따르면 "사회통념상 건물은 그 부지를 떠나서는 존재할 수 없는 것이므로 건물의 부지가 된 토지는 그 건물의 소유자가 점유하는 것으로 볼 것이고, 이 경우 건물의 소유자가 현실적으로 건물이나 그 부지를 점거하고 있지 아니하고 있더라도 그 건물의 소유를 위하여 그 부지를 점유한다고 보아야 하며, 미등기건물을 양수하여 건물에 관한 사실상의 처분권을 보유하게 된 양수인은 건물부지 역시 아울러 점유하고 있다고 볼 수 있다"(대판 2010.1.28. 2009다61193)고 한다.

② 判例는 불법점유를 이유로 한 인도청구와 그 밖의 인도청구 예컨대, 인도약정에 따라 그 이행을 구하는 경우를 나누어, ㉠ 불법점유자에 대한 인도청구는 현실로 불법점유를 하고 있는 자만을 상대로 해야 한다고 하는 반면(대판 1970.9.29. 70다1508), ㉡ 인도약정에 따른 이행청구의 경우에는 간접점유자에 대해서도 인도를 청구할 수 있다고 한다(대판 1983.5.10. 81다187).[44]

(3) 부당이득반환청구에서 건물의 미등기 매수인

타인 소유의 토지 위에 권원 없이 건물을 소유하는 자는 그 자체로써 건물 부지가 된 토지를 점유하고 있는 것이므로 특별한 사정이 없는 한 법률상 원인 없이 타인의 재산으로 인하여 토

---

[43] 이 사건에 있어서 원심인정과 같이 피고 김영예가 위 건물을 위 임윤호에게 매도하고 퇴거하였다면 설시 점유이전금지가처분에도 불구하고 그것을 매수하여 점유하고 있는 임윤호가 이에 대하여 법률상, 사실상 처분할 수 있는자라 할 것이고 피고 김영예는 이를 처분할 수 있는 지위에 있지 아니하므로 설시부분에 건립된 건물부분을 철거할 의무가 없다고 할 것인데, 원심은 원고에 대한 관계에 있어서 동 피고는 여전히 위 건물을 처분할 수 있는 지위에 있는 자라고 잘못알고 그 부분의 철거를 명한 것은 법리를 오해한 것이고, 이는 현저히 정의와 형평에 반한다고 인정할 중대한 법령위반에 해당되므로 이 점에 관한 논지는 이유가 있어 원판결 중 본소청구의 건물철거에 관한 피고 김영예의 패소부분은 파기를 면할 수 없는 것이다.

[44] "불법점유를 이유로 한 건물명도청구를 하려면 현실적으로 불법점유하고 있는 사람을 상대로 하여야 할 것이나, 그렇지 않는 경우에는 간접점유자를 상대로 명도를 청구할 수 있다"

지의 차임에 상당하는 이익을 얻고 이로 인하여 타인에게 동액 상당의 손해를 주고 있다고 할 것이고, 이는 건물 소유자가 미등기건물의 원시취득자이고 그 건물에 관하여 사실상의 처분권을 보유하게 된 양수인이 따로 존재하는 경우에도 다르지 아니하므로, 미등기건물의 원시취득자는 토지 소유자에 대하여 부당이득반환의무를 진다.

미등기건물을 양수하여 건물에 관한 사실상의 처분권을 보유하게 됨으로써 그 양수인이 건물 부지 역시 아울러 점유하고 있다고 볼 수 있는 경우에는 미등기건물에 관한 사실상의 처분권자도 건물 부지의 점유·사용에 따른 부당이득반환의무를 부담한다. 이러한 경우 미등기건물의 원시취득자와 사실상의 처분권자가 토지 소유자에 대하여 부담하는 부당이득반환의무는 동일한 경제적 목적을 가진 채무로서 부진정연대채무 관계에 있다고 볼 것이다(대판 2022.9.29. 2018다243133(본소), 2018다243140(반소)).

1. 사실관계 및 청구취지

(1) 원고의 사해행위취소 청구

- 강용원은 2022. 4. 18. 친구인 오국한에게 1억 원을 변제기 2022. 12. 17., 이자 월 1%로 대여하면서, 같은 날 담보 목적으로 오국한 소유의 별지 목록 제3항 기재 상가('신림동 상가')에 2순위 근저당권을 설정받았는데(서울중앙지방법원 등기국 2022. 4. 18. 접수 제26597호로 마친 근저당권설정등기, 채권최고액 1억 5천만 원), 당시 신림동 상가에는 이미 나일오 명의의 1순위 근저당권이 설정되어 있었다(2022. 1. 1. ~ 2022. 12. 31. : 상가 시가 2억 3천만 원, 2023. 1. 1. ~ 2023. 12. 31. : 2억 4천만 원, 2024. 1. 1. ~ 현재 : 2억 5천만 원).

- 한편 강용원은 2022. 5. 18. 오국한에게 1억 원을 변제기 2023. 3. 17. 이자 월 1%로 추가로 대여하면서, 같은 날 담보 목적으로 오국한의 아버지 오칠성 소유인 포천시 소재 임야('포천시 임야')에 관하여 채권최고액 1억 5,000만 원의 1순위 근저당권을 설정받았다. 당시 오국한은 강용원에게 포천시 임야의 실제 가치가 2억 원 이상을 호가한다고 강조하였다.

- 오국한은 강용원한테 돈을 빌리기 전부터 상당한 채무를 부담하고 있었는데, 강용원이 최근 오국한의 재산 상황을 조사하다가, 포천시 임야의 실제 가치는 2억 원에 훨씬 못 미치고(2022. 1. 1. ~ 2023. 12. 13. 임야 시가 3천만 원, 2024. 1. 1. ~ 현재 3천 5백만 원), 오국한이 2023. 3.경 그의 유일한 재산인 신림동 상가에 관하여 사촌인 오민한 명의로 소유권이전등기(서울중앙지방법원 등기국 2023. 3. 17. 접수 제11593호로 마친 소유권이전등기)를 마쳐주었다는 사실을 2024. 9. 15. 알게 되었다.

- 한편 강용원의 강력한 항의를 받은 오민한은 2024. 10. 17. 갑자기 강용원을 찾아와 2022. 4. 18. 자 채무의 원리금 1억 3,000만 원을 변제하였고, 이후 신림동 상가에 설정된 강용원 명의 근저당권설정등기가 말소되었다(2024. 10. 17. 제74586호 말소등기).

- 강용원은 신림동 상가와 관련하여 자신의 채권을 보전하는 데 가장 유리한 소의 제기를 희망한다. 다만 오국한에 대한 대여금 청구의 소 제기는 희망하지 않는다 (소제기일 2025. 1. 17).

(2) 피고의 항변

- 오민한은 '오국한이 자신에게 신림동 상가의 소유명의를 이전한 것은 계약명의신탁 관계에서 비롯된 것이므로 당초부터 오민한 자기 소유인 부동산을 양수받은 것으로서 사해행위에 해당하지 않는다'고 주장한다.

- 오민한은 '신림동 상가, 포천시 임야에 이미 충분한 담보를 확보하고 있었던 강용원에 대하여는 사해행위가 되지 않는다'고 주장한다.
- 오민한은 '원물반환을 할 마음은 있지만, 어떠한 경우에도 강용원에게 금전지급 책임은지지 않는다'고 주장한다.
- 오민한은 '신림동 상가의 취득이 사해행위라고 인정되어 강용원에게 돈을 지급해야 한다면 자신이 2015. 9. 17. 오국한에게 제공한 매수자금 4,000만 원과 2022. 7. 18. 오국한에게 대여한 1,000만 원(변제기 2023. 7. 17.) 역시 고려되어 배상금이 감액되어야 한다'고 주장한다.

(3) 밝혀진 사실
- 소외 나일오의 채권최고액은 5천만 원이며, 2023. 3. 17. 당시에는 채무가 4천만 원에 불과하였으나 그 뒤에 추가로 대여하여 2024. 9. 15. 시점에는 대여금 합계가 7천만 원에 이르렀다.
- 오국한은 2015. 9. 17. 오민한의 요청으로 매수자금 4,000만 원을 받아 서울 관악구 신림동 779 지상 단층 근린상가를 이경주로부터 매수하여 각서인 명의로 등기를 마쳤고, 오국한은 어떠한 경우에도 이경주에게 실제 매수인이 오민한임을 밝히지 않을 것이고, 추후 신림동 상가에 대한 소유권 등 어떠한 권리도 주장하지 않을 것임을 약속하였다.

※ 청구취지
1. 원고 강용원과 피고 오민한 사이에서,
   가. 소외 오국한과 피고 오민한 사이에 별지 목록 제3. 기재 부동산에 관하여 2023. 3. 17. 체결된 매매계약을 70,000,000원의 한도 내에서 취소한다.
   나. 피고 오민한은 원고 강용원에게 70,000,000원 및 이에 대한 이 판결 확정일 다음 날부터 다 갚는 날까지 연 5%의 비율로 계산한 돈을 지급하라(가집행 不可).

2. 요건사실(① 피보전채권, ② 사해행위, ③ 사해의사, ④ 제척기간)

(1) 사해행위취소청구

① ⅰ) 원고 강용원은 2022. 4. 18. 소외 오국한에게 1억 원을 변제기 2022. 12. 17., 이자 월 1%로 대여하면서(이하 제1채무라 합니다), 같은 날 담보 목적으로 오국한 소유의 별지 목록 제3. 기재 상가(이하 '신림동 상가'라고 합니다)에 근저당권자 강용원, 채무자 오국한, 채권최고액 1억 5천만 원으로 하는 2순위 근저당권을 설정받았습니다.

ⅱ) 한편 원고 강용원은 2022. 5. 18. 소외 오국한에게 1억 원을 변제기 2023. 3. 17. 이자 월 1%로 추가로 대여하면서(이하 제2채무라 합니다), 같은 날 담보 목적으로 소외 오국한의 아버지 소외 오칠성 소유인 포천시 소재 임야('이하 포천시 임야'라 합니다)에 관하여 채권최고액 1억 5,000만 원의 1순위 근저당권을 설정받았습니다.

iii) 判例에 따르면 피보전채권을 위해 담보권이 설정되어 있다면, '그 담보물로부터 우선변제받을 금액'을 공제한 나머지 채권액에 대하여만 채권자취소권이 인정되고, 이때 취소채권자가 '담보물로부터 우선변제받을 금액'은 사해행위 당시를 기준으로 담보물의 가액에서 취소채권자에 앞서는 선순위 담보물권자가 변제받을 금액을 먼저 공제한 다음 산정하여야 합니다. 이에 따르면 제1채무는 신림동 상가로부터 전액 우선변제권이 확보되어 있으므로, 원고의 피보전채권은 소외 오국한의 제2채무 중 포천시 임야의 시가 3천만 원을 공제한 8천만 원이 있습니다.

② i) 判例에 따르면 채무초과상태에 있는 채무자가 유일한 부동산을 매각하여 소비하기 쉬운 금전으로 바꾸는 행위는 사해행위에 해당하고, 그의 사해의사는 추정된다고 합니다.

ii) 소외 오국한은 2023. 3. 17. 피고 오민한에게 그의 유일한 재산인 신림동 상가를 매도하였고, 같은 날 피고 오민한 명의로 소유권이전등기를 마쳐주었습니다. 위 매매계약 체결 당시, 소외 오국한의 유일한 적극 재산인 신림동 상가의 시가는 2억 4천만 원이었고, 소극 재산은 나일오에 대한 근저당권 피담보채무 4천만 원, 원고에 대한 제1채무 1억 1천 1백만 원 및 제2채무 1억 1천만 원으로 채무초과상태에 있었습니다. 따라서 이 사건 매매계약은 사해행위에 해당합니다.

③ 앞서 살펴본 바와 같이, 채무초과상태에 있는 채무자 소외 오국한이 유일한 부동산인 신림동 상가를 피고 오민한에게 매각하여 소비하기 쉬운 금전으로 바꾼 경우 소외 오국한의 사해의사 및 피고 오민한의 악의가 추정됩니다.

④ 원고는 2024. 9. 15. 이 사건 매매계약체결 사실을 알게된 바, 2025. 1. 17. 제기한 이 사건 사해행위 취소 및 원상회복청구의 소는 제소기간을 준수하여 적법합니다(제406조 2항).

⑤ 따라서 소외 오국한과 피고 오민한 사이에 체결된 이 사건 매매계약은 사해행위로서 취소되어야 합니다.

(2) 원상회복청구 및 가액배상의 범위

① i) 저당권부 부동산이 사해행위로 양도된 후 저당권의 피담보채무가 변제되어 저당권이 소멸한 경우, 判例는 "사해행위를 취소하여 그 부동산의 자체의 회복을 명하는 것은 당초 일반채권자들의 공동담보로 되어 있지 아니하던 부분까지 회복을 명하는 것이 되어 공평에 반하는 결과가 되므로, 그 부동산의 가액에서 저당권의 피담보채무액을 공제한 잔액의 한도에서 사해행위를 취소하고 그 가액의 배상을 구할 수 있다"이라는 입장입니다.

ii) 피고 오민한은 2024. 10. 17. 원고 강용원에게 제1채무의 원리금을 변제하고 신림동 상가에 설정된 원고의 근저당권설정등기를 말소하였는바, 이 사건 사해행위의 취소에 따른 원상회복은 가액배상의 방법에 의하여야 합니다.

② i) 가액배상에서의 가액은 사해행위가 성립하는 범위 내에서, 사실심 변론종결시를 기준으로 원고 강용원의 피보전채권, 공동담보 가액 중 적은 것을 기준으로 합니다.

ii) 判例에 따르면 저당권이 설정된 부동산에 관하여 사해행위가 이루어진 경우 부동산의 가액에서 그 저당권의 피담보채권액을 공제한 잔액의 범위 내에서만 사해행위가 성립하므로, 사실심 변론종결 시 기준의 부동산 가액에서 저당권의 피담보채권액을 공제한 잔액의 한도에서 사해행위를 취소하고 가액의 배상을 구할 수 있습니다(대판 2023.6.29. 2022다244928).

iii) 신림동 상가 중에서 일반채권자들의 공동담보에 제공된 책임재산은, 현재 시가 2억 5천만원에서 위 상가에 설정된 나일오의 근저당권 채권최고액 5천만원(나일오의 피담보채권액이 7천만 원이므로)과 원고 강용원 명의의 근저당권 피보전채권액 1억3천만원을 공제한 7천만 원이라고 할 것입니다.

③ 따라서 원고 강용원의 피보전채권액은 현재 8천만 원이며, 공동담보인 책임재산의 가액 7천만 원이 그보다 적기 때문에 사해행위 취소 및 가액배상의 범위는 7천만 원이 됩니다.

3. 피고의 항변에 관련된 법리

(1) 계약명의신탁에 의한 것으로서 오국한의 책임재산이 아니었다는 주장

'매도인이 선의'인 계약명의신탁에서 명의수탁자 명의로 소유권이전등기가 마친 경우 "명의수탁자가 취득한 부동산은 채무자인 명의수탁자의 일반 채권자들의 공동담보에 제공되는 책임재산이 되고, 명의신탁는 명의수탁자에 대한 관계에서 금전채권자(부당이득반환채권)[45] 중 한 명에 지나지 않으므로, 명의수탁자의 재산이 채무의 전부를 변제하기에 부족한 경우 명의수탁자가 위 부동산을 명의신탁자 또는 그가 지정하는 자에게 양도하는 행위는 특별한 사정이 없는 한 '명의수탁자'의 다른 채권자의 이익을 해하는 것으로서 다른 채권자들에 대한 관계에서 사해행위가 된다"(대판 2008.9.25. 2007다74874).

(2) 피보전채권에 충분한 물적 담보가 설정되어 있다는 주장

① 채권자취소권에 의하여 보호될 수 있는 채권은 '책임재산의 감소로 피해를 입을 수 있는 일반채권'이어야 한다. 따라서 만약 피보전채권을 위해 담보권이 설정되어 있다면, 담보제공자가 누구인가를 불문(채무자 또는 제3자 소유의 부동산에 대한 저당권)하고 '그 담보물로부터 우선변제받을 금액'을 공제한 나머지 채권액에 대하여만 채권자취소권이 인정된다. 이에 대한 증명책임은 '채권자'에게 있고, 이때 우선변제받을 금액은 처분행위(사해행위) 당시의 담보목적물의 시가를 기준(사후에 환가된 가액을 기준으로 하는 것이 아님)으로 산정하는 것이 옳다(대판 2014.9.4. 2013다60661).

② 이때 취소채권자가 '담보물로부터 우선변제받을 금액'은 사해행위 당시를 기준으로 담보물의 가액에서 취소채권자에 앞서는 선순위 담보물권자가 변제받을 금액을 먼저 공제한 다음 산정하여야 한다(대판 2021.11.25. 2016다263355).

(3) 원물반환 외에 가액배상 책임을 지지 않는다는 주장

[저당권부 부동산이 사해행위로 양도된 후 수익자(양수인)의 변제에 의하여 저당권이 소멸한 경우] 判例는 "사해행위를 취소하여 그 부동산의 자체의 회복을 명하는 것은(말소되었던 저당권까지 회복되는 것은 아님 ; 저자주) 당초 일반채권자들의 공동담보로 되어 있지 아니하던 부분까지 회복을 명하는 것이 되어 공평에 반하는 결과가 되므로, 그 부동산의 가액에서 저당권의 피담보채무액을 공제한 잔액의 한도에서 사해행위를 취소하고 그 가액의 배상을 구할 수 있을 뿐"(대판 1999.9.7. 98다41490)이라고 한다.

이때 사해행위시와 사실심변론종결시 피담보채무액의 변동이 있는 경우 공제되어야 할 피담보채무액의 산정과 관련하여 判例는 사해행위 이후에 피담보채권액이 늘었으면 '채권최고액의 한

---

45) "명의신탁자와 명의수탁자 사이의 명의신탁 약정의 무효에도 불구하고 부동산 실권리자명의 등기에 관한 법률 제4조 2항 단서에 의하여 그 명의수탁자는 당해 부동산의 완전한 소유권을 취득하게 되고, 다만 명의신탁자에 대하여 그로부터 제공받은 매수자금 상당액의 부당이득반환의무를 부담하게 되는바…"

도 내에서' 이를 모두 공제하여야 하고, 피담보채권액이 줄었으면 '사해행위 당시의 피담보채권액'을 공제해야 한다고 한다(대판 2005.10.14. 2003다60891).[46)]

(4) 상계 주장

① **[배당요구권(적극)]** 이 경우 사해행위의 상대방인 수익자는 그의 채권이 사해행위 당시에 그대로 존재하고 있었거나(담보제공의 경우) 또는 사해행위가 취소되면서 그의 채권이 부활하게 되는 결과 본래의 채권자로서의 지위를 회복하게 되는 것이므로(대물변제의 경우), 다른 채권자와 함께 제407조의 채권자에 해당한다. 따라서 원상회복된 채무자의 재산에 대한 강제집행절차에서 배당을 요구할 권리가 있다(대판 2003.6.27. 2003다15907).

② **[상계권(소극)]** ㉠ 그러나 채권자의 가액반환 청구에 대하여 수익자는 채무자에 대한 원래의 채권 또는 장차 안분배당받을 채권으로 상계할 수 없다(대판 2001.2.27. 2000다44348 ; 대판 2001.6.1. 99다63183). 만약 이를 인용하면 자신의 채권에 대하여 변제를 받은 수익자를 보호하고 다른 채권자의 이익을 무시하는 결과가 되어 채권자취소권 제도의 취지에 반하게 되기 때문이다. ㉡ 하지만 수익자가 채권자취소권을 행사하는 '채권자에 대해 가지는 별개의 다른 채권'을 집행하기 위하여 그에 대한 집행권원을 가지고 채권자의 수익자에 대한 가액배상채권을 압류하고 전부명령을 받는 것은 허용된다. 나아가 상계가 금지되는 채권이라고 하더라도 압류금지채권에 해당하지 않는 한 강제집행에 의한 전부명령의 대상이 될 수 있다(대결 2017.8.21. 2017마499)

---

46) "ⅰ) 피담보채무액을 공제함에 있어 사실심 변론종결 당시의 피담보채무액이 사해행위 당시의 그것보다 현실적으로 증대되어 남아있는 경우에는 근저당권의 채권최고액의 범위 내에서 이를 모두 공제하여야 할 것이나, ⅱ) 그와 반대로 수익자에 의하여 피담보채무의 일부가 대위변제되어 사실심 변론종결 당시의 피담보채무액이 사해행위 당시의 그것보다 줄어들게 되었더라도 채무자를 위하여 변제한 자는 변제자대위의 법리에 따라 채권최고액의 범위 내에서 채권자의 근저당권을 행사할 수 있는 것이어서 위와 같이 공제된 금액에서 대위변제된 금원을 또 다시 공제할 것은 아니라고 할 것이다"

1. 사실관계 및 청구취지

(1) 원고 양정숙의 평택시 빌라 상속 및 피고 박광윤의 유치권 소멸

- 의뢰인 강용원은 2024. 8. 10. 사망한 강호연의 아버지이고, 의뢰인 양정숙은 망 강호연의 배우자이다. 강호연과 양정숙 사이의 子 강형수, 강지수는 2024. 9. 11. 피상속인 망 강호연의 재산상속을 포기하는 신고를 하였고, 2024. 9. 20. 가정법원의 수리심판을 받았다.

- 박광윤은 평택시 빌라의 건축주로부터 공사대금 채권을 변제받기 위해 별지 목록 제4항 기재 건물('평택시 빌라' 101호)에 거주하면서 유치권을 행사하고 있다. 박광윤은 2022. 2. 1.부터 7. 31.까지 임의로 평택시 빌라 101호를 타인에게 임대하여 임대수익을 번 사실이 있고(인근 공장 직원숙소로 월 200만 원에 임대하여 위 잔금 변제에 충당함), 2022. 8. 1.부터 현재까지는 가족과 함께 평택시 빌라 101호에 거주하고 있다. 강호연은 2022. 10. 1. 정남이로부터 평택시 빌라를 매수하여 소유권이전등기를 마쳤다.

- 강용원과 양정숙은 2024. 8. 29. 박광윤에게 유치권 소멸 및 강호연이 소유권을 취득한 2022. 10.부터 사용수익에 따른 부당이득을 청구하는 취지의 통지서를 발송하였고, 같은 해 9. 1. 그 통지서가 박광윤에게 도달하였다.

- 의뢰인들은 박광윤을 평택시 빌라에서 퇴거시켜 이를 돌려받고자 한다. 아울러 가능하다면 박광윤이 평택시 빌라에 거주하면서 얻은 수익을 반환받기 위한 소의 제기를 희망한다.

(2) 피고의 항변

- 박광윤은 '건물의 용도 그대로 사용하였으므로 그동안 유치권자로서의 의무를 위반한 사실이 없고, 만일 위반했어도 채무자(건축주)가 아닌 평택시 빌라의 양수인 측이 유치권 소멸청구를 할 수는 없다'고 주장한다.

- 박광윤은 '만일 평택시 빌라와 관련하여 금전지급의무(임대수익 상당의 차임 또는 직접 거주한 기간 동안의 차임)가 있더라도, 이는 유치권의 피담보채권에 충당되어 소멸하였다'고 주장한다.

(3) 밝혀진 사실

- 박광윤은 2021. 5. 1. 도급인 김일동과 평택시 빌라 신축의 공사도급계약을 체결하면서, 총 공사금 10억 원, 공사기간 2021. 5. 1. - 2021. 11. 10., 공사대금 3억 원은 계약과 동시에, 중도금 4억 원은 2021. 8. 30., 잔금 3억 원은 완공일에 지급하기로 약정하면서, 계약금과 중도금은 모두 지급되었다.

- 평택시 빌라의 임료 시세는 보증금 없이 월세 2백만 원(2022. 10.경 기준, 향후 2~3년 간은 같은 시세가 유지될 것으로 전망됨)

※ **청구취지**

1. 피고 박광윤은 원고 양정숙에게
   가. 별지 목록 제4. 기재 부동산을 인도하고,
   나. 2024. 9. 1.부터 위 건물의 인도완료일까지 월 2,000,000원의 비율로 계산한 돈을 지급하라.
2. 제1항은 가집행할 수 있다.

2. 요건사실

(1) 건물인도청구(① 원고 소유, ② 피고 점유),

① 소외 망 강호연은 2022. 10. 1. 소외 정남이로부터 별지 목록 제4. 부동산 101호(이하 평택시 빌라라 합니다)을 매수하여 같은 날 소유권이전등기를 경료하였고, 원고 양정숙은 소외 강호연이 2024. 8. 10. 사망하자 그의 법률상 배우자로서, 소외 강호연의 사망 및 원고 양정숙과 소외 강호연 사이의 子 강형수, 강지수가 상속포기신고를 하고 그것이 서울가정법원에서 수리됨에 따라 평택시 빌라를 단독으로 상속하였습니다.

② 피고 박광윤은 2021. 5. 1. 도급인 김일동과 평택시 빌라 신축의 공사도급계약을 체결하면서, 총 공사금 10억 원, 공사기간 2021. 5. 1. ~ 2021. 11. 10., 공사대금 3억 원은 계약과 동시에, 중도금 4억 원은 2021. 8. 30., 잔금 3억 원은 완공일에 지급하기로 약정하면서, 계약금과 중도금은 각 일자에 전부 지급받습니다. 그러나 2021.11.10. 건물 완공 후 잔금 3억원을 지급받지 못하여 평택시 건물 101호에 유치권을 행사하며 점유하고 있습니다.

③ 이하에서 살펴볼 바와 같이 원고 양정숙의 2024. 9. 1. 유치권 소멸청구가 피고 박광윤에게 도달함에 따라 피고 박광윤의 유치권은 소멸하므로(민법 제324조 3항), 피고 박광윤은 원고 양정숙에게 평택시 빌라를 인도할 의무가 있습니다.

(2) 부당이득반환청구(① 법률상 원인 없음, ② 타인의 재산 또는 노무, ③ 이득·손해, ④ 인과관계)

① ⅰ) 민법은 유치권자에게 보존에 필요한 사용을 허용하고 있을 뿐 그에 따른 이익까지 보장하고 있지는 않기 때문에, 이 경우 유치권자가 보존에 필요한 범위 내의 사용이 적법하더라도 사용이익에 대해서는 부당이득이 성립합니다.

ⅱ) 원고 양정숙의 2024. 9. 1. 유치권 소멸청구가 피고 박광윤에게 도달함에 따라 피고 박광윤의 유치권은 소멸하는바 그 이후부터는 피고 박광윤의 피담보채권 공제 주장도 타당하지 않으므로, 적어도 2024. 9. 1.부터 피고 박광윤은 법률상 원인 없이 평택시 빌라를 점유하고 있으며 그로 인하여 원고 양정숙으로 하여금 위 빌라를 사용·수익하지 못하게 되는 손해를 입히고 그에 상응하는 이득을 얻고 있으며, 원고 양정숙의 손해와 피고 박광윤의 이득은 인과관계도 인정된다고 할 것입니다.

② 한편, 공사대금채권에 기하여 유치권자 스스로 유치물인 주택에 거주하며 사용하는 경우 부당이득 내용은 **차임에 상당한 이득**이 기준이 되며, 피고 박광윤이 평택시 빌라를 무단으로 사용함에 따른 부당이득의 범위는 평택시 빌라의 월 차임 상당액인 월 200만 원 비율입니다.

③ 따라서 피고 박광윤은 원고 양정숙에게 2024. 9. 1.부터 평택시 빌라의 인도완료일까지 월 2백만 원 상당의 비율로 계산한 돈을 지급할 의무가 있으며, 피고 박광윤이 유치권 소멸 여부 및 임료지급의무에 대하여 계속하여 다투고 있으므로 미리 청구할 필요도 인정됩니다(민사소송법 제251조).

3. 피고의 항변에 관련된 법리

(1) 유치권자로서 의무위반이 없다는 주장

① 유치권자는 소유자의 승낙이 없더라도 '유치물의 보존에 필요한 사용'은 할 수 있다(제324조 2항 단서).

② 공사대금채권에 기하여 주택에 대해 유치권을 행사하는 자가 **스스로 유치물인 주택에 거주하며 사용하는 것**은 특별한 사정이 없는 한 유치물의 보존에 필요한 사용에 해당한다(대판 2009.9.24. 2009다40684). 이 경우 유치권자의 점유보조자로 하여금 사용하게 하는 경우에도 보존에 필요한 사용에 해당한다(대판 2013.4.11. 2011다107009).

③ 유치권의 성립요건인 유치권자의 점유는 직접점유이든 간접점유이든 관계없지만, 유치권자는 채무자의 승낙이 없는 이상 그 목적물을 타에 '임대'할 수 있는 처분권한이 없으므로, 유치권자의 그러한 임대행위는 소유자의 처분권한을 침해하는 것으로서 소유자에게 그 임대의 효력을 주장할 수 없고, 따라서 소유자의 동의 없이 유치권자로부터 유치권의 목적물을 임차한 자의 점유는 ⅰ) 소유자에게 대항할 수 있는 적법한 권원에 기한 것이라고 볼 수 없고(대판 2011.2.10. 2010다94700), ⅱ) 현행 민사집행법 제136조 1항 단서에서 규정하는 '경락인에게 대항할 수 있는 권원'에 기한 것이라고 볼 수 없다(대결 2002.11.27. 2002마3516)

(2) 유치권 소멸청구가 부적법하다는 주장

유치권자의 의무위반에 대한 채무자의 소멸청구로 소멸한다(제324조 3항). 이는 일종의 형성권이므로 소멸청구의 의사표시만으로 유치권은 소멸한다. 이러한 유치권소멸청구는 "유치권자의 선량한 관리자의 주의의무 위반에 대한 제재로서 채무자 또는 유치물의 소유자를 보호하기 위한 규정이므로, 특별한 사정이 없는 한 민법 제324조 제2항을 위반한 임대행위가 있은 뒤에 유치물의 소유권을 취득한 제3자도 유치권소멸청구를 할 수 있다"(대판 2023.8.31. 2019다295278).

(3) 유치권의 피담보채권에서 공제한다는 주장

민법은 유치권자에게 보존에 필요한 사용을 허용하고 있을 뿐 그에 따른 이익까지 보장하고 있지는 않기 때문에, 이 경우 유치권자가 보존에 필요한 범위 내의 사용이 적법하더라도 사용이익에 대해서는 부당이득이 성립한다(대판 1963.7.11. 63다235). 다만 **이는 유치물에서 생긴 과실과 동일시하여 민법 제323조에 따라 '피담보채권'에서 공제되어야 한다(대판 2009.9.24. 2009다40684참고)**. 이러한 과실취득권(제323조)을 통해 유치권자는 사실상 우선변제권이 인정된다고 볼 수 있다[그 외 간이변제충당권도 이러한 우선변제적 기능을 한다(제322조 2항)](통설).

1. 사실관계 및 청구취지

(1) 원고의 토지매도 및 이미자의 매매대금지급의무 상속

- 윤건우는 2023. 10. 1. 이수인과의 사이에서 별지 목록 제5항 기재 상가('흑석동 상가')을 매도하는 약정을 체결하고, 계약 내용으로는 ⅰ) 매매 대금 10억 원, 계약금 2억 원은 계약 당일, 중도금 5억 원은 2024. 1. 1., 잔금 3억 원은 2024. 5. 1. 지급하기로, ⅱ) 매도인은 매수인으로부터 잔금을 지급받음과 동시에 매수인에게 소유권이전등기에 필요한 모든 서류를 교부한다고 정하였으며, 계약금과 중도금을 정해진 기일에 지급받았고 이에 따라 이수인에게 흑석동 상가를 인도하였다.

- 양정숙은 2024. 2. 1. 이수인과의 사이에서 흑석동 상가에 관한 임대차계약을, 임대차보증금 3억 원, 월 차임 5백만 원, 임대차 기간 2024. 2. 1.부터 2029. 1. 31.까지로 체결하고, 이를 인도받음과 동시에 임대차보증금을 지급하였으며, 같은 날 사업자등록을 신청한 후(2024. 2. 2. 사업자등록) 그곳에서 현재까지 '맛나식당'을 운영하고 있다.

- 이수인은 2024. 3. 30. 윤건우에게 위 매매계약에서 정하지도 않은 다른 사람 명의로의 등기이전 및 매매대금 10%의 감액을 요구하였고 그 통지는 2024. 4. 1. 윤건우에게 도달하였다,

- 윤건우는 이수인의 위 요청사항을 거절하자, 이수인은 연락도 받지 않으면서 등기이전을 받을 사람의 인적사항조차 알려주지 않았다. 그러자 윤건우는 2024. 5. 15. 이수인에게 '귀하가 더 이상 매매계약을 이행할 의사가 없다고 판단할 수밖에 없습니다.'는 취지의 흑석동 상가에 관한 매매계약을 해제한다는 내용의 통지서를 송부하였고 이는 이수인에게 2024. 5. 16. 도달하였다.

- 그 후 윤건우가 거의 매일같이 양정숙이 운영하는 식당에 찾아와 '매매계약을 해제하였으니, 식당 운영을 중단하고 흑석동 상가를 인도하라'고 요구하는 바람에 양정숙은 제대로 식당을 운영하기 어려운 상황이다.

- 양정숙은 흑석동 상가와 관련하여 윤건우와의 분쟁을 해결하기 위해, 판결을 통해 자신에게 적법한 권리가 있다는 점을 분명히 해 두기를 희망한다.

(2) 피고의 주장

- 윤건우는 2024. 11. 29. 양정숙을 상대로 내용증명 우편을 보내, '매수인의 귀책사유로 매매계약이 해제된 이상 매도인인 자신은 매수인이 체결한 임대차에 대하여 책임을 질 수 없고, 임대차 관계를 인정하더라도 양정숙이 차임을 2024. 3월, 4월 총 2번 연체하였고(현재도 미지급 상태), 2024. 8월, 9월분 차임은 입금되어 있

지 않은 상태이므로 상가건물 임대차보호법상 3회 이상 연체에 따라 임대차계약은 해지되었다'고 주장하였으며 이는 2024. 11. 30. 양정숙에게 도달되었다.

※ 청구취지

1. 피고 윤건우와 원고 양정숙 사이에서, 별지 목록 제5. 기재 부동산에 관하여 원고 양정숙에게, 원고 양정숙과 피고 윤건우 사이의 2024. 2. 1. 자 임대차계약에 의한 임대차보증금 300,000,000원, 월 차임 5,000,000원, 임대차 기간 2024. 2. 1.부터 2029. 1. 31.까지로 된 임차권이 존재함을 확인한다(가집행 不可)

2. 요건사실

① 원고 양정숙은 2024. 2. 1. 소외 이수인과의 사이에서 별지 목록 제5. 기재 부동산(이하 흑석동 상가라 합니다)에 관하여, 임대차보증금 3억 원, 월 차임 5백만 원, 임대차 기간 2024. 2. 1.부터 2029. 1. 31.까지로 하는 임대차계약을 체결하고, 흑석동 상가를 인도받음과 동시에 임대차보증금을 지급하였으며, 같은 날 사업자등록을 신청한 후 2024. 2. 2. 사업자 등록을 하여 대항력을 취득한 채로 그곳에서 현재까지 '맛나식당'을 운영하고 있습니다.

② 피고 윤건우는 2023. 10. 1. 소외 이수인과의 사이에서 흑석동 상가를 매도하는 약정을 체결하고 이에 따라 이수인에게 흑석동 상가를 인도하였습니다. 그런데 소외 이수인은 매매계약에서 정하지도 않은 다른 사람 명의로의 등기이전 및 매매대금 10%의 감액을 요구하고, 피고 윤건우가 이를 거절하자 소외 이수인은 연락도 받지 않으면서 등기이전을 받을 사람의 인적사항조차 알려주지 않았습니다. 이에 피고 윤건우는 소외 이수인의 이행거절을 이유로 매매계약을 해제한다는 취지의 해제통지서를 2024. 5. 15. 발송, 이는 소외 이수인에게 다음 날 도달함으로써 위 매매계약은 2024. 5. 16. 해제되었습니다.

③ 피고 윤건우는 상가임대차보호법 제3조 2항에 따라 이 사건 임대차계약의 임대인 지위를 승계하였음에도, 임대인 지위 승계 사실을 부정하거나 원고의 차임 연체를 이유로 이 사건 임대차계약이 해지되었다고 주장하는 등, 원고의 법률상 지위에 현존하는 위험·불안을 초래하고 있습니다.

④ 따라서 원고 양정숙은 피고 윤건우에 대하여, 피고 윤건우와 원고 양정숙 사이에서, 별지 목록 제5. 기재 부동산에 관하여 원고 양정숙에게, 원고 양정숙과 피고 윤건우 사이의 2024. 2. 1. 자 임대차계약에 의한 임대차보증금 300,000,000원, 월 차임 5,000,000원, 임대차 기간 2024. 2. 1.부터 2029. 1. 31.까지로 된 임차권이 존재함을 확인한다는 취지의 확인의 소를 제기하는 것이 이 사건 분쟁을 해결할 가장 유효 적절한 수단이 되므로, 확인의 이익도 인정됩니다.

3. 피고의 항변에 관련된 법리

(1) 임대인 지위를 승계하지 않는다는 주장

"소유권을 취득하였다가 계약해제로 인하여 소유권을 상실하게 된 임대인으로부터 그 계약이 해제되기 전에 주택을 임차받아 주택의 인도와 주민등록을 마침으로써 주택 임대차보호법 제3

조 1항에 의한 대항요건을 갖춘 임차인은, 민법 제548조 1항 단서의 규정에 따라 계약해제로 인하여 권리를 침해받지 않는 제3자에 해당하므로, 임대인의 임대권원의 바탕이 되는 계약의 해제에도 불구하고 자신의 임차권을 새로운 소유자에게 대항할 수 있고, 이 경우 **계약해제로 소유권을 회복한 제3자는 주택 임대차보호법 제3조 4항에 따라 임대인의 지위를 승계한다**"(대판 2003.8.22. 2003다12717).

(2) 차임연체로 인한 임대차계약의 해제 주장

① ㉠ "대항력을 갖춘 임차인이 있는 상가건물의 양수인이 임대인의 지위를 승계하면(계약인수), 양수인은 임차인에게 임대보증금반환의무를 부담하고 임차인은 양수인에게 차임지급의무를 부담한다. 그러나 임차건물의 소유권이 이전되기 전에 '이미 발생한 연체 차임이나 관리비' 등은 별도의 채권양도절차가 없는 한 원칙적으로 양수인에게 이전되지 않고 구임대인만이 임차인에게 청구할 수 있다"(아래 2016다218874)[47] ㉡ "그러나 임차건물의 양수인이 건물 소유권을 취득한 후 임대차관계가 종료되어 임차인에게 임대차보증금을 반환해야 하는 경우에 임대인의 지위를 승계하기 전까지 발생한 연체 차임이나 관리비 등이 있으면 이는 특별한 사정이 없는 한 (그에 관해 채권양도의 요건을 갖추지 않았다 하더라도 : 저자 주) 임대차보증금에서 당연히 공제된다. 일반적으로 임차건물의 양도 시에 연체차임이나 관리비 등이 남아있더라도 나중에 임대차관계가 종료되는 경우 임대차보증금에서 이를 공제하겠다는 것이 당사자들의 의사나 거래관념에 부합하기 때문이다"(대판 2017.3.22. 2016다218874)

② ㉠ 건물 기타 공작물의 임대차에는 임차인의 차임 연체액이 2기의 차임액에 달하는 때에는 임대인은 계약을 해지할 수 있다(제640조). 본조는 강행규정이다(제652조). 차임지급의 연체는 연속될 것을 요하지 않으며, 임대인이 상당한 기간을 정하여 이를 최고할 필요도 없다(대판 1962.10.11. 62다496). 그리고 임대인 지위가 양수인에게 승계된 경우 이미 발생한 연체차임채권은 따로 채권양도의 요건을 갖추지 않는 한 승계되지 않고, 따라서 양수인이 연체차임채권을 양수받지 않은 이상 승계 이후의 연체차임액이 2기 이상의 차임액에 달하여야만 비로소 임대차계약을 해지할 수 있다(대판 2008.10.9. 2008다3022). ㉡ 참고로 判例는 위 제640조 규정은 상가건물 임대차보호법의 적용을 받는 상가건물의 임대차에도 적용된다고 하였으나(대판 2014.7.24. 2012다28486). 이후 상가건물 임대차보호법에서 '임차인의 차임연체액이 3기의 차임액에 달하는 때에는 임대인은 계약을 해지할 수 있다'(동법 제10조의8)는 규정이 신설되었다.

---

47) **[비교판례]** '계약인수에서 이미 발생한 채무의 승계'와 관련하여 判例는 "계약당사자 중 일방이 상대방 및 제3자와 3면 계약을 체결하거나 상대방의 승낙을 얻어 계약상 당사자로서의 지위를 포괄적으로 제3자에게 이전하는 경우 이를 양수한 제3자는 양도인의 <u>계약상 지위를 승계함으로써</u> 종래 계약에서 이미 발생한 채권·채무도 모두 이전받게 된다"(대판 2011.6.23. 전합 2007다63089)고 한다.

1. 사실관계 및 청구취지

(1) 원고의 피고 강유수의 토지 지분 취득과 피고 강유수의 건물 신축

- 원고는 2022. 5. 16. 경매절차에서 별지 목록 제1. 기재 토지 중 강유수의 지분(1/2)을 매수하여 매각대금을 모두 지급함
- 강유수는 2021. 9. 10. 위 토지의 다른 공유자 임희영의 동의를 받아 이 사건 대지 위에 별지 목록 제2. 기재 건물을 신축하였고, 위 건물은 현재까지 소유권보존등기가 되어 있지 않음
- 임희영은 강유수에게 "만약 네 소유가 넘어가게 되면 돌려줘야 한다."고 미리 말해두었다고 함
- 원고는 ① 위 건물을 철거하고, ② 위 토지를 돌려받고, ③ 피고를 건물에서 퇴거시키고, ④ 그동안 위 토지를 사용하지 못한 손해(지상에 건물이 있는 경우 월 차임 200만원, 나대지 상태의 경우 월 차임 600만원으로 예상됨)를 전보받기를 원함

(2) 피고의 항변

피고는 ① 원고가 과반수 지분권자가 아니고, ② 건물 신축에 임희영의 동의를 받았으며, ③ 관습법상 법정지상권을 취득하였고, ④ 선의의 점유자로서 과실수취권이 인정되므로 토지사용에 따른 이득을 반환할 필요가 없다고 주장

※ 청구취지

1. 피고는 원고에게
   가. 별지 목록 제2. 기재 건물을 철거하고, 별지 목록 제1. 기재 대지를 인도하고,
   나. 2022. 5. 16.부터 별지 목록 제1. 기재 대지의 인도완료일까지 월 3,000,000원의 비율로 계산한 돈을 지급하라.

2. 요건사실(① 원고 토지 소유, ② 피고 건물 소유)

① 원고는 2022. 5. 16. 이 사건 토지 중 피고의 1/2 지분에 관하여 2021타경5278사건에서 매각대금을 완납함으로써 이 사건 토지 중 피고의 1/2 지분의 소유권을 취득하였습니다.

② 피고는 2021. 9. 10. 이 사건 토지 지상에 이 사건 건물을 자신의 재료와 노력으로 신축함으로써 소유권을 취득한 자입니다.

③ 따라서 피고는 원고에게 이 사건 건물을 철거하고, 이 사건 토지를 인도할 의무가 있으며, 통상의 경우 부동산의 점유사용으로 인한 이득액은 그 부동산의 차임 상당액이라고 할 것인바, 피고는 이 사건 토지 전부를 점유하고 있는 건물을 소유함으로써 이 사건 토지의 1/2 지분권자인 원고에게 월 차임 3백만 원(6백만 원 × 1/2) 상당의 손해를 입히고, 이는 동시에 피고가 동액 상당의 이익을 얻고 있는 것으로서, 원고의 이 사건 대지의 지분권 취득일인 2022. 5. 16.부터

이 사건 대지의 인도완료일까지 월 3백만 원의 비율로 계산한 돈을 지급할 의무가 있습니다.

3. 피고의 항변에 관련된 법리

① 제3자가 공유물을 불법으로 점유하고 있는 경우 지분권자는 '보존행위'를 이유로 공유물 전체의 인도를 청구할 수 있다(92다52870)

🔖 전원합의체 판결에 따르면 소수지분권자가 '다른 소수지분권자에 대하여 공유물인도를 청구'하는 것은 불가능하나, 소수지분권자가 '다른 소수지분권자의 의사에 의하여 공유물을 점유하는 제3자에 대하여 공유물인도를 청구'하는 것은 여전히 허용된다는 점이다(전합2018다287522 판결에서 2012다43324판결을 변경하였으나 이는 '다른 소수지분권자'에 대한 공유물 인도청구와 관련한 내용이고, '제3자'에 대한 공유물 인도청구는 아님을 유의할 것)

② 공유물에 관한 특약이 지분권자로서의 사용·수익권을 사실상 포기하는 등으로 **'공유지분권의 본질적부분을 침해'**한다고 볼 수 있는 경우에는 특정승계인이 그러한 사실을 알고도 공유지분권을 취득하였다는 등의 특별한 사정이 없는 한 특정승계인에게 당연히 승계되는 것으로 볼 수는 없다(2009다54294 : 종전 공유자들이 기간을 정하지 않은 채 무상으로 공유자 중 일부에게 공유토지 전체를 사용하도록 한 특약은 공유자 중 1인의 특정승계인에게 당연히 승계된다고 볼 수 없다고 판시한 사례)

🔖 [비교판례] 사안에서 소외 임희영이 "만약 네 소유가 넘어가게 되면 돌려줘야 한다."라고 하였다고 하더라도, "민법 제265조는 '공유물의 관리에 관한 사항은 공유자의 지분의 과반수로써 결정한다'라고 규정하고 있으므로, 위와 같은 **특약 후에 공유자에 변경이 있고 특약을 변경할 만한 사정이 있는 경우에는 공유자의 지분의 과반수의 결정으로 기존 특약을 변경할 수 있다**"(2005다1827)는 판례의 입장에 따라, 1/2 지분권자인 임희영의 말만으로는 공유물의 특약이 변경되었다고 볼 수는 없다. 따라서 이 사건 대지 점유에 관한 특약이 원고에게 "승계되지 않는다"고 봄이 타당하다.

③ 토지공유자 중의 1인이 공유토지 위에 건물을 소유하고 있다가 토지지분만을 전매한 경우 **법정지상권을 인정한다면 토지공유자 1인이 다른 공유자의 지분에까지 지상권을 설정하는 처분행위를 할 수 있음을 인정하는 셈이므로 법정지상권은 성립하지 않는다**"(86다카2188, 87다카140)

④ 선의의 점유자는 제201조 1항에 따라 과실수취권을 가지는바, '선의'라 함은 과실수취권을 포함하는 권원이 있다고 오신하였을 뿐만 아니라, 오신할 만한 정당한 근거가 있는 경우를 말하므로 (94다27069),

🔖 [주의] 선의의 점유자라도 '본권에 관한 소'에서 패소한 때에는 그 소가 제기된 때부터 악의의 점유자로 간주된다(제197조 2항).

☞ 일반적인 경우라면 제197조 제2항에 따라 이 사건 소장부본 송달일부터 별지 목록 제1. 기재 대지의 인도완료일까지 월 3백만 원의 비율로 계산한 돈을 지급하라는 청구취지를 써야 하겠지만, 이번 사안의 경우 소외 임희영이 "네 소유가 넘어가면 돌려줘야 한다"고 피고 강유수에게 언급한 점을 고려하면, 피고 강유수는 적어도 원고가 피고 강유수의 이 사건 토지의 1/2 지분을 취득한 날인 2022. 5. 16.부터는 과실수취권을 포함하는 권원이 있다고 오신할 만한 정당한 근거가 없다고 봄이 타당하다(과실 有).

1. 사실관계 및 청구취지

(1) 원고의 점유취득시효 완성

- 원고는 1995. 8. 1. 박점구의 대리인이라고 자칭하는 A로부터 별지 목록 제3. 기재 토지를 매수하였고 그에게 매매대금 전부를 지급한 후, 1995. 10. 1.부터 위 토지를 인도받아 점유하다가 2017. 경부터 점유를 중단하였음
- 박점구는 원고로부터 점유취득시효 완성을 원인으로 한 소유권이전등기를 해줄 것을 요구받자, 2017. 3. 10. 김삼병에게 이 사건 대지를 매도하고 소유권이전등기 (수원지방법원 안산지원 시흥등기소 2017. 5. 13. 접수 제3325호)를 마쳐주었는데, 김삼병은 위 대지를 싸게 매입하기 위해 박점구로 하여금 자신에게 위 대지를 매도하라고 적극적으로 권유하였음이 밝혀졌음
- 원고는 이 사건 토지에 관하여 소유자로 등기하기를 원함

(2) 피고의 항변

피고는 ① 이미 원고가 매매계약에 기한 소유권이전등기청구 소송에서 패소하였고, ② 이미 패소한 원고의 점유는 자주점유가 아니며, ③ 원고가 현재 점유하고 있지 않아서 취득시효를 주장할 수 없으며, ④ 사후적으로 김삼병에 대한 매도를 유효하다고 확인해주었다고 주장

※ **청구취지**(작성요령 : 청구취지는 가급적 피고별로 나누어 기재하시오.)

1. 피고 김삼병은 피고 박점구에게(원고에게) 별지 목록 제3. 기재 대지에 관하여 수원지방법원 안산지원 시흥등기소 2017. 5. 13. 제3325호로 마친 소유권이전등기의 말소등기절차를 이행하라.
2. 피고 박점구는 원고에게 별지 목록 제3. 기재 대지에 관하여 2015. 10. 1. 점유취득시효 완성을 원인으로 한 소유권이전등기절차를 이행하라.

2. 요건사실(① 20년간 점유, ② 피보전채권, 채권보전의 필요성 및 권리불행사, 피대위권리)

① 원고는 1995. 10. 1.부터 2017.경까지 이 사건 토지를 점유하여 참깨 등을 재배하였습니다. 피고 박점구는 1994. 5. 11. 이 사건 토지에 관하여 소유권이전등기를 경료한 소유자로서, 이하에서 검토하는바와 같이 피고 김삼병의 2017. 5. 13. 이 사건 토지에 관한 소유권이전등기는 원인무효이므로, 피고 박점구는 원고에게 2015. 10. 1. 점유취득시효 완성을 원인으로 한 소유권이전등기절차를 이행할 의무가 있습니다.

② ⅰ) 앞서 살펴본 바와 같이 원고는 피고 박점구에 대하여 점유취득시효 완성을 원인으로 한 소유권이전등기청구권을 피보전채권으로 갖습니다. ⅱ) 피고 박점구는 2017. 3. 10. 피고 김삼

병에게 이 사건 토지를 매도하고 2017. 5. 13. 소유권이전등기를 마쳐주었는데, 피고 김삼병은 위 대지를 싸게 매입하기 위해 피고 박점구로 하여금 자신에게 매도하라고 적극적으로 권유하였는바, 이중양도 법리에 따라 제2양수인인 피고 김삼병이 피고 박점구의 배임행위에 적극가담한 것은 정의관념에 반하여 양 피고 간의 매매계약은 당연무효가 되고, 피고 김삼병의 소유권이전등기는 원인무효라고 할 것입니다. 따라서 피고 박점구는 피고 김삼병에 대하여 소유권이전등기의 말소등기를 청구할 피대위권리를 가지고 있고, 이를 원고가 대위청구할 수 있다는 것이 判例의 입장입니다. iii) 피고 박점구는 피고 김삼병에게 어떠한 권리를 행사하고 있지 아니한바, iv) 원고는 피고 박점구에 대한 소유권이전등기청구권을 보전하기 위하여 피고 박점구가 피고 김삼병에 대하여 가지고 있는 소유권에 기한 소유권이전등기말소청구권을 대위 행사할 필요성이 인정됩니다.

따라서 피고 김삼병은 피고 박점구에게(원고에게) 별지 목록 제3. 기재 대지에 관하여 수원지방법원 안산지원 시흥등기소 2017. 5. 13. 제3325호로 마친 소유권이전등기의 말소등기절차를 이행할 의무가 있습니다.

3. 피고의 항변에 관련된 법리

① 확정판결의 기판력은 소송물로 주장된 법률관계의 존부에 관한 판단 그 자체에만 미치는 것이고 전소와 후소가 그 소송물이 동일한 경우에 작용하는 것이므로, 부동산에 관한 소유권이전등기가 원인무효라는 이유로 그 등기의 말소를 명하는 판결이 확정되었다고 하더라도 그 확정판결의 기판력은 그 소송물이었던 말소등기청구권의 존부에만 미치는 것이므로, 그 소송에서 패소한 당사자도 전소에서 문제된 것과는 전혀 다른 청구원인에 기하여 상대방에 대하여 소유권이전등기청구를 할 수 있다(93다43491)

② 점유자가 매매나 시효취득을 원인으로 소유권이전등기를 청구하였다가 패소 확정된 경우, 점유자가 소유자에 대하여 어떤 의무가 있음이 확정되는 것은 아니므로 소제기시부터 악의의 점유자(제197조 2항)가 되는데 불과하고 타주점유로 전환되는 것은 아니다(80다2226)

   🔖 **[비교판례]** 그러나 반대로 소유자가 점유자를 상대로 적극적으로 소유권을 주장하여 승소한 경우에는, 점유자가 소유자에 대해 등기말소 또는 인도 등의 의무를 부담하는 것으로 확정된 것이므로, 단순한 악의점유의 상태와는 달리 객관적으로 그와 같은 의무를 부담하는 점유자로 변한 것이어서, 점유자의 토지에 대한 점유는 '소제기시부터' 악의의 점유자가 됨(제197조 2항)과 동시에 '패소판결 확정 후'부터는 타주점유로 전환된다(2000다14934,14941).

③ 시효완성자가 점유를 상실한 경우에는 그것을 시효이익의 포기로 볼 수 있는 것이 아닌 한, 이미 취득한 소유권이전등기청구권은 소멸되지 아니하나 그 점유를 상실한 때로부터 10년간 등기청구권을 행사하지 아니하면 소멸시효가 완성한다(95다34866, 전합93다47745)

④ 사회질서에 반하는 법률행위(제103조·제104조)나 강행규정 위반(제105조)의 경우와 같은 '절대적 무효'의 경우에는 추인에 의하여 유효로 될 수 없다(대판 2002.3.15. 2001다77352)

1. 사실관계 및 청구취지

(1) 원고의 소외 박연희에 대한 구상금채권 발생과 피고 구산영의 채무 상속

- 구산영은 2019. 5. 1. 소외 박연희에게 3억 원을 이자 없이 대여하였음
- 원고는 2023. 2. 28. 위 3억원을 박연희를 대신하여 구산영에게 변제하였는데, 이 사실을 박연희에게 별도로 알리지는 않았음
- 박연희는 2023. 4. 30. 사망하였고, 상속인으로는 법률상 배우자인 구산영(夫)과 직계비속 김명석(子)이 있음
- 원고는 구산영만을 피고로 하여 3억 원을 돌려받기를 원하며, 지연손해금은 소장 부본 송달일 다음날부터 청구하기를 원함

(2) 피고의 항변

피고는 ① 원고의 대위변제에 자신의 승낙이 없었고, ② 원고에게 박연희를 대신하여 변제할 정당한 이익이 있다고 볼 수 없으므로, 변제자대위의 요건을 갖추지 못하였다고 주장

※ 청구취지

1. 피고는 원고에게 180,000,000원 및 이에 대한 이 사건 소장 부본 송달일 다음날부터 다 갚는 날까지 연 12%의 비율로 계산한 돈을 지급하라.

2. 요건사실(① 변제 기타 자신의 출재로, ② 타인의 채무 소멸, ③ 피고가 채무를 상속)

① 원고는 2023. 2. 28. 소외 박연희를 위하여 피고 구산영에게 소외 박연희가 부담하고 있었던 3억 원의 채무를 자신의 출재로 전액 변제하였는바 ② 피고 구산영이 2019. 5. 1. 소외 박연희에게 3억 원을 기한의 정함 없이 약정이자 없이 대여함에 따라 소외 박연희가 부담하던 위 채무는 소멸하였습니다. 따라서 소외 박연희는 원고에게 구상금 3억 원을 지급할 의무가 있습니다.

② 소외 박연희는 2023. 4. 30. 사망하였고, 상속인으로는 피고 구산영(夫)와 소외 김명석이 있어 (子), 피고 구산영은 법정상속분에 따라 위 구상금채무를, 1억8천만 원의 분할채무로서 상속하게 되었습니다(민법 제1000조 1항, 제1009조 2항).

③ 따라서 피고는 원고에게 1억 8천만 원 및 이에 대한 이 사건 소장 부본 송달일 다음날부터 다 갚는 날까지 연 12%의 비율로 계산한 돈을 지급할 의무가 있습니다.

3. 피고의 항변에 관련된 법리

구상권(제734조, 제739조)과 변제자대위권(제480조)은 그 원본, 변제기, 이자, 지연손해금의 유무 등에 있어서 그 내용이 다른 별개의 권리이다(2019다200843)

1. 사실관계 및 청구취지

(1) 피고 구산영의 유일한 상속 재산인 별지 목록 제4. 건물의 매도와 사해행위취소
- 이하 사실관계는 Set 030 사실관계에서 이어짐
- 박연희는 2021. 6. 15. 나임차에게 별지 목록 제4. 기재 건물을 보증금 2억 원, 월 차임 2백만 원, 기간 2021. 6. 15.부터 2023. 6. 14.로 하여 임대하였음(2021. 6. 15. 건물 인도 및 사업자등록)
- 박연희가 2023. 4. 30. 사망하자 상속인들인 구산영(夫)과 김명석(子)은 2023. 5. 30. 오서구에게 위 건물을 시가 5억 원에 매도하고 2023. 6. 10. 소유권이전등기를 경료해줌(대전지방법원 2023. 6. 10. 접수 제63541호로 마친 공유자전원지분전부이전등기)
- 오서구는 2023. 6. 14. 나임차에게 임대차보증금 2억 원을 반환하였음
- 원고는 구산영의 재산을 회복하기 위한 소를 제기하기를 원함

(2) 피고의 항변
피고는 나임차에게 이미 임대차보증금이 반환된 이상 이 사건 건물에 관한 매매계약은 취소될 수 없다고 주장

※ 청구취지

1.
가. 원고와 피고 오서구 사이에서, 피고 오서구와 피고 구산영 사이에 별지 목록 제4. 기재 건물의 3/5지분에 관하여 2023. 5. 30. 체결된 매매계약을 100,000,000원의 한도 내에서 취소한다.
나. 피고 오서구는 원고에게 100,000,000원 및 이에 대한 이 판결 확정일 다음날부터 다 갚는 날까지 연 5%의 비율로 계산한 돈을 지급하라.

2. 요건사실(① 피보전채권 ② 사해행위 및 사해의사 ③ 제척기간)

① 원고는 앞서 살펴본 바와 같이 2023. 4. 30. 피고 구산영에 대하여 1억 8천만원의 구상금채권을 가지고 있습니다.

② 피고 구산영은 2023. 5. 30. 채무초과상태에서 피고 오서구에게 시가 5억 원인 이 사건 건물을 매도하였고, 2023. 6. 10. 소유권이전등기를 경료해주었는바, 이는 채무초과상태에서 유일한 재산인 부동산을 소비·은닉하기 쉬운 재산으로 바꾼 것으로서 사해행위에 해당하고, 이 경우 피고 구산영의 사해의사는 추정됩니다.

③ 원고는 2024. 1. 12. 이 사건 소를 제기하였으므로, 원고의 소는 이 사건 사해행위가 2023. 5. 30. 이루어졌다는 점에서 사해행위 있음을 안 날로부터 1년, 사해행위 있은 날로부터 5년 내에 사해행위취소소송을 제기하여야 한다는 제소기간을 준수하였습니다.

④ 소외 나임차는 2021. 6. 15. 소외 박연희로부터 이 사건 건물을 임차하면서 같은 날 건물의 인도 및 사업자등록을 완료하였으므로 소외 나임차의 이 사건 건물에 관한 임대차보증금반환채권은 상가건물임대차보호법상 우선변제권이 인정됩니다. 피고 구산영은 2023. 6. 14. 소외 박연희가 2023. 4. 30. 사망함에 따라 상속채무이자 소외 김명석과 불가분채무로 부담하고 있는 위 임대차보증금반환채무 2억 원을 소외 나임차에게 반환하였습니다.

⑤ 따라서 원고와 피고 오서구 사이에서, 피고 구산영과 피고 오서구 사이의 이 사건 건물에 관하여 2023. 5. 30. 체결된 매매계약은 1억 원의 한도에서 취소하며, 피고 오서구는 원고에게 1억 원 및 이 판결 확정일 다음날부터 다 갚는 날까지 연 5%의 비율로 계산한 돈을 지급할 의무가 있습니다.

3. 피고의 항변에 관련된 법리

① 사해행위를 취소하여 그 부동산의 자체의 회복을 명하는 것은 당초 일반채권자들의 공동담보로 되어 있지 아니하던 부분까지 회복을 명하는 것이 되어 공평에 반하는 결과가 되므로, 그 부동산의 가액에서 저당권의 피담보채무액을 공제한 잔액의 한도에서 사해행위를 취소하고 그 가액의 배상을 구할 수 있을 뿐(98다41490)이며, 이러한 법리는 주택임대차보호법이 정한 대항요건 및 확정일자를 갖춘 (소액)임차인이 있는 부동산에 관하여 사해행위가 이루어진 후 수익자가 우선변제권 있는 임대차보증금 반환채무를 이행한 경우(2012다107198 등)에도 동일하게 적용된다.

Set 032 **13회 : 피고 지산희에 대한 전부금청구**

1. 사실관계 및 청구취지

(1) 원고의 임대차보증금반환채권·물품대금채권 압류 및 전부명령

- (사실관계 1) 원고는 2018. 경 강원석에게 돈을 대여해주고 약속어음 공정증서를 작성받았음

- 강원석은 2020. 8. 1. 지산희로부터 별지 목록 제5. 기재 건물을 임차하면서 보증금 1억 원을 지급하였음(차임 월 2백만 원, 기간 2020. 8. 1. ~ 2023. 7. 31.)

- 원고는 2022. 7. 25. 위 임대차보증금반환채권 중 7천만 원에 대하여 채권압류 및 전부명령을 받았음(채무자, 제3채무자 송달일 : 2022. 7. 31., 확정일 : 2022. 8. 9.)

- 강원석의 다른 채권자인 한수민은 2021. 5. 15. 위 임대차보증금반환채권 중 5천만 원에 대하여 채권압류 및 추심명령을 받았음(채무자, 제3채무자 송달일 : 2021. 5. 20. 확정일 : 2021. 5. 28.).

- 강원석은 2021. 4. 15. 위 임대차보증금반환채권을 이철수에게 양도하였고, 확정일자 있는 채권양도 통지가 2021. 4. 20. 지산희에게 도달하였는데, 이후 원고와 소외 한수민이 2021. 6. 1. 이철수를 상대로 사해행위취소 및 원상회복을 구하는 소를 제기하여 2022. 5. 31. 원고승소판결이 확정되었음
- 이철수는 2022. 6. 13. 지산희에게 내용증명우편으로 채권양도 취소의 통지를 하여 2022. 6. 15. 지산희에게 그 통지가 도달하였음
- 강원석은 2023. 7. 31. 피고 지산희에게 위 건물을 인도하였음

- (사실관계 2) 원고는 강원석이 돈을 제대로 변제하지 않아 제1전부명령까지 받은 바 있지만, 강원석이 간절히 부탁하여 2022. 9. 경 다시 돈을 빌려주고 약속어음 공정증서를 작성받았음
- 강원석은 경진아에 대하여 2022. 9.경 매도하고, 2022. 11. 경 인도한 원목 의자와 관련한 1억 원 상당의 물품대금 채권을 보유하고 있음
- 원고는 2023. 1. 15. 강원석의 경진아에 대한 위 물품대금 채권 중 7천만 원에 대하여 채권압류 및 전부명령을 받았음(채무자, 제3채무자 송달일 : 2023. 1. 20., 확정일 : 2023. 1. 28.).
- 한편, 강원석의 다른 채권자 정준수는 2022. 12. 15. 강원석의 경진아에 대한 위 물품대금 채권 중 5천만 원에 대하여 가압류결정을 받았으나(채무자, 제3채무자 송달일 : 2022. 12. 20.). 2023. 1. 25. 위 채권가압류신청을 취하하였음
- 원고는 제1, 2 각 전부명령에 따른 각 전부금의 지급을 구하는 소를 제기하기를 원함

(2) 피고의 항변
피고들은 원고의 각 전부명령은 각 압류의 경합으로 모두 무효라고 주장

※ 청구취지
피고 지산희는 원고에게 70,000,000원 및 이에 대한 2023. 8. 1.부터 이 사건 소장 부본 송달일까지는 연 5%의, 그 다음 날부터 다 갚는 날까지는 연 12%의 각 비율로 계산한 돈을 지급하라.

---

2. 요건사실(① 피전부채권, ② 압류및전부명령 ③ 제3채무자송달 ④ 확정)

① 소외 강원석은 2020. 8. 1. 피고 지산희로부터 이 사건 건물을 보증금 1억 원, 차임 월 2백만 원, 기간 2020. 8. 1.부터 2023. 7. 31.로 하여 임차하였고 같은 날 피고 지산희에게 보증금 1억 원을 지급하였습니다. 위 임대차는 2023. 7. 31. 기간만료로 종료하였고, 소외 강원석은 2023. 7. 31. 위 건물을 피고 지산희에게 인도하였습니다. 따라서 소외 강원석은 피고 지산희에게 보증금 1억 원 및 2023. 8. 1.부터의 지연손해금을 반환받을 채권이 있습니다.

② 원고는 위 채권 중 7천만 원에 대하여 2022. 7. 25. 압류 및 전부명령을 받았고, 이는 2022. 7. 31. 피고 지산희에게 송달되었으며 2022. 8. 9. 확정되었습니다.

③ 따라서 피고는 원고에게 7천만 원 및 이에 대한 2023. 8. 1.부터 이 사건 소장부본 송달일까지는 연 5%의, 그 다음 날부터 다 갚는 날까지는 연 12%의 비율로 계산한 돈을 지급할 의무가 있습니다.

3. 피고의 항변에 관련된 법리

① 압류 및 추심명령 당시 피압류채권이 이미 대항요건을 갖추어 양도되어 그 명령이 효력이 없는 것이 되었다면, 그 후의 사해행위취소소송에서 채권양도계약이 취소되어 채권이 원채권자에게 복귀하였다고 하더라도 이미 무효로 된 압류 및 추심명령이 다시 유효로 되는 것은 아니다(2019다235702)

✏️ **[비교판례 : 제2전부금청구 관련]** 채권가압류에 있어서 채권자가 채권가압류신청을 취하하면 채권가압류결정은 그로써 효력이 소멸되지만, 채권가압류결정정본이 제3채무자에게 이미 송달되어 채권가압류결정이 집행되었다면 그 취하통지서가 제3채무자에게 송달되었을 때에 비로소 그 가압류집행의 효력이 장래를 향하여 소멸된다. 채권가압류와 채권압류의 집행이 경합된 상태에서 발령된 전부명령은 무효이고, 한 번 무효로 된 전부명령은 일단 경합된 가압류 및 압류가 그 후 채권가압류의 집행해제로 경합상태를 벗어났다고 하여 되살아나는 것은 아니다(2000다19373)

Set 033	**13회 : 피고 김연제에 대한 관습법상 법정지상권 확인청구**

1. 사실관계 및 청구취지

(1) 원고의 별지 목록 제7. 기재 건물 소유를 위한 별지 목록 제6. 토지의 지상권 취득

- 김연제는 2021. 5. 15. 김병수로부터 별지 목록 제6. 기재 토지 및 제7. 기재 건물을 각 매수하고, 2021. 5. 31. 각 소유권이전등기를 경료함(토지 : 부산지방법원 2021. 5. 31. 접수 제34897호로 마친 소유권이전등기, 건물 : 같은 법원 같은 날 접수 제34898호로 마친 소유권이전등기).

- 김병수의 채권자인 이연수는 2021. 7. 15. 위 건물에 관한 매매계약에 관하여 사해행위취소 및 원상회복을 구하는 소를 제기하여, 2022. 8. 31. 원고승소판결을 받음

- 위 건물에 관한 김연제의 소유권이전등기가 2022. 9. 20. 말소되었고, 원고는 2023. 5. 1. 위 건물에 관한 강제경매절차에서 매각대금을 완납하고 소유권이전등기를 경료함(같은 법원 2023. 5. 1. 접수 제36798호로 마친 소유권이전등기)

- 원고는 김연제의 내용증명우편으로 인하여 이사건 건물을 철거하고 이 사건 대지를 인도하여야 하는 것인지 불안한 마음을 가지고 있는바, 이 사건 건물을 소유하기 위하여 이 사건 대지를 사용할 권리가 있는지를 파악하여 가장 유효 적절한 소를 제기하기를 원함

(2) 피고의 주장

피고는 원고에게 이 사건 대지를 점유할 권원이 있다고 볼 수 없으므로, 원고는 이 사건 건물을 철거하고, 이 사건 대지를 자신에게 인도할 의무가 있다고 주장

※ 청구취지

원고와 피고 사이에서, 별지 목록 제6. 기재 토지에 관하여 원고에게 별지 목록 제7. 기재 건물의 소유를 위한 관습법상 법정지상권이 존재함을 확인한다.

2. **요건사실**(①(개압류 효력 발생 당시 토지와 건물의 동일인 소유 ② 적법한 강제경매를 원인으로 소유자 달라질 것 ③ 확인의 이익)

① 피고 김연제는 2021. 5. 31. 이 사건 토지와 건물에 관하여 2021. 5. 15. 매매계약을 원인으로 한 소유권이전등기를 경료한 소유자로서, 제406조의 채권자취소권의 행사로 인한 사해행위의 취소와 일탈재산의 원상회복은 채권자와 수익자 또는 전득자에 대한 관계에 있어서만 효력이 발생할 뿐이고 채무자가 직접 권리를 취득하는 것이 아니라는 判例의 입장에 따라, 이 사건 건물에 관한 2021. 5. 31. 피고의 소유권이전등기가 소외 이연수의 사해행위취소 및 원상회복을 구하는 확정판결에 따라 말소되었다고 하더라도 이는 상대적 효력만을 가질 뿐이므로, 이 사건 건물에 관하여 2023. 1. 15. 부산지방법원의 강제경매개시결정(2023타경189)에 따른 압류의 효력 발생 당시 이 사건 토지 및 건물은 모두 피고 김연제가 소유자라고 할 것입니다.

② 원고는 2023. 5. 1. 위 건물에 관한 적법한 강제경매절차에서 매각대금을 완납함으로써 적법하게 소유권을 취득하여 이 사건 토지와 건물은 소유자가 달라지게 되었습니다.

③ 따라서 원고는 이 사건 건물 소유를 목적으로 이 사건 토지를 사용하기 위한 관습법상 법정지상권을 취득하였습니다. 그럼에도 불구하고 원고는 2023. 12. 1. 피고 김연제로부터 위 토지를 무단점유하고 있음을 이유로 이 사건 건물을 철거하고 위 토지를 인도하라는 내용증명우편을 받는 등 원고의 이 사건 건물 소유를 위한 이 사건 토지를 점유할 권리에 현존하는 불안 위험이 있으며, 원고와 피고 김연제 사이에서 원고에게 이 사건 건물 소유를 목적으로 이 사건 토지를 사용할 관습법상 법정 지상권이 있음을 확인받는 것이 위 현존하는 불안 위험을 제거할 가장 유효 적절한 수단이 되므로, 원고는 위와 같은 지상권 확인을 청구할 확인의 이익이 있습니다.

1. 사실관계 및 청구취지

(1) 원고의 소외 김정건과의 매매계약 및 소외 김정건의 점유취득시효 완성

- 원고는 2020. 3. 10. 소외 김정건으로부터 별지 목록 제1. 기재 토지를 3천만 원에 매수함

- 김정건은 위 매매계약 당시 원고에게, "이 사건 토지는 1985.경 아버지인 김창수가 매수 후 등기를 이전받지도 관리하지도 않고 방치하던 땅인데, 2000. 2. 1.부터 자신이 위 토지를 단독상속받아 이를 점유하고 있다."고 말함

- 원고는 당시 후일 은퇴하게 되면 사용할 전원주택을 지을만한 땅이 있으면 좋겠다고 생각하고 있었던 터라 그 말을 믿고 위 토지를 매수하였음

- 김정건은 2019. 4. 15. 위 토지의 소유자인 이민국을 상대로 1985년 경 매매를 원인으로 소유권이전등기를 구하는 소송을 제기하였으나 2019. 가을경 패소의 확정판결을 받았고, 이후 2020. 2. 23. 이민국에게 새로이 매수 제의를 하였으나 거절당한 상태였는데, 원고는 2020. 10. 초경 김정건으로부터 위와 같은 사실을 듣게 되었음

- 원고는 2020. 10. 중순경 위 토지 등기부상 아래와 같은 등기들이 경료되어 있는 것을 확인하였음

- 정진선은 2020. 5. 21. 이 사건 토지에 관하여 2020. 5. 20. 매매를 원인으로 하여 소유권이전등기를 경료하였는데(의정부지방법원 남양주지원 가평등기소 2020. 5. 21. 접수 제3975호로 마친 소유권이전등기), 조사 결과 정진선의 남편인 함진욱이 서류를 위조하여 정진선 이름으로 소유권이전등기가 경료한 것이 밝혀졌음

- 배승구는 2020. 5. 21. 이 사건 토지에 관하여 2020. 5. 21. 근저당권설정계약에 따른 근저당권설정등기를, 기쁨저축은행은 2020. 6. 30. 이 사건 토지에 관하여 2020. 6. 29. 확정채권양도를 원인으로 하여 배승구의 근저당권설정등기의 이전등기를 마침 (의정부지방법원 남양주지원 가평등기소 2020. 5. 21. 접수 제3976호로 마친 근저당권설정등기, 같은 법원 같은 등기소 2020. 6. 30. 접수 제8877호로 마친 근저당권이전등기)

- 박성연은 2020. 7. 7. 이 사건 토지에 관하여 2020. 7. 6. 서울중앙지방법원의 가압류결정(2020카단55908)을 원인으로 하여 가압류등기를 마침(같은 법원 같은 등기소 2020. 7. 7. 접수 제9460호로 마친 가압류등기)

- 이민국은 원고에게 위 무효인 등기들에 대하여 본인이 알아서 추후 조치할 예정이므로 걱정하지 말라고 답변함

- 김정건은 2022. 12. 24. 사망하였고, 상속인으로는 이 사건 토지에 관하여 전혀 알고 있지 못하고 있는 법률상 배우자 유덕희, 직계비속 김민경, 직계비속 김준용이 있음
- 원고는 이 사건 토지에 관한 무효의 등기를 모두 정리한 후 원고 명의로 소유권이 전등기를 마치기 원하며 김정건의 가족들에게는 어떠한 청구도 하지 않기를 바람.

(2) 피고의 항변

피고는 ① 원고와 김정건 사이의 매매계약이 가장매매이고, ② 김정건이 제기한 소송 중 2019. 4. 29. 매매사실을 부인하고 청구기각을 구하는 답변서를 법원에 제출하여 취득시효를 중단시켰고, ③ 설사 취득시효가 완성되었다고 하더라도, 2020. 2. 23. 김정건이 매수제의를 하여 시효이익이 포기되었다고 주장

※ 청구취지

1. 피고 이민국은 별지 목록 제1. 기재 토지 중, 소외 유덕희[주소 : 서울 양천구 목동동로 100, 101동 501호(신월동, 한라빌)]에게 3/7 지분에 관하여, 소외 김민경[주소 : 유덕희와 동일]에게 2/7 지분에 관하여, 소외 김준용[주소 : 유덕희와 동일]에게 2/7 지분에 관하여 각 2020. 2. 1. 점유취득시효완성을 원인으로 한 소유권이전등기절차를 이행하라.

2. 요건사실(① 피보전채권 : 원고와 소외 김정건 사이의 매매계약체결 ② 채권보전의 필요성 및 권리불행사 ③ 피대위권리 : 20년간 점유 ④ 소외 유덕희 등의 소외 김정건의 권리의무 상속)

① 원고는 2022. 3. 10. 소외 김정건으로부터 이 사건 임야를 매매대금 3천만 원에 매수하였습니다. 따라서 원고는 소외 김정건에 대하여 위 매매계약을 원인으로 한 소유권이전등기청구권을 갖습니다.

② 소외 김정건은 2000. 2. 1.부터 이 사건 임야 위에 컨테이너 등을 설치하여 20년간 점유하여 왔고, 이 사건 임야에 관하여 2020. 5. 21. 피고 정진선의 소유권이전등기는 이하에서 살펴볼 것과 같이 원인무효이므로, 소외 김정건은 이 사건 임야에 관하여 1980. 3. 8. 소유권보존등기를 경료한 임야 소유인인 피고 이민국에 대하여 2020. 2. 1. 점유취득시효 완성을 원인으로 한 소유권이전등기를 청구할 권리를 갖습니다.

③ 소외 김정건은 2022. 12. 24. 사망하였고, 妻인 소외 유덕희와 子인 김민경, 김준용이 위 소유권이전등기를 이행할 의무 및 소유권이전등기를 청구할 권리를 법정상속분 비율에 따라 각 3/7, 2/7, 2/7 비율로 상속하였습니다.

④ 소외 유덕희와 소외 김민경, 소외 김준용(이하 소외 유덕희 등 이라 합니다.)은 피고 이민국에 대한 점유취득시효 완성을 원인으로 한 각 지분이전등기 청구권에 대한 존재 자체를 몰랐을 뿐만 아니라 이를 행사하고 있지 아니하는바, 원고는 소외 유덕희 등에 대한 매매계약을 원인으로 한 소유권(지분)이전등기청구권을 보전하기 위하여, 소외 유덕희 등을 대위하여 피고 이민국을 상대로 이 사건 소를 제기할 필요성이 있습니다.

3. 피고의 항변에 관련된 법리

① 본안의 요증사실의 존부와 관련해서는 권리의 존재를 주장하는 자가 권리근거규정의 요건사실에 대한 주장·증명책임을 지고, 그 존재를 다투는 상대방은 반대규정(권리장애규정, 권리멸각규정, 권리저지규정)의 요건사실에 대한 증명책임을 지게 된다.

② 취득시효를 주장하는 자가 원고가 되어 소를 제기한 데 대하여 권리자가 피고로서 응소하고 그 소송에서 적극적으로 권리를 주장하여 그것이 받아들여진 경우에는 민법 제247조 제2항에 의하여 취득시효기간에 준용되는 민법 제168조 제1호, 제170조 제1항에서 시효중단사유의 하나로 규정하고 있는 재판상 청구에 포함된다. 시효를 주장하는 자가 원고가 되어 소를 제기한 경우에 있어서, 피고가 응소행위를 하였다고 하여 바로 시효중단의 효과가 발생하는 것은 아니고, 변론주의 원칙상 시효중단의 효과를 원하는 피고로서는 당해 소송 또는 다른 소송에서의 응소행위로서 시효가 중단되었다고 주장하지 않으면 아니 되고, 피고가 변론에서 시효중단의 주장 또는 이러한 취지가 포함되었다고 볼 만한 주장을 하지 아니하는 한, 피고의 응소행위가 있었다는 사정만으로 당연히 시효중단의 효력이 발생한다고 할 수는 없다(2003다17927).

③ 점유자가 취득시효기간이 경과한 후에 당해 토지의 권리자라고 자칭하는 상대방이 한 토지의 매수제의를 수락한 일이 있다 하더라도 일반적으로 점유자는 취득시효가 완성한 후에도 소유권자와의 분쟁을 간편히 해결하기 위하여 매수를 시도하는 사례가 허다함에 비추어 이와 같은 매수제의를 하였다는 사실을 가지고 점유자가 시효의 이익을 포기한다는 의사표시를 한 것이라고 볼 수 없다(2003다17927)

Set 035   12회 : 피고 정진선·주식회사 기쁨저축은행·박성연에 대한 등기말소청구

1. 사실관계 및 청구취지

> **(1)** Set 034. 피고 이민국에 대한 사실관계와 동일
>
> **(2) 피고의 항변**
>
> 박성연은 정진선의 등기를 신뢰하고 부동산에 가압류를 한 선의의 제3자라는 주장, 주식회사 기쁨저축은행은 ① 원고가 말소등기를 청구할 자격이 없으며, ② 등기를 신뢰한 선의의 제3자라는 주장, 정진선은 원고가 말소등기를 청구할 자격이 없다고 주장
>
> ---
>
> ※ **청구취지**(청구취지는 가급적 피고별로 나누어 기재하시오)
>   1. 피고 정진선은 원고에게(또는 피고 이민국에게) 별지 목록 제1. 기재 대지에 관하여 의정부지방법원 남양주지원 가평등기소 2020. 5. 21. 접수 제3975호로 마친 소유권이전등기의 말소등기절차를 이행하라.

2. 피고 주식회사 기쁨저축은행은 원고에게(또는 피고 이민국에게) 위 제1항 기재 대지에 관하여 같은 법원 같은 등기소 같은 날 제3976호로 마친 근저당권설정등기의 말소등기절차를 이행하라.

2. 피고 박성연은 피고 이민국에게 위 제1항 기재 대지에 관하여 위 제1항의 말소등기에 대하여 승낙의 의사표시를 하라.

2. 요건사실(① 피보전채권 : 원고와 소외 김정건 사이의 매매계약의 체결 ② 채권보전의 필요성 및 권리불행사 ③ 피대위권리 : Set 028의 채권자대위권 및 소유자 피고 이민국의 각 피고에 대한 말소등기청구권 및 승낙의 의사표시 청구권)

① 앞서 살펴본 바와 같이 원고는 이 사건 토지에 관하여 소외 유덕희 등에 대하여 매매계약을 원인으로 한 각 소유권이전등기청구권을 갖습니다. 또한 소외 유덕희 등은 이 사건 토지에 관하여 피고 이민국에 대하여 점유취득시효완성을 원인으로 한 각 소유권이전등기청구권을 갖습니다.

② 앞서 살펴본 바와 같이 피고 이민국은 이 사건 토지의 소유자로서, 2020. 5. 21. 이 사건 토지에 관하여 피고 정진선 명의로 경료된 소유권이전등기는 피고 정진선의 남편 함진욱이 관련 서류를 위조하여 소유권이전등기를 경료한 것으로 원인무효입니다. 따라서 피고 이민국은 소유권에 기한 방해배제청구권으로서 피고 정진선을 상대로 소유권이전등기말소청구권을 행사할 권리가 있으며, 피고 주식회사 기쁨저축은행에 대하여는 원인무효인 피고 정진선 명의의 소유권이전등기에 기하여 근저당권설정등기의 이전등기를 경료하였으므로, 근저당권설정등기의 양수인으로서, 주등기인 2020. 5. 21. 설정된 근저당권설정등기의 말소등기절차를 청구할 권리가 있고, 피고 박성연에 대하여는 원인무효인 피고 정진선 명의의 소유권이전등기에 기하여 이 사건 부동산을 가압류한 것으로서, 피고 정진선 명의의 소유권이전등기의 말소등기에 대하여 승낙의 의사표시를 구할 권리가 있습니다.

③ 그럼에도 불구하고 피고 이민국은 피고 정진선, 피고 주식회사 기쁨저축은행, 피고 박성연에 대하여 아무런 권리를 행사하고 있지 아니합니다. 채권자대위권을 다시 대위행사하는 것도 가능한바, 원고는 소외 유덕희 등에 대한 피보전채권을 보전하기 위하여 소외 유덕희 등이 피고 이민국에 대하여 갖는 각 소유권이전등기청구권을 피보전채권으로, 피고 이민국의 이 사건 말소등기청구권 및 말소등기에 대한 승낙의 의사표시를 구할 권리를 피대위권리로 하는 채권자대위권을 대위행사할 필요성이 있습니다.

3. 피고의 항변에 관련된 법리

① 채무자의 책임재산의 보전과 관련이 있는 재산권(채권의 공동담보에 적합한 채무자의 권리)은 그 종류를 묻지 않고 채권자대위권의 목적으로 될 수 있다. 채권적 청구권에 한하지 않으며, 채권자대위권(대판 1992.7.14. 92다527)도 포함된다.

② 현재 등기부의 등기표시가 불완전하여 진실한 권리관계가 일치하지 않는 경우가 많기 때문에 거래의 안전보다는 진정한 권리자의 보호에 중점을 두어 공신의 원칙을 인정하지 않고 있다. 즉 등기의 공신력을 인정하지 않는다.

부동산등기에 공신력이 인정되지 않으므로, 민법은 의사표시에 있어서 선의의 제3자 보호규정 (제107조 내지 제110조), 계약해제시 원상회복에 관한 규정(제548조 1항 단서), 부동산실명법 제 4조 3항, 가등기담보법 제11조 단서 등의 개별규정을 통해 예외적으로 보호하고 있다.

🖋 **[관련판례]** 말소등기가 원인 무효인 경우에는 원칙적으로 '등기의 공신력'이 인정되지 않기 때문에 등기상 이해관계 있는 제3자는 그의 선의, 악의를 묻지 아니하고 등기권리자의 회복등기절차에 필 요한 승낙을 할 의무가 있다(대판 1997.9.30. 95다39526)

Set 036 | **12회 : 피고 주진희에 대한 보증채무(양수금) 청구**

1. 사실관계 및 청구취지

(1) 피고 주진희의 납품대금채무 보증과 원고의 납품대금채권 양수

- 상인인 박수호는 2018. 8. 28. 이철진, 이철수에게 2억원 상당의 물품을 납품하였고 (2018. 9. 30. 물품 인도와 동시에 대금 지급, 월 1%의 지연손해금, 채권양도금지의 약정), 주진희는 같은 날 위 채무의 지급을 보증하였음

- 이철진, 이철수가 납품대금을 지급하지 않자 박수호는 2018. 12. 27. 이철진 소유의 토지를 가압류하였음(2018. 12. 27. 수원지방법원 안산지원의 가압류결정(2018카합 198567)에 따라 2018. 12. 27. 제5218호로 가압류등기경료)

- 박수호는 2019. 2. 8. 위 납품대금채권을 이기만에게 양도하였고, 원고는 2020. 1. 20. 이기만으로부터 위 채권을 양수하였는데, 박수호와 이기만은 각 이철진, 이철수에게만 채권양도통지(각 2019. 2. 9. 2020. 1. 21.도달)를 하였고, 주진희에게는 별도의 채권양도통지를 하지 않았음

- 그 후 이철진은 2022. 9. 30. 원고에게 충당할 채무를 지정하지 않고 9천만 원을 변제하였는바, 그 당시 이철진은 원고에게 위 납품대금 채무 외에도 대여금 채무 (2021. 6. 30. 원금 2천만원, 변제기 2022. 4. 30. 이자 월 2%, 변제기까지의 이자 모두 지급)와 연대보증채무(2021. 9. 30. 원금 1억 원, 변제기 2022. 9. 30. 이자 월 1%, 변제기까지의 이자 모두 지급)도 부담하고 있었음

- 원고는 변제충당 후 남은 납품대금 잔액에 관하여 주진희를 상대로 지급을 구하는 소를 제기하기를 원함

(2) 피고의 항변

피고는 ① 자신에 대한 채권양도통지가 없었고, ② 이기만이 납품대금채권에 양도 금지특약이 있었다는 사실을 알면서 양수하였으므로 이 사건 두 차례의 채권양도는 모두 무효이고, ③ 이철진 소유 토지에 대한 가압류집행이 되었다고 하더라도 상당

기간이 경과하였으므로 이철진에 대한 채무는 소멸시효가 완성되었으며, 이철수에 대하여는 아무런 시효중단 조치가 없었으므로 이철수의 채무도 소멸시효가 완성되었고, ④ 9천만 원을 변제한 사실을 주장

※ 청구취지

피고 주진희는 원고에게 80,000,000원 및 이에 대한 2022. 10. 1.부터 다 갚는 날까지 월 1%의 비율로 계산한 돈을 지급하라.

2. 요건사실(① 양수채권 : 주채무발생 및 보증계약체결 ② 채권양도약정 ③ 대항요건)

① 문구제조업자인 소외 박수호는 2018. 8. 28. 소외 이철진, 이철수에게 2억원 상당의 물품을 납품하면서, 2018. 9. 30. 물품 인도와 동시에 대금을 지급, 월 1%의 지연손해금, 채권양도금지 특약을 정하였습니다. 같은 날 피고 주진희는 위 납품대금채무에 관하여 소외 박수호와 보증계약을 체결하였습니다.

② 소외 박수호는 2019. 2. 8. 위 납품대금채권을 소외 이기만에게 양도하였고 위 채권양도의 통지는 2019. 2. 9. 채무자인 소외 이철진과 이철수에게 도달하였고, 원고는 2020. 1. 20. 소외 이기만으로부터 위 채권을 양수하였고 위 채권양도의 통지는 2020. 1. 21. 소외 이철진과 이철수에게 도달하였습니다.

③ 따라서 피고 주진희는 원고에게 이하에서 살펴볼 변제충당의 결과에 따라 8천만 원 및 이에 대한 2022. 10. 1.부터 다 갚는 날까지 월 1%의 비율로 계산한 보증채무 및 지연손해금을 지급할 의무가 있습니다.

3. 피고의 항변에 관련된 법리

① 보증채무는 주채무에 대한 부종성 또는 수반성이 있어서 주채무자에 대한 채권이 이전되면 당사자 사이에 별도의 특약이 없는 한 보증인에 대한 채권도 함께 이전하고(그러나 이미 변제기가 도래한 지분적 이자채권과 같이 이미 독립성을 취득한 권리는 다른 의사표시가 없는 한 양수인에게 이전되지 않는다), 이 경우 채권양도의 대항요건도 주채권의 이전에 관하여 구비하면 족하고, **별도로 보증채권에 관하여 대항요건을 갖출 필요는 없다**(2002다21509)

② 어느 연대채무자에 대하여 소멸시효가 완성한 때에는 그 부담부분에 한하여 다른 연대채무자도 의무를 면한다(제421조).

③ 가압류에 의한 시효중단의 효력은 가압류의 집행보전의 효력이 존속하는 동안은 '계속'(가압류등기가 말소되지 않고 남아 있는 동안)되는 것이다(**계속설**)(2013다18622)

④ 피고는 2022. 9. 30. 주채무자인 소외 乙이 원고에게 9천만 원을 이미 변제하였다는 항변을 할 것으로 예상됩니다. 그러나 다음과 같은 이유로 피고의 변제 항변은 타당하지 않습니다.

원고는 주채무자인 소외 乙에 대하여 이 사건 양수금채권 외에도, 2021. 6. 30. 금전소비대차계약에 기한 원금 2천만 원, 변제기 2022. 4. 30.로부터의 지연손해금 월 2%의 대여금채권, 2021. 9. 30. 연대보증계약에 기한 주채무 1억원, 변제기인 2022. 9. 30.부터 지연손해금 월 1%의 연대보증채권이라는 **동종의금전채권**을 가지고 있습니다. 따라서 소외 乙 의 9천만 원의 변제로는 위

채무들을 모두 충당하기에는 부족하고, 이 경우 충당방법에 대한 별도의 합의나 지정이 없는 이상 제477조, 제479조에 따른 법정충당의 방법에 따라야 합니다.

이에 따르면 9천만 원은 각 채권의 이자 내지 지연손해금에 먼저 충당되므로, 양수금채권의 지연손해금 4천8백만 원(1억 원 × 월 1% × 48개월), 대여금채권의 지연손해금 2백만 원(2천만 원 × 월 2% × 5개월)에 충당되고, 남은 4천만 원은 세 채권이 모두 변제기가 도래하였으므로 제477조 2호에 따라, 양수금채권과 대여금채권이 변제자 소외 乙이 부담하는 '주채무'라는 점에서 연대보증채권보다 변제이익이 더 많고, 대여금채권의 약정이율이 양수금채권의 지연손해금율보다 높다는 점에서 변제이익이 더 많으므로 대여금채권 원본 2천만원에 가장 먼저 충당되고 그 다음으로 이 사건 양수금채권의 원본에 충당된다고 할 것입니다.

따라서 피고는 원고에게 8천만 원 및 이에 대한 2022. 10. 1.부터 다 갚는 날까지 월 1%의 비율로 계산한 돈을 지급할 의무가 있습니다.

🔖 **[관련판례]** 법정충당 순서는 변제자의 이익을 고려하여 규정된 것이며, 이때 법정변제충당의 순서는 채무자의 '변제제공 당시'를 기준으로 정하여야 한다(대판 2015.11.26. 2014다71712) 변제자가 타인의 채무에 대한 '보증인으로서 부담하는 보증채무'(연대보증채무도 포함)는 주채무에 부종하기 때문에 '변제자 자신의 채무'에 비하여 변제이익이 적고, '연대채무'는 '단순채무'에 비하여 채권자로부터 바로 전액청구를 받을 가능성이 낮기 때문에 변제이익이 적다(대판 1999.7.9. 98다55543 ; 대판 2002.7.12. 99다68652) 이자부채무가 무이자채무보다[이자의 약정 있는 금전채무가 이자의 약정 없는 약속어음금채무보다 변제이익이 많다(대판 1971.11.23. 71다1560)] **고이율의 채무가 저이율의 채무보다 변제이익이 많다**

Set 037 12회 : 피고 박이채, 최상진에 대한 사해행위취소소송

1. 사실관계 및 청구취지

---

(1) 채무자 최병철의 피고 박이채 사이의 사해행위(대물변제), 피고 최상진의 전득행위

- 원고는 2016. 9. 1. 최병철에게 1억 원을, 변제기 2017. 8. 31. 이자를 정함이 없이 대여하였고, 안현숙은 같은 날 이를 연대보증하였음
- 최병철은 별지 목록 제2. 기재 건물을 소유하고 있었는데, 위 건물(시가 2억 원)에는 장정자의 이상민에 대한 채무 4억 원을 담보하기 위하여 장정자 소유 용인 토지(시가 3억 원)와 함께 채권최고액 4억 원의 공동근저당이 설정되어 있고(서울중앙지방법원 2015. 7. 15. 접수 제11098호로 마친 근저당권설정등기), 그 피담보채무는 이자나 지연손해금 없이 현재도 4억 원 그대로임

- 최병철은 박이채로부터 8천만 원을 빌렸는데, 변제기가 지나도록 이를 갚지 못하자 2022. 10. 15. 대물변제를 원인으로 하여 위 집합건물에 대하여 박이채 명의로 소유권이전등기를 경료해줌(서울중앙지방법원 2022. 10. 15. 접수 제12321호로 마친 소유권이전등기)
- 최병철의 아들 최상진은, 최병철이 채무초과상태에서 유일한 재산인 위 건물을 대물변제로 박이채에게 넘긴 사실을 알고 박이채에게 매도를 요청하여 2022. 11. 15. 매수하고 소유권이전등기를 경료함(같은 법원 2022. 11. 15. 접수 제13123호로 마친 소유권이전등기)
- 한편 장정자는 최병철의 배우자인 안현숙의 사촌언니인데, 안현숙은 2022. 1. 2. 유일한 재산인 이 사건 수원 토지를 장정자에게 매도하였고 소유권이전등기를 경료해주었고(수원지방법원 2022. 1. 2. 제123호로 마친 소유권이전등기), 장정자는 위토지를 매수한 후 2016. 7. 15.자로 설정되어 있던 2순위 근저당권의 피담보채무 4천5백만 원(채권최고액 5천만 원)을 변제하고 위 근저당권설정등기를 말소함
- 원고는 2022. 1. 초경 안현숙의 재산에 관하여 수소문하던 중 안현숙이 채무초과상태에서 유일한 재산인 수원 토지를 장정자에게 매도하여 처분한 사실을 알게 되어 위 토지에 처분금지가처분을 하였음(같은 법원2022. 1. 10. 제12353호로 마친 처분금지가처분등기)
- 원고는 이 사건 건물 및 수원 토지에 관하여 채권자취소권 행사를 원함(소제기 2023. 1. 13.)

※ 청구취지

1.
가. 원고와 피고 박이채 및 피고 최상진 사이에서, 소외 최병철과 피고 박이채 사이에 별지목록 제2. 기재 건물에 관하여 2022. 10. 15. 체결된 대물변제약정을 취소한다.
나. 피고 박이채는 소외 최병철에게 위 가.항 기재 건물에 관하여 서울중앙지방법원 2022. 10.15. 제12321호로 마친 소유권이전등기의 말소등기절차를 이행하라.
다. 피고 최상진은 소외 최병철에게 위 가.항 기재 건물에 관하여 서울중앙지방법원 2022. 11.15. 접수 제13123호로 마친 소유권이전등기의 말소등기절차를 이행하라.

2. 요건사실(① 피보전채권 : 대여금채권 ② 사해행위 및 사해의사 ③ 제척기간)

① 원고는 2016. 9. 1. 소외 최병철에게 차용액 1억 원, 변제기 2017. 8. 31. 약정 이자 없이 대여하였으므로, 채무자 최병철에 대하여 이 사건 사해행위 이전에 발생한 금전채권을 갖습니다.

② 소외 최병철은 피고 박이채로부터 8천만 원을 빌렸는데, 변제기가 지나도록 이를 갚지 못하자 2022. 10. 15. 대물변제약정을 원인으로 하여 이 사건 건물(시가 2억 원)에 관하여 같은 날 피고 박이채 명의로 소유권이전등기를 경료해주었습니다. 이 사건 건물에는 2015. 7. 15. 소외 장정자의 소외 이

상민에 대한 채무 4억 원을 담보하기 위하여 소외 장정자 소유 용인 토지(시가 3억 원)와 함께 채권최고액 4억 원의 공동근저당이 설정되어 있고, 그 피담보채무는 이자나 지연손해금 없이 현재도 4억 원입니다.

이 경우 물상보증인이 부담하는 피담보채무는 1억 원이라고 할 것이므로, 이 사건 건물의 시가 2억 원에서 1억 원을 공제한 나머지 1억 원은 소외 최병철의 일반채권자의 공동담보에 제공되는 책임재산이라 할 것입니다.

채무자 최병철이 채무초과상태에서 특정 채권자인 피고 박이채에 대하여 채무 본지에 따른 변제를 하는 것과는 달리, 이 사건 건물에 관하여 대물변제 약정을 체결하고 그에 따라 소유권을 이전해주는 행위는 다른 채권자인 원고에 대한 관계에서 원칙적으로 사해행위에 해당합니다. 이는 채무자인 소외 최병철이 유일한 재산을 양도한 것으로, 이로써 채권자들의 공동담보에 부족이 생길 것이라는 사실을 알았다고 봄이 상당하여 사해의사도 추정됩니다.

③ 이 사건 사해행위는 2022. 10. 15. 이루어졌는바, 원고의 이 사건 사해행위취소소송이 2023. 1. 13. 제기된 이상, 원고가 사해행위임을 안 때로부터 1년, 사해행위 있은 날로부터 5년 내임이 역수상 명확하므로, 제소기간도 준수하였습니다.

> 🔖 **[비교쟁점]** 원고가 수원 토지에 관한 사해행위를 안 날이 2022. 1. 초경이고, 이 사건 소제기일은 2023. 1. 13.인바, 사해행위임을 안 날로부터 1년의 제소기간이 도과하였으므로 수원 토지에 관한 사해행위취소청구를 할 수 없다.[48]

④ 피고 최상진은 소외 최병철의 子로서 위와 같은 사정을 알고 피고 박이채로부터 2022. 11. 15. 이 사건 건물에 관한 소유권을 취득한 악의의 전득자로서, 원고는 수익자인 피고 박이채와 전득자인 피고 최상진 모두를 상대로 하여 이 사건 사해행위취소소송을 제기하는바, 이 사건 건물에 관하여 사해행위 이전 설정된 2015. 7. 15. 공동근저당권이 소멸되지 않고 존속하고 있으므로 원칙적으로 원물반환을 청구, 피고 박이채 및 피고 최상진은 각 소외 최병철에게 이 사건 부동산에 관하여 경료한 자기 명의의 소유권이전등기의 말소등기절차를 이행할 의무가 있습니다.

---

48) 제12회 변호사시험 민사법 기록형 [의뢰인 상담일지 – 상담내용] 3. 사해행위취소 관련. 사. 부분 참조

1. 사실관계 및 청구취지

(1) 원고의 별지 목록 제5. 기재 건물의 임대와 임대차계약의 종료

- 원고는 2009. 4. 1. 김영철에게 이 사건 건물 중 별지 도면 표시 1.2.3.4.1.의 각 점을 순차로 연결한 선내 (가)부분 60㎡을 보증금 1억 원, 차임 월 1백만 원, 기간 2009. 4. 1.부터 2019. 3. 31.로 하여 임대하였고, 같은 날 보증금 1억 원을 수령하면서 이 사건 건물을 인도하였음

- 원고의 채권자 김청구는 2022. 2. 8. 원고가 김영철에 대하여 갖는 2022. 3. 1. 이후의 차임 및 차임 상당 부당이득금 또는 손해배상금 채권 중 금 4백만 원에 대하여 채권압류 및 추심명령 결정을 받았다(채무자, 제3채무자 송달일 : 2022. 2. 13., 확정일 : 2022. 2. 21.)

- 이 사건 임대차계약은 2019. 3. 31. 묵시의 갱신이 된 상태였는데, 원고는 2022. 4. 28. 김영철에 대하여 임대차계약 해지의 의사표시를 하여 그 의사표시가 2022. 4. 30. 김영철에게 도달하였음

- 김영철은 2022. 8. 31. 위 창고를 비우고 자물쇠로 잠가 놓고 원고에게 열쇠를 돌려주지 아니하였고, 2016. 10월 및 11월의 차임채권(2개월 분)이 지급되지 않은 상태이다.

- 원고는 임대차보증금 잔액 반환과 동시이행으로 창고를 인도받기를 원함

(2) 피고의 항변

피고는 ① 2016년 연체된 차임은 이미 소멸시효가 완성되었으므로 이를 자동채권으로 하여 보증금과 상계하거나 보증금에서 공제하는 것이 허용되지 않고 ② 압류 및 추심명령을 받은 차임채권에 관하여는 원고에게 수령권이 없으므로 이를 보증금에서 공제할 수 없으며, ③ 압류된 차임 중 3백만 원은 2022. 5. 31. 이미 추심채권자에게 지급하였고, ④ 사용하지 않는 창고에 대한 손해배상금은 부당하다고 주장

※ 청구취지

피고 김영철은 원고로부터 93,000,000원을 지급받음과 동시에 원고에게 별지 목록 제5. 기재 부동산 중 별지 도면 표시 1.2.3.4.1.의 각 점을 순차로 연결한 선내 (가)부분 60㎡을 인도하라.

2. 요건사실(① 임대차계약체결 ② 목적물 인도 ③ 임대차계약종료)

① 원고는 2009. 4. 1. 피고 김영철에게 이 사건 건물 중 별지 도면 표시 1.2.3.4.1.의 각 점을 순차로 연결한 선내 (가)부분 60㎡을 보증금 1억 원, 차임 월 1백만 원, 기간 2009 4. 1.부터 2019. 3. 31.로 하여 임대하였고, 같은 날 보증금 1억 원을 수령하면서 이 사건 건물을 인도하였습니다.

② 2019.경, 원고와 피고 김영철 모두 아무런 의사표시를 하지 아니하여 이 사건 임대차계약은 묵시의 갱신이 되었고(제639조), 원고는 2022. 4. 28. 피고 김영철에 대하여 임대차계약 해지의 의사표시를 하여 이는 2022. 4. 30. 피고 김영철에게 도달하였으므로, 이 사건 임대차는 2022. 10. 30. 종료되었습니다(제635조).

③ 따라서 피고 김영철은 원고로부터 보증금 1억 원에서 2016. 10월 및 11월의 연체차임 2백만 원과 2022. 3. 1.부터 2022. 10. 31.까지 8개월의 차임 8백만 원 중 아직 피고 김영철이 추심채권자인 소외 김청구에게 지급하지 아니한 5백만 원을 공제한 나머지 9천 3백만 원을 지급받음과 동시에 원고에게 이 사건 임차목적물을 반환할 의무가 있습니다.

3. 피고의 항변에 관련된 법리

① 제495조는 '자동채권의 소멸시효 완성 전에 양 채권이 상계적상에 이르렀을 것'을 요건으로 하는데, 임대인의 임대차보증금 반환채무는 임대차계약이 종료된 때에 비로소 이행기에 도달하므로, 임대차 존속 중 차임채권의 소멸시효가 완성된 경우에는 양 채권이 상계할 수 있는 상태에 있었다고 할 수 없다. 그러므로 그 이후에 임대인이 이미 소멸시효가 완성된 차임채권을 자동채권으로 삼아 임대차보증금 반환채무와 상계하는 것은 제495조에 의하더라도 인정될 수 없다(2016다211309)

차임지급이 연체되면 임대차 관계가 종료되었을 때 임대차보증금으로 충당될 것으로 생각하는 것이 당사자의 일반적인 의사이다. 따라서 차임 지급채무가 연체되고 있음에도, 임대인이 임대차계약을 해지하지 아니하고 임차인도 연체차임에 대한 담보가 충분하다는 것에 의지하여 임대차관계를 지속하는 경우에는, 임대인과 임차인 모두 차임채권이 소멸시효와 상관없이 임대차보증금에 의하여 담보되는 것으로 신뢰하고, 장차 임대차보증금에서 충당 공제되는 것을 용인하겠다는 묵시적 의사를 가지고 있는 것이 일반적이다. 그러므로 이러한 당사자의 묵시적 의사를 감안하면 연체차임은 제495조의 유추적용에 의하여 임대차보증금에서 공제할 수는 있다(2016다211309)

② 차임채권에 관하여 압류 및 추심명령이 있었다 하더라도, 당해 임대차계약이 종료되어 목적물이 반환될 때에는 그 때까지 추심되지 아니한 잔존하는 차임채권 상당액도 임대보증금에서 당연히 공제된다(2004다56554)

③ 법률상 원인 없이 이득하였음을 이유로 하는 부당이득반환에 있어서 이득이라 함은, '실질적인 이익'을 가리키는 것이므로 법률상 원인 없이 건물을 점유하고 있더라도 이를 사용·수익하지 못하였다면 실질적인 이익을 얻었다고 볼 수 없다(91다45202,45219)

1. 사실관계 및 청구취지

(1) 원고의 토지 소유, 피고 최판기의 건물 점유, 피고 강유석의 토지 저당권 취득

- 원고는 2018. 4. 23. 최진기로부터 부곡동 별지 목록 제1. 기재 토지를 매수하였으나 소유권이전등기를 경료받지는 않았음

- 최판기는 원고가 위 토지를 매수하기 전인 2018. 1. 10. 최진기로부터 위 토지를 보증금 3억 원, 차임 5백만 원, 기간 2018. 1. 10.부터 2028. 1. 9.로 정하여 임차하였고, 최진기의 동의를 받아 그 지상에 별지 목록 제2. 기재 건물을 신축하여 소유권보존등기를 경료함(수원지방법원 안산지원 2018. 11. 8. 접수 제7890호로 마친 소유권보존등기)

- 원고는 2018. 7. 14. 이 사건 토지에 관하여 처분금지가처분등기를 마쳤고(수원지방법원 안산지원 2018. 7. 13. 가처분결정 2018카합3524), 그 후 원고는 이 사건 토지에 관한 본안소송에서 승소판결을 받아 소유권이전등기를 경료하였다(같은 법원 2021. 3. 25. 접수 제2683호로 마친 소유권이전등기).

- 강유석은 2017. 3. 15. 최판기에 대한 3억 원의 불법행위에 기한 손해배상채권(불법행위일 2016. 10. 7.)을 담보하기 위하여 이 사건 토지에 관하여 저당권설정계약을 체결하고, 저당권설정등기를 경료하였음(같은 법원 2017. 3. 16. 접수 제1536호로 마친 저당권설정등기).

- 강유석은 2017. 7. 4. 최판기를 상대로 위 채권에 대하여 손해배상청구의 소를 제기하여 1억 원과 그 지연손해금의 지급을 명하는 판결을 받았음.

- 원고는 최판기가 자력이 없고 부곡동 토지를 조속히 매각할 필요가 있어서, 금전청구 없이 이 사건 토지를 소유권 행사에 지장이 없는 상태로 인도받고 부곡동 토지에 관한 저당권설정등기를 말소하기를 원함(소 제기 일 : 2022. 1. 14.).

(2) 피고의 항변

최판기는 다음과 같이 위 토지를 점유사용할 권한이 있다고 주장함

① 최판기는 위 건물 소유 목적의 토지 임대차계약에 따라 이 사건 토지상에 위 건물을 신축하여 2018. 11. 8. 건물 보존등기를 마친 후에 원고가 토지 소유권을 취득하였으므로, 원고는 임대인의 지위를 승계함. 아직 임대차기간이 종료하지 않은 상태이므로 원고는 자신에게 토지 인도나 건물 철거를 청구할 수 없음.

② 설령 본인의 의무가 인정되더라도 원고로부터 임대차보증금 3억 원을 지급받기 전까지는 원고의 청구에 응할 수 없음 ③ 원고가 소유권 취득한 이후의 밀린 차임은 2022. 1.부터 성실히 지급하겠다고 주장함

강유석은 다음과 같이 피담보채권의 소멸시효가 완성되지 않았음을 주장함

① 손해배상금 3억 원 중 중 1억 원 및 이에 대하여 2017. 7. 15.부터 다 갚는 날까지 연 15%의 비율로 계산한 돈을 청구하는 것임을 명시하였고, 소송 중 전액 청구를 확장하겠다는 의사를 표시하였으나 결과적으로 청구취지를 확장하지 않고 그대로 승소 확정판결을 받았으므로, 피담보채무 전부의 소멸시효가 완성되지 않았음(판결 확정일 2017. 10. 21.부터 10년의 소멸시효가 진행됨)

② 최판기가 2021. 5. 7. 자신에게 2021. 12. 31.까지 반드시 판결금 및 나머지 손해배상금을 전부 지급하겠다는 취지의 각서를 작성하여 시효이익을 포기하였음

※ 청구취지

1. 피고 최판기는 원고에게 별지 목록 제2. 기재 건물을 철거하고, 별지 목록 제1. 기재 토지를 인도하라.

2. 피고 강유석은 피고 최판기로부터 100,000,000원 및 이에 대한 2017. 7. 15.부터 다 갚는 날까지 연 15%의 비율로 계산한 돈을 지급받은 다음 원고에게 별지 목록 제1. 기재 토지에 관하여 수원지방법원 안산지원 2017. 3. 16. 제1536호로 마친 저당권설정등기의 말소등기절차를 이행하라.

2. 요건사실(① 원고 토지 소유 ② 피고 최판기 건물 소유 ③ 피고 강유석 저당권설정등기)

① 원고는 2021. 3. 25. 이 사건 대지에 관하여 2018. 4. 23. 매매를 원인으로 한 소유권이전등기를 경료한 소유자입니다. 피고 최판기는 2018. 11. 8. 이 사건 대지 지상 이 사건 건물에 관하여 소유권보존등기를 경료한 소유자입니다. 피고 최판기는 이 사건 건물을 소유함으로써 원고의 토지 소유권을 방해하고 있으므로 원고에게 이 사건 건물을 철거하고 이 사건 토지를 인도할 의무가 있습니다.

② 원고는 이 사건 대지에 관한 소유자임은 앞에서 살펴본 바와 같습니다. 피고 강유석은 2017. 3. 16. 이 사건 대지에 관하여 2017. 3. 15. 채권액 3억 원, 채무자 피고 최판기, 저당권자 강유석으로 하는 저당권설정계약에 따라 저당권설정등기를 경료한 자입니다. 피고 강유석은 위 피담보채권 3억 원 중 2억 원의 소멸시효 완성 사실을 인정하지 아니하거나 채무자 피고 최판기의 시효이익의 포기 효력이 저당부동산의 제3취득자인 원고에게도 미친다는 주장을 하는 점에 비추어 저당권설정등기의 말소등기절차에 응하지 아니하고 있습니다.

따라서 원고의 피고 강유석에 대한 청구는 미리 청구할 필요도 인정되고, 피고 강유석은 피고 최판기로부터 1억 원 및 2017. 7. 15.부터 다 갚는 날까지 연 15%의 비율로 계산한 돈을 지급받은 다음, 원고에게 이 사건 토지에 관하여 경료된 피고의 저당권설정등기의 말소등기절차를 이행할 의무가 있습니다.

3. 피고의 항변에 관련된 법리

① 부동산처분금지가처분등기가 유효하게 기입된 이후에도 가처분채권자의 지위만으로는 가처분 이후에 경료된 처분등기의 말소청구권은 없으며, 나중에 가처분채권자가 본안 승소판결에 의한 등기의 기재를 청구할 수 있게 되면서 가처분등기 후에 경료된 가처분 내용에 위반된 위 등기의 말소를 청구 할 수 있는 것이다(대판 1992.2.14. 91다12349).

② 소장에서 청구의 대상으로 삼은 채권 중 일부만을 청구하면서 소송의 진행경과에 따라 장차 청구금액을 확장할 뜻을 표시하였으나 당해 소송이 종료될 때까지 실제로 청구금액을 확장하지 않은 경우에는 소송의 경과에 비추어 볼 때 채권 전부에 관하여 판결을 구한 것으로 볼 수 없으므로, 나머지 부분에 대하여는 재판상 청구로 인한 시효중단의 효력이 발생하지 아니한다. 그러나 이와 같은 경우에도 소를 제기하면서 장차 청구금액을 확장할 뜻을 표시한 채권자로서는 장래에 나머지 부분을 청구할 의사를 가지고 있는 것이 일반적이라고 할 것이므로, 특별한 사정이 없는 한 당해 소송이 계속 중인 동안에는 나머지 부분에 대하여 권리를 행사하겠다는 의사가 표명되어 '최고'에 의해 권리를 행사하고 있는 상태가 지속되고 있는 것으로 보아야 하고, 채권자는 당해 소송이 종료된 때부터 6월 내에 민법 제174조에서 정한 조치를 취함으로써 나머지 부분에 대한 소멸시효를 중단시킬 수 있다(2019다223723).

③ 직접 이익을 받는 자의 시효원용권은 채무자의 시효원용권에 기초한 것이 아닌 독자적인 것이라고 하여 채무자의 시효이익의 포기는 다른 직접수익자의 시효원용권에 영향을 미치지 않는다(95다12446). 따라서 주채무자의 소멸시효이익의 포기는 저당부동산의 제3취득자(2009다100098)에 영향을 미치지 않는다.

Set 040　11회 : 피고 박기철에 대한 소유권보존등기말소 및 건물인도 청구

1. 사실관계 및 청구취지

(1) 원고와 피고 사이 이 사건 건물 신축의 도급계약 체결과 피고의 유치권 항변

- 원고는 2021. 2. 1. 박기철과 자신 소유인 명일동 대지 지상에 별지 목록 제3. 기재 건물을 총 공사대금 5억 원에 신축하기로 하는 도급계약을 체결하면서, 공사기간 2021. 2. 1.부터 2021. 6. 15.까지, 계약금 1억 원은 계약 당일, 1차 중도금 1억 원은 기성고 20% 도달 시, 2차 중도금 1억 원은 기성고 40% 도달 시, 3차 중도금 1억 원은 기성고 60% 도달 시, 잔대금 1억 원은 완공시에 지급하기로 정하였음

- 또한 원고와 박기철은 특약으로 ① 수급인 박기철 책임 하에 박기철 명의로 건축허가를 받는다 ② 박기철은 잔대금을 지급받음과 동시에 설계대로 완공된 건물과 대지를 도급인인 원고에게 인도하며, 인도 당일 원고 앞으로 건축허가명의 변경신청을 한다. ③ 완공건물에 대한 사용검사신청 및 소유권보존등기는 원고 명의로 하고 박기철은 그 절차에 협력하기로 한다고 정하였음.

- 원고는 박기철에게 3차 중도금까지 4억 원을 지급하였는데, 박기철은 약정에 없는 추가대금 5천만 원을 요구하면서, 원고 앞으로 건축허가의 명의변경을 해주지 않고 자기 이름으로 된 건축물대장을 토대로 소유권보존등기를 마침(서울동부지방법원 2021. 8. 1. 제7728호로 마친 소유권보존등기)
- 박기철은 위 건물 완공 후 유치권을 주장하면서 2021. 11. 1.부터 건물을 점유하고, 현재까지 위 건물에서 거주하고 있음(2021. 기준 보증금 없는 월 임대료 ① 대지사용권 포함 시 월 2백만 원, ② 대지사용권 불포함 시 월 150만 원)
- 원고는 이 사건 주택에 관하여 소유권자로 등기하고, 위 주택과 그 대지에 관한 모든 권리를 실현하는 데 필요한 소 제기를 희망함

(2) 피고의 항변

피고는 이 사건 주택을 점유할 적법한 권한이 있다고 주장하면서,

① 5천만 원을 더해서 공사잔대금을 지급하면 건축주 명의변경을 해주겠다.

② 지금 살고 있는 집의 전세기간이 10월 말로 끝나기에, 그때까지 공사잔대금을 받지 못하면 전세보증금 부족으로 이사를 갈 수도 없어서 부득이 가족과 함께 명일동 신축 건물에 들어가서 살 수밖에 없는 형편인데, 자신도 염치가 있으니 그에 따라 얻는 이익은 공사잔대금에 충당하는 것으로 하겠다고 함

※ 청구취지

1. 피고 박기철은 원고에게 별지 목록 제3. 기재 건물에 관하여
   가. 진정명의회복을 원인으로 한 소유권이전등기절차를 이행하고,
   나. 원고로부터 100,000,000원에서 2021. 11. 1.부터 위 건물의 사용수익 종료일까지 월 2,000,000원의 비율로 계산한 돈을 공제한 나머지 돈을 지급받음과 동시에 위 건물을 인도하라.

2. 요건사실(① 원고에의 소유권 귀속 약정 ② 피고 명의의 소유권보존등기 ③ 피고의 목적물 점유)

① 원고는 2021. 2. 1. 피고 박기철과 자신 소유인 이 사건 대지 지상에 별지 목록 제3. 기재 건물을 신축하기로 하는 도급계약을 체결하면서, 공사기간 2021. 2. 1.부터 2021. 6. 15.까지(허가기간 포함), 총 공사대금은 5억 원으로 하되 계약금(선급금)은 계약 당일, 1차 중도금 1억 원은 기성고 20% 도달시, 2차 중도금 1억 원은 기성고 40% 도달 시, 3차 중도금 1억 원은 기성고 60% 도달 시, 잔대금 1억 원은 완공시에 지급하기로 하고, 수급인 피고 박기철 책임 하에 피고 박기철 명의로 건축허가를 받으며, 피고 박기철은 잔대금을 지급받음과 동시에 설계대로 완공된 건물과 대지를 도급인인 원고에게 인도하고, 당일 원고로 건축허가명의 변경신청을 하기 하며, 완공건물에 대한 사용검사신청 및 소유권보존등기는 원고 명의로 하고 피고 박기철은 그 절차에 협력하기로 하기로 정하였습니다. 자신의 노력과 비용을 들여 건물을 신축한 자가 원칙적으로 건물의 소유권을 원시취득하나, 위와 같이 기성고 비율에 따라 공사 대금을 지급하고, 도급

인인 원고 명의로 소유권보존등기를 경료하기로 하는 특약이 있는 경우 도급인인 원고가 이 사건 주택의 소유권을 원시취득하게 됩니다.

② 피고 박기철은 이 사건 주택 신축에 관한 공사를 완료하였음에도 불구하고, 2021. 8. 1. 자신 앞으로 소유권 보존등기를 경료하였는바, 이는 부동산의 원시취득자가 아닌 자의 보존등기로 서 원인무효에 해당, 피고 박기철은 이 사건 주택에 관하여 법률상 소유권을 취득한 원고에게 진정명의회복을 원인으로 한 소유권이전등기절차를 이행할 의무가 있습니다.

③ 나아가 피고 박기철은 이 사건 주택 완공 후 유치권을 주장하며 2021. 11. 1.부터 현재까지 이 사건 주택에서 거주하며 이를 점유·사용하고 있습니다. 피고 박기철은 법률상 원인 없이 이 사건 주택을 점유·사용함으로써 월 차임 2백만 원 상당의 사용이익을 얻고, 이로 인하여 원고 에게 동액 상당의 손해를 끼치고 있으므로, 원고로부터 공사대금 잔액인 1억 원에서 2021. 11. 1.부터 이 사건 주택의 사용수익 종료일까지 월 2백만 원의 비율로 계산한 돈을 공제한 나머지 돈을 지급받음과 동시에 원고에게 이 사건 주택을 인도할 의무가 있습니다.

3. 피고의 항변에 관련된 법리

유치권, 동시이행항변권에 따른 인도거절권능은 '점유'를 정당화시켜줄 뿐 점유에 따른 '사용이 익의 보유'를 정당화시켜주지는 않으므로 점유·사용에 따른 부당이득은 성립한다. 다만 이러 한 경우에도 '실질적인 이득'이 있어야 부당이득반환의무를 진다(98다15545)

Set 041 | **11회 : 피고 조민숙에 대한 불법행위에 기한 손해배상청구**

1. 사실관계 및 청구취지

(1) 피고의 등기위조와 제3자의 등기부취득시효 완성 및 그에 따른 원고의 소유권 상실

- 원고의 父 임진만은 서울 강동구 풍납동 72 잡종지 200㎡(풍납동 토지)를 소유하고 있다가 2018. 9. 5. 사망하여 원고가 위 토지를 단독상속하였음

- 조민숙은 임진만의 인감도장을 도용하여 풍납동 토지에 관하여 2010. 3. 2. 자기 앞 으로 2010. 3. 1. 매매를 원인으로 소유권이전등기를 경료하였고(서울동부지방법원 2010. 3. 2. 접수 제5923호로 마친 소유권이전등기), 2010. 3. 10. 김진오에게 이를 1억 원에 매도한 다음 2010. 3. 15. 소유권이전등기를 마쳐주었음(같은 법원 2010. 3. 15. 접수 제6278호로 마친 소유권이전등기)

- 원고는 김진오를 상대로 소유권을 되찾기 위한 소를 제기하였으나 패소하였고(판 결 확정일 2021. 7. 25.), 2021. 현재 위 토지의 매매가는 5억 원임

- 원고는 풍납동 토지와 관련하여 가지는 모든 권리(금전채권 포함)를 실현하는 데 필요한 소 제기를 희망함

(2) 피고의 항변

피고는 ① 원고의 권리는 소멸시효 완성으로 소멸하였고, ② 소멸하지 않았더라도 1억 원을 배상하면 충분하다고 주장

※ 청구취지

피고 조민숙은 원고에게 500,000,000원 및 이에 대하여 2021. 7. 25.부터 이 사건 소장 부본 송달일까지는 연 5%의, 그 다음 날부터 다 갚는 날까지는 연 12%의 각 비율로 계산한 돈을 지급하라.

2. 요건사실(고과위인손)

① 소외 임진만은 서울 강동구 풍납동 72 잡종지 200㎡(이하 이 사건 토지)에 관하여 서울동부지방법원 1997. 9. 9. 접수 제1534호로 마친 소유권이전등기 명의자로서, 원고는 2018. 9. 5. 원고의 父 소외 임진만이 사망함에 따라 이 사건 토지를 단독상속하였습니다.

② 피고 조민숙은 소외 임진만의 인감도장과 신분증을 도용하여 2010. 3. 1. 소외 임진만과 사이에 매매계약이 체결된 것처럼 매매계약서를 위조하고, 이를 이용하여 2010. 3. 2. 자기 명의로 이 사건 토지에 관하여 소유권이전등기를 경료하였습니다.

③ 피고 조민숙은 2010. 3. 10. 소외 김진오에게 위 토지를 총 대금 1억 원에 매도하는 매매계약을 체결하고, 소외 김진오 앞으로 2010. 3. 15. 소유권이전등기를 경료해주었습니다. 소외 임진오의 이 사건 토지에 관하여 등기부취득시효가 완성됨에 따라 원고는 소유권을 상실하였고, 원고의 소유권 상실은 원고가 소외 임진오를 상대로 소유권이전등기말소소송을 제기하였으나 원고 패소 판결이 2021. 7. 25. 확정됨에 따라 현실화되었습니다.

④ 위와 같이 피고 조민숙은 고의에 의한 서류 위조라는 위법한 행위로써 원고에게 소유권 상실이라는 손해를 입히고 인과관계도 인정되므로, 피고는 원고에게 2021. 이 사건 토지의 시가 5억 원 및 이에 대한 2021. 7. 25.부터 이 사건 소장 부본 송달일까지는 연 5%의, 그 다음 날부터 다 갚는 날까지는 연 12%의 각 비율로 계산한 돈을 지급할 의무가 있습니다.

3. 피고의 항변에 관련된 법리

① 가해행위와 이로 인한 현실적인 손해의 발생 사이에 시간적 간격이 있는 불법행위에 기한 손해배상채권의 경우, 소멸시효의 기산점이 되는 '불법행위를 한 날'의 의미는 단지 관념적이고 부동적인 상태에서 잠재적으로만 존재하고 있는 손해가 그 후 현실화되었다고 볼 수 있는 때, 즉 손해의 결과발생이 현실적인 것으로 되었다고 할 수 있을 때로 보아야 할 것인바(대판 1990.1.12. 88다카 25168 등), 무권리자가 위법한 방법으로 그의 명의로 부동산에 관한 소유권보존등기나 소유권이전등기를 마친 다음 제3자에게 이를 매도하여 제3자 명의로 소유권이전등기를 마쳐준 경우 제3자가 소유자의 등기말소 청구에 대하여 시효취득을 주장하는 때에는 제3자 명의의 등기의 말소 여부는 소송 등의 결과에 따라 결정되는 특별한 사정이 있으므로, 소유자의 소유권 상실이라는 손해는 소송 등의 결과가 나오기까지는 관념적이고 부동적인 상태에서 잠재적으로만 존재하

고 있을 뿐 아직 현실화되었다고 볼 수 없고, 소유자가 제3자를 상대로 제기한 등기말소 청구 소송이 패소 확정될 때에 그 손해의 결과발생이 현실화된다고 볼 것이다(2007다36445)

② 무권리자가 위법한 방법으로 그의 명의로 소유권보존등기나 소유권이전등기를 경료한 후 그 부동산을 전전매수한 제3자의 등기부 시효취득이 인정됨으로써 소유자가 소유권을 상실하게 된 경우, 무권리자의 위법한 등기 경료행위가 없었더라면 소유자의 소유권 상실이라는 결과가 당연히 발생하지 아니하였을 것이고 또한, 이러한 소유권 상실은 위법한 등기 경료행위 당시에 통상 예측할 수 있는 것이라 할 것이므로, **무권리자의 위법한 등기 경료행위와 소유자의 소유권 상실 사이에는 상당인과관계가 있다고 할 것이다**(2007다36445) 손해배상액(부동산의 시가 상당액)의 기준시점은 소유권 상실의 결과가 '현실화된' 등기부취득시효 완성자를 상대로 한 말소등기청구소송에서 **패소 확정된 때**라고 한다(2005다29474)

🔖 **[비교판례]** 무권리자가 소유자 있는 부동산에 관하여 원인 없이 등기를 마치고 제3자에게 매도하여 등기를 마쳐준 후 제3자의 등기부취득시효가 완성된 경우, 원소유자가 무권리자를 상대로 하여 제3자로부터 받은 매매대금에 관한 부당이득반환을 구할 수는 없다(2019다272275). 왜냐하면 원소유자의 소유권 상실의 손해는 제245조 2항에 따른 물권변동의 효과일 뿐 무권리자와 제3자가 체결한 매매계약의 효력과는 직접 관계가 없기 때문이다.

Set 042 │ **11회 : 피고 최도희에 대한 양수금청구**

1. 사실관계 및 청구취지

(1) 원고의 대여금채권 양수

- 김양도는 2019. 5. 1. 최도희에게 2억 원을 변제기 2020. 4. 30., 이자는 없는 것으로 하되 지연손해금율을 연 10%로 정하여 대여하였음

- 원고는 2019. 5. 16. 김양도로부터 위 대여금채권을 양수하였고, 최도희는 다음 날 김양도로부터 채권양도의 통지를 받고 위 채권양도계약서 사본을 받았음

- 김양도의 채권자인 전동하는 2019. 7. 1. 위 대여금채권 중 6천만 원에 대하여 가압류결정을 받았고(채무자, 제3채무자 송달일 : 2019. 7. 10.), 전동하는 2019. 10. 5. 위 채권 중 6천만 원에 대하여 가압류를 본압류로 이전하는 채권 압류 및 전부명령을 받음(채무자, 제3채무자 송달일 : 2019. 10. 10., 확정일 2019. 10. 18.)

- 최도희는 김양도의 주택을 보증금 1억 원에 임차하여 거주하다가 2018. 11. 1. 임대차계약을 합의해지하였고 해지 당일 위 주택을 인도하였음에도, 김양도는 최도희에 대하여 보증금을 지급하고 있지 않음(임대차보증금반환에 관한 약정일 : 2019. 4. 30.)

- 원고는 양수금을 최대한으로 받기를 희망함

(2) 피고의 항변

피고는 ① 확정일자 없는 채권양도통지를 받은 후 대여금채권 중 일부에 대한 가압류 및 전부명령을 받았으므로, 그 부분은 원고에게 지급할 수 없고, ② 원고에게 2021. 12. 10. 임대차보증금 1억 원 및 그 지연손해금 채권을 자동채권으로 양수금 채권을 수동채권으로 하는 상계의 의사표시도 하였으므로 양수금을 지급할 수 없다고 주장

(3) 원고의 재반박

원고는 위 상계 항변에 대하여 ① 상계가 채권양도 후에 이루어져서 본인에게 효력이 없고, ② 설령 효력이 있더라도 전동하의 채권액과 안분하여 상계처리되어야 한다고 주장

※ 청구취지

피고 최도희는 원고에게 35,000,000원 및 이에 대한 2020. 5. 1.부터 이 사건 소장부본 송달일까지는 연 10%의, 그 다음날부터 다 갚는 날까지는 연 12%의 각 비율로 계산한 돈을 지급하라.

2. 요건사실(① 양수채권발생 ② 채권양도약정 ③ 대항요건)

① 소외 김양도는 2019. 5. 1. 피고 최도희에게 2억 원을 변제기 2020. 4. 30., 지연손해금율 연 10%로 정하여 대여하여 피고 최도희에 대한 이 사건 대여금채권을 갖습니다.

② 원고는 2019. 5. 16. 소외 김양도로부터 위 대여금 채권을 양도받았고, 다음 날 피고 최도희는 채권양도계약서의 사본을 받는 것으로 채권양도의 통지를 받았습니다.

③ 따라서 피고 최도희는 원고에게 이 사건 양수금 및 지연손해금을 지급할 의무가 있습니다.

3. 피고의 항변에 관련된 법리

① 확정일자 있는 통지·승낙을 갖춘 양수인만이 채무자 및 다른 이중 양수인과의 관계에서 채권자이다. 따라서 확정일자 있는 증서에 의한 통지가 그 일자 및 도달시기에 있어서 단순통지된 양도보다 늦은 경우도 마찬가지이다(71다2697).

② 상계에 의해 당사자 쌍방의 채권은 그 대등액에서 소멸한다(제493조 2항). 상계자에게 상계적 상에 있는 수동채권이 수개이고 자동채권으로 그 수개의 수동채권을 모두 소멸시킬 수 없는 경우에는 변제의 충당에 관한 규정이 준용된다(상계충당, 제499조). 따라서 여러 개의 자동채권이 있고 수동채권의 원리금이 자동채권의 원리금 합계에 미치지 못하는 경우에는 우선 자동채권의 '채권자'(수동채권의 채무자)가 상계의 대상이 되는 자동채권을 지정할 수 있고, 다음으로 자동채권의 '채무자'(수동채권의 채권자)가 이를 지정할 수 있으며, 양 당사자가 모두 지정하지 아니한 때에는 법정변제충당의 방법으로 상계충당이 이루어지게 된다(2012다94155).

피고 최도희는 소외 김양도에게 2019. 4. 30.을 변제기일로 하는 1억 원의 임대차보증금반환채권을 갖고, 원고에게 2021. 12. 10. 상계의 의사표시를 하여 그 무렵 원고에게 상계의 의사표시가 도달하였는바, 원고의 양수금채권과 피고 최도희의 임대차보증금반환채권은 각 2020. 4. 30., 2019. 4. 30. 변제기에 도달하였습니다. 이러한 경우 상계적상일은 양 채권의 변제기가 모두 도래한 2020. 4. 30.으로서, 피고의 임대차보증금반환채권 원금 1억 원 및 지연손해금 5백만 원(1억 원 × 연 5% × 12개월)과 원고의 양수금채권 원금 1억 4천만 원은 상계적상일에 대등액에서 소멸하였습니다.

따라서 피고 최도희는 원고에게 35,000,000원 및 이에 대한 2020. 5. 1.부터 이 사건 소장부본 송달일까지는 연 10%의, 그 다음날부터 다 갚는 날까지는 연 12%의 각 비율로 계산한 돈을 지급할 의무가 있습니다.

Set 043 11회 : 피고 강일동에 대한 주주권 확인 청구

1. 사실관계 및 청구취지

(1) 원고의 주식 명의신탁 해지권 대위행사 및 주주권확인 청구

- 원고는 2020. 9. 15. 황유민(서울 마포구 독막록 145(창천동, 금호베스트빌))에게 1억 원을 약정이율 연 5%, 변제기 2021. 9. 14.로 하여 대여하였음

- 황유민은 2019. 10. 1. 자신의 명의로 주식회사 세화건설(본점 소재지 : 서울 서초구 서초대로 178 원촌빌딩, 대표이사 박인수) 주식 10,000주(액면금 1만 원)를 취득하여 명의개서를 마쳤으나, 2020. 10. 1. 강일동에게 위 주식을 명의신탁하여 2020. 10. 2. 강일동 앞으로 명의개서가 완료되었음

- 강일동은 위 주식을 대물변제로 받은 사실이 없음에도, 황유민에 대한 1억 원의 채권이 있어서 대물변제를 받았다고 주장하고 있으나, 대물변제 사실에 관한 증거를 제시하지는 못하고 있음

- 원고는 황유민에 대한 채권의 책임재산 확보를 위하여, 강일동을 상대로 위 주식에 관하여 황유민 앞으로 명의개서를 하는 데 필요한 소 제기를 희망함

(2) 피고의 항변

피고는 ① 황유민이 주주권 행사를 포기하였으므로 주주권을 상실하였고, ② 자신이 주식을 양도하지 않는 이상 황유민을 주주로 볼 수 없으며, ③ 제3자인 원고가 소송을 제기할 자격이 없다고 주장

소외 황유민[주소 : 서울 마포구 독막로 145(창천동, 금호베스트빌)]과 피고 강일동 사이에서, 소외 황유민이 세화건설 주식회사(본점 소재지 : 서울 서초구 서초대로 178 원촌빌딩, 대표이사 박인수)의 보통주식 10,000주(액면금 1만 원)의 주주임을 확인한다.

2. 요건사실

① 원고는 2020. 9. 15. 소외 황유민에게 1억 원을 약정이율 연 5%, 변제기 2021. 9. 14.로 하여 대여하였습니다. 소외 황유민은 2021. 6.부터 현재 무자력이므로 원고의 소외 황유민에 대한 위 대여금채권 보전의 필요성이 인정되며, 소외 황유민은 피고 강일동에 대하여 주식 명의신탁약정을 해지하고 자신 앞으로 이 사건 주식 10,000주를 명의개서할 권리가 있으나 이를 행사하고 있지 아니하므로, 원고는 대여금채권을 보전하기 위하여 소외 황유민을 대위하여 피고 강일동에 대하여 주식 명의신탁약정을 해지를 구할 필요성이 있습니다.

② 피고 강일동은 이 사건 주식의 주주명의를 황유민으로 돌려줄 것에 관한 원고의 요청에 관하여, 위 주식은 대물변제조로 양도받았다고 주장하여 자신의 것이라거나, 소외 황유민이 주주권 행사를 포기하였다는 등 주주명의 반환을 거절하고 있는바, 이는 황유민의 유일한 재산인 이 사건 주식 10,000주를 회복하여 원고의 소외 황유민에 대한 대여금채권을 만족시키는데 현존하는 위험 불안이 있다고 할 것이고, 원고가 소외 황유민의 피고 강일동에 대한 주식 명의신탁 해지권을 대위행사하여 이 사건 주식의 주주가 소외 황유민임을 확인받는 것이 소외 황유민 앞으로 주주명부의 명의개서를 받을 수 있어 위 위험과 불안의 제거에 가장 유효 적절한 수단이 되므로 확인의 이익도 인정됩니다.

3. 피고의 항변에 관련된 법리

① 주주권은 주식양도, 주식의 소각 등 법정사유에 의하여서만 상실되고, 단순히 당사자 간의 특약이나 주식 포기의 의사표시만으로는 주식이 소멸되거나 주주의 지위가 상실되지 아니한다(99다14808)

② 주권발행 전 주식에 관하여 주주명의를 신탁한 사람이 수탁자에 대하여 명의신탁계약을 해지하면 그 주식에 대한 주주의 권리는 해지의 의사표시만으로 명의신탁자에게 복귀한다(2011다109708)

1. 사실관계 및 청구취지

(1) 원고의 임대차보증금반환채권에 대한 압류 및 전부명령

- 이상주는 2017. 11. 9. 임대규 및 윤미영 부부로부터 이 사건 성수동 건물(별지 목록 제1. 기재 건물 1층, 2층) 중 1층 점포를 보증금 1억 3천만 원, 차임 월 2백만 원, 기간 2017. 11. 9.부터 2020. 11. 8.까지로 하여 임차하고, 위 건물에서 침구류 도·소매업을 하였음

- 원고는 2019. 10. 8. 채권자 원고, 채무자 이상주, 제3채무자 임대규로 하여 임대차 보증금반환채권 중 1억 원에 대하여 채권 압류 및 전부명령을 받았음(채무자, 제3채무자 송달일 : 2019. 10. 12. 확정일 : 2019. 10. 20.)

- 이 사건 건물 1층에서 2020. 4. 6. 원인 불명의 화재가 발생하여 2층으로 번진 결과 건물 전체를 점포로 쓸 수 없게 되었고, 건물의 수리비는 총 5천만 원(1층 : 3천만 원, 2층 : 2천만 원)이 발생하였으며, 그 무렵 소외 이상주는 위 점포를 비우고 출입문 열쇠를 임대규에게 인도하였음

- 원고는 전부명령 받은 보증금을 지급받기를 원하며, 전부금의 지연손해금도 청구할 수 있다면 소장 부본 송달일 다음 날부터 구하는 것으로 하길 원함

(2) 피고의 항변

피고는 ① 이 사건 건물 수리비 5천만 원이 보증금에서 공제되어야 하고, ② 박정우가 2019. 10. 14. 이 사건 보증금반환채권 중 5천만 원에 대하여 가압류결정을 받았고, 이는 2019. 10. 15. 자신에게 송달되었으므로, 원고의 전부명령은 압류가 경합된 상태에서 발령된 것으로서 효력이 없으며, ③ 차명호가 2019. 5. 17. 보증금반환 채권 중 4천만 원을 양도받았고 자신이 2019. 5. 19. 확정일자 없는 채권양도통지를 받았으므로 위 양도된 부분은 공제하여야 하고, ④ 공동임대인으로서 본인이 반환할 보증금은 1억3천만 원의 1/2인 6천5백만 원이라고 주장

※ 청구취지

피고 임대규는 원고에게 100,000,000원 및 이에 대한 이 사건 소장 부본 송달일 다음 날부터 다 갚는 날까지 연 12%의 비율로 계산한 돈을 지급하라.

2. 요건사실(① 피전부채권 ② 압류및전부명령 ③ 제3채무자송달 ④ 확정)

① 소외 이상주는 2017. 11. 9. 임대규 및 윤미영으로부터 이 사건 부동산 중 1층 점포를 보증금 1억 3천만 원, 차임 월 2백만 원, 기간 2017. 11. 9.부터 2020. 11. 8.까지로 하여 임차하였고, 2020. 4. 6. 이상주가 임차하던 건물 1층에서 원인 불명의 화재가 발생하여 2층으로 번져 건물 전체를 점포로 쓸 수 없게 되었으므로, 이 사건 임대차계약은 2020. 4. 6. 당연 종료되었고, 그 무렵 소외 이상주는 위 점포를 비우고 피고 임대규에게 인도하였습니다.

② 원고는 2019. 10. 8. 채권자 원고, 채무자 이상주, 제3채무자 임대규로 하여 임대차보증금반환채권 중 1억 원에 대하여 채권 압류 및 전부명령을 받았고, 이는 제3채무자 임대규에게 2019. 10. 12. 송달, 2019. 10. 20. 확정되었습니다.

③ 따라서 피고 임대규는 원고에게 1억 원 및 이에 대한 이 사건 소장 부본 송달일 다음 날부터 다 갚는 날까지 연 12%의 비율로 계산한 돈을 지급할 의무가 있습니다.

3. 피고의 항변에 관련된 법리

① 임차 건물 부분에서 화재가 발생하여 임차 건물 부분이 아닌 건물 부분(이하 '임차 외 건물 부분'이라 한다)까지 불에 타 그로 인해 임대인에게 재산상 손해가 발생한 경우에는 '임차 외 건물 부분이 구조상 불가분의 일체를 이루는 관계에 있는 부분이라 하더라도', 그 부분에 발생한 손해에 대하여 임대인이 임차인을 상대로 채무불이행을 원인으로 하는 배상을 구하려면, ⅰ) 임차인이 보존·관리의무를 위반하여 화재가 발생한 원인을 제공하는 등 화재 발생과 관련된 '임차인의 계약상 의무 위반'이 있었고, ⅱ) 그러한 의무 위반과 임차 외 건물 부분의 손해 사이에 '상당인과관계'가 있으며, ⅲ) 임차 외 건물 부분의 손해가 의무 위반에 따라 민법 제393조에 의하여 배상하여야 할 '손해의 범위 내'에 있다는 점에 대하여 '임대인'이 주장·증명하여야 한다"(대판 2017.5.18. 전합2012다86895,86901)

② 전부명령이 확정되면 피압류채권은 제3채무자에게 송달된 때에 소급하여 집행채권의 범위 안에서 당연히 전부채권자에게 이전하고 동시에 집행채권 소멸의 효력이 발생하는 것이므로, 전부명령이 제3채무자에게 송달될 당시를 기준으로 하여 압류가 경합되지 않았다면 그 후에 이루어진 채권압류가 그 전부명령의 효력에 영향을 미칠 수 없다(대판 1995.9.26. 95다4681)

③ 확정일자 있는 통지·승낙을 갖춘 양수인만이 채무자 및 다른 이중 양수인과의 관계에서 채권자임을 주장할 수 있다. 따라서 확정일자 있는 증서에 의한 통지가 그 일자 및 도달시기에 있어서 단순통지된 양도보다 늦은 경우도 마찬가지이다(대판 1972.1.31. 71다2697)

④ 건물을 공유자가 공동으로 건물을 임대하고 보증금을 수령한 경우 특별한 사정이 없는 한 그 임대는 각자 공유지분을 임대한 것이 아니고 임대목적물을 다수의 당사자로서 공동으로 임대한 것이고 그 보증금반환채무는 성질상 불가분채무에 해당된다고 한다(대판 1998.12.8. 98다43137)

1. 사실관계 및 청구취지

(1) 원고와 피고 이상주의 별지 목록 기재 제2. 토지 공동 상속과 피고 이상주의 처분

- 원고와 이상주는 어머니는 같고, 아버지는 다른 형제사이임. 오혜선은 이대복(亡)과 혼인하고 이상주를 낳은 다음 이대복과 이혼하였고, 김재박(亡)과 사실혼 관계를 유지하면서 원고를 낳았음(그 외에 오혜선의 가족은 없는 것으로 확인되었음).

- 김재박은 당시 박미리(亡)와 혼인한 상태였는데, 박미리와 사이에서 원고를 출생한 것처럼 출생신고를 하였으나 실제로 원고를 양육한 것은 오혜선이었다.

- 오혜선은 이 사건 토지에 관하여 수원지방법원 2001. 5. 12. 접수 제1958호로 마친 소유권이전등기를 경료한 소유자였는데, 이상주는 2019. 2. 27. 오혜선으로부터 상속받은 이 사건 토지에 관하여 2019. 4. 1. 자신 앞으로 단독 등기한 후(수원지방법원 안산지원 2019. 4. 1. 접수 제2683호로 마친 소유권이전등기), 2019. 8. 1. 박계호에게 매도하여 같은 날 소유권이전등기를 경료해주었고(같은 법원 2019. 8. 1. 접수 제5218호로 마친 소유권이전등기), 이후 최영만이 2019. 11. 15. 가압류등기를 경료 (2019. 11. 15. 같은 법원 가압류결정 2019카단25991, 2019. 11. 15. 접수 제7918호로 마친 가압류등기)

- 원고는 ① 망 박미리 사이에 친생자관계가 존재하지 아니함을 확인한다. ② 오혜선과 사이에 친생자관계가 존재함을 확인한다는 판결(변론종결 : 2020. 5. 24., 판결선고 2020. 6. 14.)을 받았음

- 원고는 이 사건 토지 중 원고의 지분을 아무런 부담이 없도록 하여 등기할 수 있는 상태로 만들기를 원하고, 만약 이것이 법률상 불가능하다면 의뢰인의 지분 상당의 금전으로라도 돌려받기를 원함

(2) 피고의 항변

피고는 ① 원고가 친생자 소송을 제기하기 전에 이 사건 토지가 처분되었으므로 민법 제860조 단서 및 제1014조에 따라 상속분 상당 가액만 청구할 수 있을 뿐이고, ② 제1014조에 따르면 원고는 재판의 확정에 의해 공동상속인이 되었으니 상속분 상당의 가액만 청구할 수 있을 뿐이며, ③ 매각 당시보다 지금 토지 가격이 3억 원에서 4억 원으로 올랐으니, 지금 시세로 돌려주어야 할 것은 아니고, ④ 가압류를 말소해야 할 하등의 이유가 없다고 주장

※ 청구취지

1. 원고에게

가. 피고 이상주는 별지 목록 기재 제2. 기재 부동산 중 1/2 지분에 관하여 수원지방법원

안산지원 2019. 4. 1. 접수 제2683호로 마친 소유권이전등기의,

나. 피고 박계호는 위 가.항 기재 부동산 중 1/2 지분에 관하여 수원지방법원 안산지원 2019. 8. 1. 접수 제5218호로 마친 소유권이전등기의,

각 말소등기절차를 이행하고,

다. 피고 최영만은 위 나.항 기재 말소등기에 대하여 승낙의 의사표시를 하라.

2. 요건사실(① 원고 소유 ② 피고 등기 ③ 등기 원인무효)

① 원고와 피고 이상주는 소외 오혜선의 子로서, 소외 오혜선이 2019. 2. 27. 사망함에 따라 소외 오혜선이 소유하고 있던 이 사건 토지를 각 1/2 지분으로 공동상속하였습니다.

② 피고 이상주는 가족관계증명서상 본인만이 자녀로 등록되어 있음을 기화로, 이 사건 토지에 관하여 2019. 4. 1. 자신 명의로 단독으로 소유권이전등기를 경료하고, 이를 2019. 8. 1. 피고 박계호에게 매매를 원인으로 하여 소유권이전등기를 경료해주었습니다.

③ 원고는 이 사건 토지를 1/2의 지분의 비율로 공동상속한 자로서 원고의 1/2 지분에 관하여 피고 이상주와 피고 박계호의 소유권이전등기는 원인무효이므로, 피고 이상주와 피고 임대규는 각 이 사건 대지 중 1/2 지분에 관하여 자신 명의로 경료된 소유권이전등기의 말소등기절차를 말소할 의무가 있습니다.

④ 피고 최영만은 피고 박계호의 채권자로서 2019. 11. 15. 수원지방법원 안산지원의 가압류결정 (2019카단25991)에 따라 같은 날 가압류를 경료한 자로서, 피고 박계호의 말소등기에 대하여 승낙의 의사표시를 할 의무가 있습니다.

3. 피고의 항변에 관련된 법리

① 혼인 외의 출생자와 생모 사이에는 생모의 인지나 출생신고를 기다리지 아니하고 자의 출생으로 당연히 법률상의 친자관계가 생기고, 가족관계등록부의 기재나 법원의 친생자관계존재확인판결이 있어야만 이를 인정할 수 있는 것이 아니다. 따라서 인지를 요하지 아니하는 모자관계에는 인지의 소급효 제한에 관한 민법 제860조 단서가 적용 또는 유추적용되지 아니하며, 상속개시 후의 인지 또는 재판의 확정에 의하여 공동상속인이 된 자의 가액지급청구권을 규정한 민법 제1014조를 근거로 자가 모의 다른 공동상속인이 한 상속재산에 대한 분할 또는 처분의 효력을 부인하지 못한다고 볼 수도 없다. 이는 비록 다른 공동상속인이 이미 상속재산을 분할 또는 처분한 이후에 그 모자관계가 친생자관계존재확인판결의 확정 등으로 비로소 명백히 밝혀졌다 하더라도 마찬가지이다(대판 2018.6.19. 2018다1049).

② 등기의 말소를 신청하는 경우에 그 말소에 대하여 등기상 이해관계 있는 제3자가 있을 때에는 제3자의 승낙이 있어야 한다(부동산 등기법 제57조 1항). 동조에서 말하는 '등기상 이해관계 있는 제3자'란, 말소등기를 함으로써 손해를 입을 우려가 있는 등기상의 권리자로서 그 손해를 입을 우려가 있다는 것이 등기부 기재에 의해 형식적으로 인정되는 자이고, 제3자가 승낙의무를 부담하는지 여부는 말소등기권리자에 대해 승낙을 하여야 할 '실체법상 의무가 있는지 여부'에 의해 결정된다(대판 2007.4.27. 2005다43753).

1. 사실관계 및 청구취지

(1) 원고의 전자제품공급

- 전자제품 총판 대리점을 운영하는 원고는 2019. 11. 1. 박계호와 최영만이 동업으로 전자제품 대리점을 해보겠다고 해서 두 사람에게 1억 원의 전자제품을 공급하는 계약을 체결하면서, 구체적 내용으로 ① 2019. 12. 1. 목적물을 인도하며 매매대금은 2020. 12. 1.까지 지급, ② 물품을 인도받은 다음날부터 약정한 대금지급일까지 연 3%의 이자를 가산하여 지급하기로 정하였고, 2019. 12. 1. 위 물품을 모두 정상적으로 인도하였음

- 원고가 2020. 12. 1. 돈을 받으러 최영만을 찾아갔더니, 최영만이 말도 안되는 핑계를 대길래 원고는 최영만의 승용차를 부숴 수리비로 3백만 원이 나왔음.

- 원고는 2020. 12. 7. 박계호가 자신의 채무를 조금 깎아달라고 사정하자 대금 중 일부를 깎아주었음

- 원고는 전자제품의 대금을 최대한 많이 받기를 원함

(2) 피고의 항변

피고들은 ① 2020. 12. 15. 수리비 3백만 원의 상계의 의사표시(같은 달 17일 도달)를 하였고, ② 박계호에 대한 7천만원 및 이에 대한 지연손해금의 면제의 효력은 박계호뿐 아니라 최영만에 대해서도 같은 액수에 미친다고 주장

※ 청구취지

1. 원고에게
가. 최영만은 80,000,000원 및 이에 대한 2020. 12. 2.부터 이 사건 소장 부본 송달일까지는 연 6%의, 그 다음 날부터 다 갚는 날까지는 연 12%의 각 비율로 계산한 돈을 지급하고,
나. 피고 박계호는 피고 최영만과 연대하여 위 가.항 기재 돈 중 30,000,000원 및 이에 대한 2020. 12. 2.부터 이 사건 소장 부본 송달일까지는 연 6%의, 그 다음 날부터 다 갚는 날까지는 연 12%의 각 비율로 계산한 돈을 지급하라

2. 요건사실(① 매매계약체결 ② 목적물인도 ③ 변제기도래)

① 전자제품 총판 대리점을 운영하는 원고는 2019. 11. 1. 피고 박계호와 피고 최영만이 동업으로 전자제품 대리점을 해보겠다고 해서 이 사건 전자제품을 1억 원에 공급하는 계약을 체결하면서, 2019. 12. 1. 목적물을 인도하며 매매대금은 2020. 12. 1.까지 지급, 위 전자제품을 인도받은 다음날부터 약정한 대금지급일까지 연 3%의 이자를 가산하여 지급하기로 정하였고, 약정대로 2019. 12. 1. 위 물품을 모두 정상적으로 인도하였습니다.

② 따라서 이하에서 검토할 피고들의 상계항변 및 채무의 일부 면제의 주장에 비추어, 피고 최영만은 원고에게 8천만 원, 피고 박계호는 피고 최영만과 연대하여 8천만 원 중 3천만원 및 이에 대한 2020. 12. 2.부터 이 사건 소장 부본 송달일까지는 연 6%의, 그 다음날부터 다 갚는 날까지는 연 12%의 각 비율로 계산한 돈을 지급할 의무가 있습니다.

3. 피고의 항변에 관련된 법리

① 일부 면제에 의한 피면제자의 잔존 채무액이 부담부분보다 적은 경우에는 차액(부담부분 - 잔존 채무액)만큼 피면제자의 부담부분이 감소하였으므로, 차액의 범위에서 면제의 절대적 효력이 발생하여 다른 연대채무자의 채무도 차액만큼 감소한다"(대판 2019.8.14. 2019다216435)

② 피고 최영만은 원고에게 2020. 12. 1. 원고의 자동차 손괴행위에 따른 손해배상채권을 갖고, 원고에게 2020. 12. 15. 상계의 의사표시를 하여 같은 달 원고에게 상계의 의사표시가 도달하였는 바, 원고의 물품대금채권과 피고 최영만의 불법행위에 기한 손해배상채권은 모두 2020. 12. 1. 변제기에 도달하였고, 원고의 매매대금채권 중 상계적상일 까지의 약정이자(1억 원 × 연 3% × 12개월) 3백만 원과 위 손해배상채권 3백만 원은 상계적상일인 2020. 12. 1. 대등액에서 소멸하였습니다.

Set 047   10회 : 피고 송화선 · 정미숙에 대한 사해행위취소, 채권자대위소송

1. 사실관계 및 청구취지

(1) 피고 정미숙과 정의숙 사이의 명의신탁약정, 소외 정의숙의 사해행위

- 원고는 정의숙이 주식회사 케이터맘의 공장 신축 자금으로 사용한다고 하여 2013. 4. 1. 정의숙에게 2억 원을 약정 이율 월 1%, 변제기 2014. 3. 31.로 하여 대여하였고, 그 이후 정의숙은 2013. 5. 10. 위 회사의 대표이사로 취임하였고 공장도 완공되었음

- 정의숙은 2013. 5. 1. 대표이사도 사임하였고, 동생인 정미숙 앞으로 명의신탁(수원지방법원 송탄등기소 2012. 3. 10. 접수 제3123호로 마친 소유권이전등기)한 평택시 별지 목록 제3. 기재 토지 외에는 아무런 재산도 가지고 있지 않은 상태임

- 위 토지에는 2020. 7. 13. 근저당권설정계약에 따라 송화선 명의 근저당권(채권최고액 3억6천만 원, 채무자 정미숙, 근저당권자 송화선)이 설정되어 있음(같은 법원 같은 등기소 2020. 7. 13. 접수 제4977호로 마친 근저당권설정등기)

- 정미숙 앞으로의 부동산 명의신탁 사실, 정의숙의 대여금 연체 사실, 송화선은 이 사건 토지가 정미숙 명의로 되어 있으나 사실은 정의숙의 토지임을 양해하고 이를 담보로 제공받는 데 동의한 사실이 각 확인되었음.

- 근저당권설정시부터 현재까지 이 사건 토지의 시가는 3억 원
- 원고는 평택시 토지에 대한 2020. 7. 13. 체결된 근저당권설정계약을 사해행위로 취소하고, 정의숙 명의의 책임재산을 아무런 부담이 없는 상태로 확보해주기를 원하지만, 정의숙에 대한 차용금 지급을 구하는 소송을 제기하는 것은 원하지 않음(소 제기 2021. 1. 8.)

(2) 피고의 항변

① 정의숙과 송화선은 원고가 등기부상 소유자인 정미숙이 아닌 정의숙의 채권자이므로 사해행위취소소송을 제기할 수 없으며, ② 정미숙은 ② 이 사건 근저당권설정계약을 한 것은 자신이 아니라 정의숙이며, ③ 정미숙과 송화선은 원고의 정의숙에 대한 채권은 상사시효가 완성되었다고 주장

※ 청구취지

1.

가. 원고와 피고 송화선 사이에서, 소외 정의숙과 피고 송화선 사이에 별지 목록 제3. 기재 부동산에 관하여 2020. 7. 13. 체결된 근저당권설정계약을 취소한다.

나. 피고 송화선은 소외 정의숙에게 별지 목록 제3. 기재 부동산에 관하여 수원지방법원 송탄등기소 2020. 7. 13. 접수 제4977호로 마친 근저당권설정등기의 말소등기절차를 이행하라.

2. 피고 정미숙은 원고에게 별지 목록 제3. 기재 부동산에 관하여 수원지방법원 송탄등기소 2012. 3. 10. 접수 제3123호로 마친 소유권이전등기의 말소등기절차를 이행하라.

2. 요건사실(① 사해행위취소소송 : 보사사기 ② 채권자대위소송 : 보필불대)

① 원고는 2013. 4. 1. 정의숙에게 2억 원을 약정 이율 월 1%, 변제기 2014. 3. 31.로 하여 대여하였으므로, 이 사건 사해행위인 2020. 7. 13. 근저당권설정계약 이전에 발생한 금전채권을 가지고 있습니다. 채무자 정의숙은 2012. 3. 10. 동생인 피고 정미숙에게 양자간 명의신탁에 따라 이 사건 토지에 관하여 피고 정미숙 앞으로 소유권이전등기를 경료한 상태인데, 위 명의신탁약정은 부동산실명법 제4조 1항에 따라 무효이며, 같은 법 제4조 2항 본문에 따라 피고 정미숙 앞으로의 물권변동은 무효이므로 피고 정미숙의 소유권이전등기는 원인무효라고 할 것입니다. 이와 같이 이 사건 토지의 실질적 소유자인 양자간 명의신탁에서의 명의신탁자인 채무자 정의숙이 유일한 재산인 이 사건 토지에 관하여 피고 송화선에게 근저당권을 설정해주는 행위는, 피고 송화선에게 우선변제권 있는 담보물권을 설정해줌으로써 일반채권자인 원고의 책임재산을 감소시키는 사해행위라고 할 것이며, 채무자 정의숙의 사해의사도 인정된다고 할 것입니다. 이 사건 사해행위는 2020. 7. 13. 이루어졌는바, 원고의 이 사건 소 제기일이 2021. 1. 13. 이라는 점에서 원고가 사해행위 있음을 안 날로부터 1년, 사해행위 있은 날로부터 5년이 경과되지 않았음은 역수상 명백합니다.

따라서 원고와 피고 송화선 사이에서, 소외 정의숙과 피고 송화선 사이에 이 사건 토지에 관하여 체결된 이 사건 근저당권설정계약을 취소하며, 피고 송화선은 채무자인 소외 정의숙에게 이 사건 부동산에 관하여 설정된 근저당권설정등기의 말소등기절차를 이행할 의무가 있습니다.

② 앞서 살펴본 바와 같이 원고는 소외 정의숙에 대하여 2억 원의 대여금채권을 가지고 있으며, 소외 정의숙과 피고 정미숙 사이의 양자간 명의신탁 약정 및 그에 따라 경료된 피고 정미숙의 소유권이전등기는 원인무효이므로, 소외 정의숙은 피고 정미숙에 대하여 소유권에 기한 방해배제청구권으로서 소유권이전등기말소청구권을 갖습니다.

원고는 위 대여금채권을 보전하기 위하여 아무런 권리를 행사하고 있지 아니한 소외 정의숙을 대위하여 피고 정미숙에 대하여 이 사건 토지에 관하여 경료된 피고 정미숙의 소유권이전등기의 말소를 구할 필요성이 있습니다.

3. 피고의 항변에 관련된 법리

① '부동산 실권리자명의 등기에 관한 법률'의 시행 후에 부동산 소유자가 등기명의를 수탁자에게 이전하는 이른바 양자간 명의신탁에서, 신탁부동산에 관하여 채무자인 신탁자가 '실질적 당사자'(신탁자가 직접 자신의 명의 또는 수탁자의 명의로 제3자와 매매계약을 체결하는 등)가 되어 법률행위를 하는 경우 이러한 신탁자의 법률행위가 사해행위에 해당할 수 있다고 보고, 이 경우 사해행위의 대상은 '신탁자'와 제3자 사이의 법률행위가 될 것이고, 원상회복은 제3자가 '수탁자'에게 말소등기절차를 이행하는 방법에 의할 것이라고 한다(대판 2012.10.25. 2011다107382)

② 영업을 준비하는 행위가 보조적 상행위로서 상법의 적용을 받기 위해서는 행위를 하는 자 스스로 상인자격을 취득하는 것을 당연한 전제로 하므로, 어떠한 자가 자기 명의로 상행위를 함으로써 상인자격을 취득하고자 준비행위를 하는 것이 아니라 다른 상인의 영업을 위한 준비행위를 하는 것에 불과하다면, 그 행위는 행위를 한 자의 보조적 상행위가 될 수 없다. 여기에 회사가 상법에 의해 상인으로 의제된다고 하더라도 회사의 기관인 대표이사 개인은 상인이 아니어서 비록 대표이사 개인이 회사 자금으로 사용하기 위해서 차용한다고 하더라도 상행위에 해당하지 아니하여 차용금채무를 상사채무로 볼 수 없는 법리를 더하여 보면, 회사 설립을 위하여 개인이 한 행위는 그것이 설립중 회사의 행위로 인정되어 장래 설립될 회사에 효력이 미쳐 회사의 보조적 상행위가 될 수 있는지는 별론으로 하고, 장래 설립될 회사가 상인이라는 이유만으로 당연히 개인의 상행위가 되어 상법 규정이 적용된다고 볼 수는 없다(2011다43594)

1. 사실관계 및 청구취지

(1) 원고와 피고 조현옥 사이의 토지 양도담보약정 및 피고 최민우의 소유권이전등기

- 원고는 2019. 4. 1. 조현옥으로부터 건물신축을 위해 별지 목록 제1. 기재 토지를 매수하면서, 총 매매대금 시가 11억 원, 계약금 1억 원은 계약 당일, 중도금 4억 원은 2019. 5. 1. 소유권이전등기에 필요한 서류와 부동산의 인도와 동시에, 잔금 6억 원은 이를 차용금으로 하여 원고는 매매목적물에 관한 소유권이전등기를 받은 날부터 잔대금 완제일까지 위 차용금에 대하여 월 3%의 이자를 매월 말일에 지급하기로 정하였음

- 원고는 위 계약에 따라 계약금과 중도금을 모두 지급하였으며 2019. 5. 1. 위 매매계약을 원인으로 하여 원고 앞으로 소유권이전등기를 경료하였음(수원지방법원 성남지원 2019. 5. 1. 접수 제9638호로 마친 소유권이전등기)

- 원고는 2019. 8. 1. 조현옥과 위 매매잔대금의 원리금채무를 담보하기 위하여 조현옥 명의로 소유권이전등기를 마쳐주기로 하고, 원고가 3회 이상 이자를 연체하거나 조현옥으로부터 변제최고를 받은 날로부터 1개월 이내에 변제하지 않으면 조현옥은 이 사건 대지의 소유권취득을 통보할 수 있고 이로써 확정적으로 그 소유권을 취득하기로 하는 양도담보약정을 체결하였고, 같은 날 이 사건 대지에 관하여 조현옥 앞으로 소유권이전등기가 경료되었음(같은 법원 같은 지원 2019. 8. 1. 접수 제3218호로 마친 소유권이전등기)

- 최민우는 2019. 11. 15. 매매를 원인으로 하여 같은 날 이 사건 대지에 관하여 소유권이전등기를 경료하였는데, 피고 최민우는 위 사정을 잘 알고 있었음(같은 법원 같은 지원 2019. 11. 15. 접수 제7918호로 마친 소유권이전등기)

- 원고는 이 사건 토지에 관하여, 조현옥과 최민우 명의의 등기를 모두 말소할 수 있는 판결을 받고 싶어함.

- 이자제한법 제2조 제1항에 따른 금전대차에 관한 계약상의 최고이자율은 연 24퍼센트로 한다고 전제함

(2) 피고의 항변

- 조현옥은 비록 청산금 등은 지급하지 않았지만 원고가 약정이자를 전혀 지급하지 않았음을 이유로 한 적법한 통지로서 자신이 소유권을 취득하였으므로, 원고가 잔대금을 전액 지급하더라도 소유권이전등기를 말소해줄 수 없고,

- 최민우는 적법한 소유권자인 조현옥으로부터 이 사건 대지를 매수하여 소유권이전등기를 경료한 것이므로 자신도 적법하게 소유권을 취득하였다고 하면서 ① 원

고가 조현옥에 대하여 매매대금을 돌려받든지 정산금을 받든지 하는 문제는 채권적인 문제로서 소유권 문제와는 별개이다. ② 조현옥과의 매수과정에서 적극적으로 매도를 권유한 일도 없으므로 소유권을 취득하지 못할 귀책사유가 없다고 주장

※ **청구취지**(청구취지는 피고별로 작성하시오)

1. 피고 조현옥은 원고로부터 600,000,000원 및 이에 대한 2019. 5. 1.부터 다 갚는 날까지 연 24%의 비율로 계산한 돈을 지급받은 다음 원고에게 별지 목록 제1. 기재 부동산에 관하여 수원지방법원 성남지원 2019. 8. 1. 접수 제3218호로 마친 소유권이전등기의 말소등기절차를 이행하라.

2. 피고 최민우는 원고에게 별지 목록 제1. 기재 부동산에 관하여 수원지방법원 성남지원 2019. 11. 15. 접수 제7918호로 마친 소유권이전등기의 말소등기절차를 이행하라.

....

1. 원고에게, 별지 목록 제1. 기재 부동산에 관하여,

가. 피고 조현옥은 원고로부터 600,000,000원 및 이에 대한 2019. 5. 1.부터 다 갚는 날까지 연 24%의 비율로 계산한 돈을 지급받은 다음 수원지방법원 성남지원 2019. 8. 1. 접수 제3218호로 마친 소유권이전등기의,

나. 피고 최민우는 같은지원 2019. 11. 15. 접수 제7918호로 마친 소유권이전등기의,

  각 말소등기절차를 이행하라.

2. 요건사실(가등기담보법 제11조)

① 원고는 2019. 4. 1. 피고 조현옥으로부터 별지 목록 제1. 기재 토지를 매수하면서, 총 매매대금 11억 원, 계약금 1억 원은 계약 당일, 중도금 4억 원은 2019. 5. 1. 소유권이전등기에 필요한 서류와 부동산의 인도와 동시에, 잔금 6억 원은 이를 차용금으로 하고, 원고는 매매목적물에 관한 소유권이전등기를 받은 날부터 잔대금 완제일까지 위 차용금에 대하여 월 3%의 이자를 매월 말일에 지급하기로 정하였고, 계약금과 중도금을 모두 지급하였으며 2019. 5. 1. 위 매매계약을 원인으로 하여 원고 앞으로 소유권이전등기가 경료되었습니다.

원고는 2019. 8. 1. 피고 조현옥과 위 잔대금에 관하여, 연체이자를 조속히 변제하기로 하면서, 매매잔대금의 원리금채무를 담보하기 위하여 조현옥 명의로 소유권이전등기를 마쳐주기로 하고, 원고가 3회 이상 이자를 연체하거나 조현옥으로부터 변제최고를 받은 날로부터 1개월 이내에 변제하지 않으면 피고 조현옥은 이 사건 대지의 소유권취득을 통보할 수 있고 이로써 확정적으로 그 소유권을 취득하기로 하는 양도담보약정을 체결하였고, 같은 날 이 사건 대지에 관하여 피고 조현옥 앞으로 소유권이전등기가 경료되었습니다.

② 피고 최민우는 위와 같은 사정을 잘 알면서, 2019. 11. 15. 매매를 원인으로 하여 같은 날 이 사건 대지에 관하여 소유권이전등기를 경료하였습니다.

③ 원고와 피고 조현옥 사이의 위 양도담보약정은 준소비대차계약에 해당하고, 약정 당시 이 사건 토지의 가액은 11억원이고 차용액은 원금 6억 원 및 원고가 이 사건 토지의 소유권이전등기를 경료한 날인 2019. 5. 1.부터 이 사건 양도담보약정일인 2019. 8. 1.까지의 3개월의 약정 이자 연 24%(이자제한법 제2조 제3항)로 원고의 차용원리금의 합계액이 이 사건 토지의 가액을 초과하지 아니하는바, 가등기담보법이 적용되는 사안입니다(가등기담보법 제1조, 제2조 1호).

④ 원고는 피고 조현옥이 같은 법 제3조 1항에 따른 통지, 제4조 2항에 따른 청산기간의 도과 및 청산금의 지급에 따라 소유권을 취득하기 이전까지, 같은 법 제11조 본문에 따라 그 채무액(반환할 때까지의 이자와 손해금을 포함한다)을 채권자 피고 조현옥에게 지급하고 그 채권담보의 목적으로 마친 소유권이전등기의 말소를 청구할 수 있습니다. 피고 조현옥은 위 통지 및 청산기간의 도과, 청산금의 지급 없이 이 사건 부동산의 소유권을 취득하였다고 주장하며 원고의 청구에 응할 수 없다고 주장하므로 원고의 청구는 미리 청구할 필요가 인정됩니다.
따라서 피고 조현옥은 원고로부터 6억 원 및 이에 대한 2019. 5. 1.부터 다 갚는 날까지 연 24%의 비율로 계산한 돈을 지급받은 다음 원고에게 이 사건 토지에 관하여 피고 앞으로 경료된 소유권이전등기의 말소등기절차를 이행할 의무가 있습니다.

⑤ 피고 최민우는 원고와 피고 조현옥 사이의 매매계약 및 양도담보약정에 관하여 잘 알고 있으므로, 같은 법 제11조 단서의 반대해석상 원고가 대항할 수 없는 제3자에 해당하지 않으므로, 피고 최민우는 원고에게 이 사건 토지에 관하여 경료된 피고의 소유권이전등기의 말소등기절차를 이행할 의무가 있습니다.

3. 피고의 항변에 관련된 법리

① 제1항부터 제3항까지의 규정에 어긋나는 특약으로서 채무자등에게 불리한 것은 그 효력이 없다. 다만, 청산기간이 지난 후에 행하여진 특약으로서 제삼자의 권리를 침해하지 아니하는 것은 그러하지 아니하다(가등기담보법 제4조 4항).

② 가등기담보법 제3조, 제4조의 청산절차를 위반하여 이루어진 담보가등기에 기한 본등기가 무효라고 하더라도 선의의 제3자가 그 본등기에 터 잡아 소유권이전등기를 마치는 등으로 담보목적부동산의 소유권을 취득하면, 채무자 등은 더 이상 가등기담보법 제11조 단서 후문에 따라 채권자를 상대로 그 본등기의 말소를 청구할 수 없게 된다(2016다248325).

1. 사실관계 및 청구취지

(1) 원고의 정대호 명의 근저당권이전의 부기등기가 경료된 부동산 소유권 취득

- 조현옥은 2013. 1. 5. 이영희로부터 2억 원을 약정 이율 연 15%, 변제기 2014. 1. 5.로 정하여 골프용품 판매점 개업을 위한 목적임을 밝히면서 위 금전을 차용하였고, 2014. 2. 5. 이영희와 근저당권설정계약을 맺고 같은 날 별지 목록 제2. 기재 집합건물 중 109호(상가)에 관하여 근저당권설정등기를 경료해주었음(수원지방법원 성남지원 분당등기소 2014. 2. 5. 접수 제1098호로 마친 근저당권설정등기).

- 이영희는 2019. 3. 5. 위 대여금채권을 정대호에게 양도하면서 2019. 3. 5. 정대호 앞으로 근저당권이전의 부기등기를 마쳐주었고(같은 법원 같은 지원 같은 등기소 2019. 3. 5. 접수 제2297호로 마친 1번근저당권이전의 부기등기), 조현옥은 2019. 7. 4. 정대호에게 위 차용금 변제로 1억 원을 지급함

- 원고는 2019. 4. 1. 조현옥으로부터 이 사건 상가를 총 매매대금 10억 원에 매수하면서, 계약금 1억 원은 계약 당일, 중도금 4억 원은 2019. 4. 15., 잔금 5억 원은 2019. 5. 31. 소유권이전등기에 필요한 서류의 교부 및 부동산의 인도와 동시에 지급하기로 정하였고, 약정한 날짜에 모든 매매대금을 지급하였고, 2019. 5. 31. 이 사건 상가에 관하여 소유권이전등기를 경료하였음(수원지방법원 성남지원 분당등기소 2019. 5. 31. 접수 제8569호로 마친 소유권이전등기)

- 원고는 이 사건 상가에 관하여, 근저당권설정등기와 부기등기를 모두 말소하고 싶음(소제기 2020. 1. 10.)

(2) 피고의 항변

피고는 ① 특별히 빚을 갚으라고 독촉할 이유가 없어 그 동안 변제독촉을 하지 않은 것이므로 근저당권설정등기를 말소할 귀책사유가 없다. ② 근저당권설정등기를 마치면 시효가 중단되며, 그 등기가 경료되어있는 동안에는 시효가 진행하지 않고, 채무자도 아닌 원고가 소멸시효 주장을 할 수 없다. ③ 조현옥이 2019. 7. 4. 1억 원을 지급하였으므로 시효가 중단되거나 시효이익을 포기하였으므로 남은 채무를 갚기 전에는 말소할 수 없다고 주장

※ 청구취지

피고 정대호는 원고에게 별지 목록 제2. 기재 건물 중 109호에 관하여 수원지방법원 성남지원 분당등기소 2014. 2. 5. 접수 제1098호로 마친 근저당권설정등기의 말소등기절차를 이행하라.[49]

---

49) "~ 근저당권설정등기에 대하여 2019. 2. 5. 소멸시효 완성을 원인으로 한 말소등기절차를 이행하라"고 기재해도 무방

2. 요건사실(① 원고 소유 ② 피고 등기 ③ 등기 원인무효)

① 원고는 2019. 4. 1. 조현옥으로부터 이 사건 상가를 총 매매대금 10억 원에 매수하면서, 계약금 1억 원은 계약 당일, 중도금 4억 원은 2019. 4. 15., 잔금 5억 원은 2019. 5. 31. 소유권이전등기에 필요한 서류의 교부 및 부동산의 인도와 동시에 지급하기로 정하였고, 약정한 날짜에 모든 매매대금을 지급하였고, 2019. 5. 31. 이 사건 상가에 관하여 소유권이전등기를 경료하였습니다.

② 조현옥은 2013. 1. 5. 이영희로부터 2억 원을 약정 이율 연 15%, 변제기 2014. 1. 5., 골프용품 판매점 개업을 위한 목적으로 차용하면서, 2014. 2. 5. 이영희와 근저당권설정계약을 맺고 같은 날 별지 목록 제2. 기재 집합건물 중 109호(상가)에 관하여 근저당권설정등기를 경료해주었습니다.

피고 정대호는 2019. 3. 5. 이영희로부터 위 대여금채권을 양수하면서 같은 날 자기 명의로 근저당권이전의 부기등기를 마친 자입니다.

③ 위 대여금채권은 조현옥이 골프용품 판매점 개업을 위한 목적으로 차용한 것으로 상대방 이영희가 위 목적을 알고 있어 상인자격을 취득한 조현옥의 첫 상행위에 따른 상사채무에 해당하고, 소외 이영희에게 근저당권이 설정되어 승인으로 소멸시효가 중단되고, 재진행하여 2014. 2. 5.부터 5년의 소멸시효가 경과한 2019. 2. 5. 24:00 소멸하였습니다. 따라서 이 사건 근저당권설정등기는 부종성에 따라 소멸하였습니다.

④ 이 사건 대여금채권과 근저당권설정등기가 소멸함에 따라 이 사건 상가에 관한 이영희 명의의 근저당권설정등기가 원인무효가 된 이상, 위 대여금채권 및 근저당권의 양수인인 피고 정대호는 원고에게 위 이영희 명의의 근저당권설정등기를 말소할 의무가 있습니다.

3. 피고의 항변에 관련된 법리

① 근저당권 이전의 부기등기는 기존의 주등기인 근저당권설정등기에 종속되어 주등기와 일체를 이루는 것으로서 기존의 근저당권설정등기에 의한 권리의 승계를 등기부상 명시하는 것일 뿐 그 등기에 의하여 새로운 권리가 생기는 것이 아니므로, 근저당권설정자 또는 그로부터 소유권을 이전받은 제3취득자는 피담보채무가 소멸된 경우 또는 근저당권설정등기가 당초부터 원인무효인 경우 등에 근저당권의 현재의 명의인인 '양수인'을 상대로 '주등기'인 근저당권설정등기의 말소를 구할 수 있다 (2003다5016)

② 시효가 중단된 때에는 중단까지에 경과한 시효기간은 이를 산입하지 아니하고 중단사유가 종료한 때로부터 새로이 진행한다(민법 제178조 1항)

③ 담보물의 제3취득자(대판 1995.7.11. 95다12446)는 채권자에 대하여 물적 유한책임을 지고 있어 그 피담보채권의 소멸에 의해 직접 이익을 받는 관계에 있으므로 소멸시효의 완성을 주장할 수 있다 (즉 피담보채무의 부존재 또는 소멸을 이유로 저당권설정등기의 말소를 청구할 수 있다)

④ 주채무자의 소멸시효이익의 포기는 저당부동산의 제3취득자(대판 2010.3.11. 2009다100098)에 영향을 미치지 않는다.

1. 사실관계 및 청구취지

(1) 피고들의 상가 임차·전차 및 원고의 이 사건 부동산 소유권 취득

- 최민우는 2017. 3. 1. 별지 목록 제2. 기재 건물 1층 상가를 조현옥으로부터 보증금 2억 원, 차임 월 5백만 원, 기간 2017. 3. 31.부터 2019. 2. 28.로 하여 임차하였고, 같은 날 위 상가를 인도받아 사업자등록을 마치고 골프용품 판매점을 운영하였음.

- 원고는 2019. 4. 1. 조현옥으로부터 이 사건 상가를 총 매매대금 10억 원에 매수하면서, 계약금 1억 원은 계약 당일, 중도금 4억 원은 2019. 4. 15., 잔금 5억 원은 2019. 5. 31. 소유권이전등기에 필요한 서류의 교부 및 부동산의 인도와 동시에 지급하기로 정하였고, 약정한 날짜에 모든 매매대금을 지급하였고, 2019. 5. 31. 이 사건 상가에 관하여 소유권이전등기를 경료하였음(수원지방법원 성남지원 분당등기소 2019. 5. 31. 접수 제8569호로 마친 소유권이전등기)

- 최민우는 2019. 7월, 8월의 차임을 지급하지 않은 상태에서 2019. 9. 1. 원고의 동의 없이 위 상가를 이종문에게 보증금 2억 원, 차임 월 6백만 원, 기간 2019. 9. 1.부터 2021. 8. 31.까지로 전대하고 같은 날 이를 인도하여주었는데, 같은 달 말일에서야 원고에게 전대사실을 알리면서 앞으로 이종문이 월세를 지급할 것이라 말함

- 원고는 이의를 제기하지 않고, 이종문의 요청에 따라 상가를 수리해주기도 하였는데, 이종문이 2019. 9월 차임은 지급하였으나, 2019. 10. 차임은 최민우와 이종문 누구로부터 지급받지 못하자 이종문에게 차임지급을 독촉하였고, 이종문은 2019. 11.부터 현재까지 차임을 지급하고 있음

- 원고는 이 사건 상가에 관하여, 이종문으로부터 직접 인도받을 수 있는 판결과 추후 이종문이 최민우에게 인도할 경우 최민우로부터도 인도받을 수 있는 판결을 받고 싶음

(2) 피고의 항변

이종문은 본인이 미지급한 월세는 2019. 10. 1회분에 불과하고, 그 월세는 보증금에서 공제하면 된다고 주장

(3) 원고의 재반박

원고는 선행 저당권등기가 있는 상태에서 최민우가 위 상가를 임차한 것이므로 대항요건을 갖추더라도 자신에게 대항할 수 없다고 주장

※ 청구취지(청구취지는 피고별로 작성하시오)

1. 피고 최민우는 원고로부터 185,000,000원에서 이 사건 소장 부본 송달일 다음 날부터 별지 목록 제2. 기재 부동산의 인도완료일까지 월 5,000,000원의 비율로 계산한 돈을 공제한

나머지 돈을 지급받음과 동시에 원고에게 위 부동산을 인도하라.

2. 피고 이종문은 피고 최민우가 원고로부터 185,000,000원에서 이 사건 소장 부본 송달일 다음 날부터 별지 목록 제2. 기재 부동산의 인도완료일까지 월 5,000,000원의 비율로 계산한 돈을 공제한 나머지 돈을 지급받음가 동시에 원고에게 별지 목록 제2. 기재 부동산을 인도하라.

....

1. 피고 최민우는 원고로부터 185,000,000원에서 이 사건 소장 부본 송달일 다음 날부터 별지 목록 제2. 기재 부동산의 인도완료일까지 월 5,000,000원의 비율로 계산한 돈을 공제한 나머지 돈을 지급받음과 동시에 원고에게 위 부동산을 인도하라.

2. 피고 이종문은 원고에게 별지 목록 제2. 기재 부동산을 인도하라.

2. 요건사실(피고 최민우 : ① 임대차계약체결 ② 목적물 인도 ③ 계약 종료 ④ 원고의 임대인지위 승계 / 피고 이종문 : ① 원고 소유 ② 피고 점유)

① 피고 최민우는 2017. 3. 1. 별지 목록 제2. 기재 건물 1층 상가를 조현옥으로부터 보증금 2억 원, 차임 월 5백만 원, 기간 2017. 3. 31.부터 2019. 2. 28.로 하여 임차하였고, 최민우는 같은 날 위 상가를 인도받아 사업자등록을 마쳐 2017. 3. 2. 0시 상가임대차보호법상 대항력을 취득하였습니다.

② 원고는 2019. 4. 1. 조현옥으로부터 이 사건 상가를 매매대금 10억 원에 매수하면서, 약정한 날짜에 모든 매매대금을 지급하였고, 2019. 5. 31. 이 사건 상가에 관하여 소유권이전등기를 경료하여 위 임대차계약의 임대인의 지위를 승계하였고, 임대차보증금반환채권을 면책적으로 인수하였습니다.

③ 피고 최민우는 2019. 7월, 8월의 차임을 지급하지 않은 상태에서 2019. 9. 1. 원고의 동의 없이 위 상가를 피고 이종문에게 보증금 2억 원, 차임 월 6백만 원, 기간 2019. 9. 1.부터 2021. 8. 31.까지로 전대하고 같은 날 이를 인도하여주었는데, 원고는 이의를 제기함이 없이 피고 이종문의 상가 수도시설 수리 요청에 응하여 위 전대차계약을 묵시적으로 동의하였습니다.

④ 피고 최민우와 피고 이종문은 2019. 10. 차임을 지급하지 아니하였으므로, 원고는 피고 최민우의 3기의 차임 연체를 이유로 이 사건 임대차계약을 해지한다는 의사표시를 하였고, 이 사건 소장부본이 피고 최민우에게 송달됨으로써 이 사건 임대차계약은 해지되어 종료하였으며, 그에 따라 피고 최민우와 피고 이종문 사이의 전대차계약도 당연 종료되었습니다.

⑤ 피고 이종문이 2019. 11.부터 현재까지 차임을 지급하고 있으나 이 사건 임대차계약이 해지됨에 따라 피고 최민우와 피고 이종문 사이의 전대차계약도 해지되었다는 점, 임대차 및 전대차계약이 해지되지 않았다고 다투는 피고 이종문이, 피고 최민우가 이 사건 상가를 무단으로 점유·사용함에 따라 부담하는 차임 상당의 부당이득금액과 동일한 월 차임을 계속적으로 지급할 것이라고 보장하기 어려운 점에 비추어 원고의 청구는 미리 청구할 필요도 갖추었습니다.

⑥ 따라서 피고 최민우는 원고로부터 연체된 3기의 차임을 공제한 나머지 보증금 1억 8천 5백만 원에서 이 사건 소장 부본 송달일 다음 날부터 별지 목록 제2. 기재 부동산의 인도완료일까지 월 5백만 원의 비율로 계산한 돈을 공제한 나머지 돈을 지급받음과 동시에 이 사건 상가를 인도할 의무가 있고, 피고 이종문 또한 원고에게 이 사건 상가를 인도할 의무가 있습니다.[50]

Set 051 9회 : 피고 남현수에 대한 부당이득반환청구

1. 사실관계 및 청구취지

(1) 원고의 매매계약 착오취소

- 원고는 2018. 1. 12. 남현수로부터 별지 목록 제3. 기재 토지를 총 매매대금 8억 5천만 원, 계약금 8천 5백만 원은 계약 당일, 잔금 7억 6천 5백만 원은 2018. 2. 15. 소유권이전등기에 필요한 서류를 교부받음과 동시에 지급하기로 하여 매수하면서, 특약으로 관광호텔사업 부지로 매수하므로 매도인 피고 남현수는 원고가 관광호텔건축허가를 받는 데 최대한 협조하기로 하며, 당해 부지에 적치된 폐자재는 원고가 호텔건축허가를 받은 후 1주일 이내로 남현수 비용으로 반출하고, 기타 시설물을 철거하여 정비된 상태에서 부지를 인도하기로 정하였음.

- 원고는 매매대금을 모두 지급하고 2018. 2. 15. 소유권이전등기를 경료하였으나(수원지방법원 성남지원 하남등기소 2018. 2. 15. 접수 제4927호로 마친 소유권이전등기), 토지를 아직 인도받지 않음.

- 원고와 남현수는 위 매매계약 체결 전 2017. 12.경 담당공무원으로부터 관광호텔건축허가가 가능한지 문의하였는데, 담당공무원은 당해토지 지번을 착각하여 허가가 불가능함에도 가능하다고 알려주었음

- 하남시는 2018. 4. 28. 위 토지에서 관광호텔 건축이 불가능하다고 하면서 관광호텔건축 불허가처분을 하였고, 원고는 그 불허가처분의 취소를 구하는 행정소송 및 공무원의 과실로 인한 손해배상소송을 제기하였으나, 2019. 11. 말경 모두 패소 확정판결을 받음

- 남현수는 위 허가를 받기 위해 도움을 주었으나 원고로서는 관광호텔사업을 할 수 없다면 위 토지를 소유할 필요가 없으므로, 그에 관한 매매계약을 실효시키고 원고가 지급한 매매대금과 이에 대한 이자 내지 지연손해금을 반환받고 싶어함

---

50) 전차인은 임차인의 동시이행 항변권을 '원용'하는 것에 불과하므로, 원고로서는 임차인 최민우에 대한 청구에서만 상환이행을 구하고, 따로 전차인에 대해서는 상환이행을 구할 필요는 없을 수도 있다(청구취지 기재례 참고). 다만 사안의 경우 통상의 공동소송임을 고려할 때(민사소송법 제66조) 두 피고 모두에 대하여 상환이행청구를 해 두어야 확실히 전부승소를 할 수도 있다는 면에서 둘 모두에 대하여 상환이행으로 청구하는 것도 무방하다.

(2) 피고의 항변

피고는 계약에 따라 원고가 매수한 목적을 달성하도록 최대한 협조했기 때문에 더 이상 해줄 것이 없으며 ① 이 사건 토지가 필요 없게 된 사정은 원고의 개인적인 사정에 불과하고, ② 위와 같이 개인적인 사정으로 적법하게 체결된 매매계약을 실효시킬 수 없다고 주장

※ 청구취지

피고 남현수는 원고로부터 별지 목록 제3. 기재 토지에 관하여 수원지방법원 성남지원 하남등기소 2018. 2. 15. 접수 제4927호로 마친 소유권이전등기의 말소등기절차를 이행받음과 동시에 원고에게 850,000,000원 및 이에 대한 이 사건 소장 부본 송달일부터 다 갚는 날까지 연 5%의 비율로 계산한 돈을 지급하라.

2. 요건사실(① 매매계약 체결 ② 착오 취소)

① 원고는 2018. 1. 12. 피고 남현수로부터 별지 목록 제3. 기재 토지를 총 매매대금 8억 5천만 원, 계약금 8천 5백만 원은 계약 당일, 잔금 7억 6천 5백만 원은 2018. 2. 15. 소유권이전등기에 필요한 서류를 교부받음과 동시에 지급하기로 하여 매수하면서, 특약으로 관광호텔사업 부지로 매수하므로 매도인 피고 남현수는 원고가 관광호텔건축허가를 받는 데 최대한 협조하기로 하며, 당해 부지에 적치된 폐자재는 원고가 호텔건축허가를 받은 후 1주일 이내로 피고 남현수 비용으로 반출하고, 기타 시설물을 완전히 철거하여 정비된 상태에서 부지를 인도하기로 정하였습니다.

② 원고와 피고 남현수는 위 매매계약 체결 전 2017. 12.경 담당공무원으로부터 관광호텔건축허가가 가능한지 문의하였는데, 담당공무원은 당해 토지 지번을 착각하여 허가가 불가능함에도 가능하다고 알려주었고, 하남시는 2018. 4. 28. 위 토지에서 관광호텔 건축이 불가능하다고 하면서 관광호텔건축 불허가처분을 하였고, 원고는 그 불허가처분의 취소를 구하는 행정소송 및 공무원의 과실로 인한 손해배상소송을 제기하였으나, 2019. 11. 말경 모두 패소 확정판결을 받았습니다.

③ 원고는 관광호텔건축을 목적으로 이 사건 토지를 매수한 것으로서, 위와 같은 동기는 이 사건 매매계약서의 특약으로 피고가 위 허가 절차에 협조한다고 정함으로써 피고에게 표시되어 당해 의사표시의 내용으로 삼게 되었고, 위 허가를 받지 못한다는 사정은 이 사건 관광호텔운영이라는 매매계약의 목적을 달성하지 못하게 된 사정으로서 원고의 입장에서나, 일반인의 입장에서나 중요부분의 착오에 해당하므로, 원고는 이 사건 소장부본 송달로 매매계약의 취소의 의사표시를 합니다.

④ 위와 같이 이 사건 매매계약이 적법하게 취소되었고 피고가 이 사건 소송에서 패소할 경우 원고의 소 제기일부터 악의의 수익자가 되므로, 피고는 원고로부터 이 사건 토지에 관한 원고의 소유권이전등기의 말소등기절차를 이행받음과 동시에 원고에게 지급받은 매매대금 8억 5천만

원 및 이에 대한 이 사건 소장 부본 송달일부터는 연 5%의 비율로 계산한 돈을 부당이득으로 지급할 의무가 있으며, 피고 남현수는 이 사건 매매계약이 취소될 수 없다고 주장하며 원고의 청구에 응하고 있지 아니하므로 미리 청구할 필요성도 인정됩니다.

3. 피고의 항변에 관련된 법리

① 동기를 당해 의사표시의 내용으로 삼을 것을 상대방에게 표시하고, 제109조의 나머지 요건까지 충족하였다면 그 착오를 이유로 계약을 취소할 수 있다(2000다12259) 다만, 의사표시의 해석상 그 동기가 법률행위의 내용으로 되어 있다고 인정되면 충분하고, 당사자들 사이에 별도로 그 동기를 의사표시의 내용으로 삼기로 하는 '합의'까지 이루어질 필요는 없다.

② '이중적 기준설'에 따라 행하여진다(2002다70884 등) ㉠ 우선 표의자가 그러한 착오가 없었더라면 그 의사표시를 하지 않았으리라고 생각될 정도로 중요한 것이어야 한다(주관적 현저성). ㉡ 다음으로, 일반인도 표의자의 입장에 섰더라면 그러한 의사표시를 하지 않았으리라고 생각될 정도로 중요한 것이어야 한다(객관적 현저성).

Set 052 | 9회 : 피고 김상훈·남현수에 대한 대여금(연대채무)청구

1. 사실관계 및 청구취지

(1) 원고의 대여금채권과 피고 김상훈의 연대채무 및 피고 남현수의 채무인수

- 원고는 2014. 7. 1. 음식점을 운영하는 남현진에게 5천만 원을 약정 이율 연 10%로 정하여 대여해주었고(이자는 매월 말일 지급), 남현진은 이를 가족이 거주하는 주택의 임대차보증금 인상분으로 사용하였으며, 남현진의 법률상 배우자인 김상훈은 위 차용 사실을 알지 못하였음.

- 남현진의 친오빠인 남현수는 2016. 5. 1. 원고의 참여 하에 남현진의 부탁에 따라 위 대여금채무의 원본, 기 발생 이자 및 지연손해금을 인수하기로 하고, 원고에게 직접 채무를 변제하기로 하는 채무인수합의서를 작성하였음

- 원고는 2019. 5. 7.과 2019. 8. 1. 남현진과 김상훈을 만나 위 대여금의 반환을 촉구하였음에도 변제받지 못하자, 같은 해 10. 20. 남현진에게 이행을 최고하는 서신을 보내 그 서신이 다음 날 남현진에게 도달하였음

- 원고는 김상훈과 남현수를 상대로 위 대여금을 돌려받고 싶어함(소 제기 2020. 1. 10.)

- 소송촉진 등에 관한 특례법 제3조 제1항 본문에서 "대통령령으로 정하는 이율"이란 연 100분의 12를 말한다(제2조 제2항 : 이 영 시행 당시 법원에 계속 중인 사건으로

서 제1심의 변론이 종결되지 아니한 사건에 대한 법정이율은 2019년 5월 31일까지 발생한 분에 대해서는 종전의 규정에 따르고, 2019년 6월 1일 이후 발생하는 분에 대해서는 이 영의 개정규정에 따른다.).

(2) 피고의 항변

김상훈, 남현수는 위 채무가 시효소멸하였다고, 남현수는 자신이 직접 이행최고를 받은 사실이 없으므로 지연손해금을 지급할 의무가 없다고 주장

※ 청구취지

피고 남현수, 피고 김상훈은 연대하여 원고에게 50,000,000원 및 이에 대한 2016. 8. 1.부터 이 사건 소장부본 송달일까지는 연 10%의, 그 다음 날부터 다 갚는 날까지는 연 12%의 각 비율로 계산한 돈을 지급하라.

2. 요건사실(① 소비대차계약체결 ② 채무인수 ③ 제832조의 연대책임)

① 원고는 2014. 7. 1. 음식점을 운영하는 소외 남현진에게 5천만 원을 약정 이율 연 10%, 대여해주었고, 남현진은 이를 가족이 거주하는 주택의 임대차보증금 인상분으로 사용하였습니다.

② 피고 남현수는 2016. 5. 1. 원고의 참여 하에 남현진의 부탁에 따라 위 대여금채무의 원본, 기발생 이자 및 지연손해금을 인수하기로 하고, 원고에게 직접 채무를 변제하기로 하였습니다.

③ 소외 남현진이 가족 거주 주택의 임대차보증금 인상분으로 원고로부터 위 금원을 대여한 것은 일상의 가사에 관하여 제3자와 법률행위를 한 것으로서 피고 김상훈은 민법 제832조 본문에 따라 연대책임이 있습니다.

④ 따라서 피고 남현수, 피고 김상훈은 연대하여 원고에게 5천만 원 및 이에 대한 이 사건 소 제기일인 2020. 1. 10.으로부터 소급하여 6월 내의 최고로서 소멸시효가 중단된 2016. 8. 1.부터 발생한 연 10%의 약정이자 및 지연손해금을 지급할 의무가 있습니다.

3. 피고의 항변에 관련된 법리

① 민법 제174조가 시효중단 사유로 규정하고 있는 **최고를 여러 번 거듭하다가 재판상 청구 등을 한 경우에** ⅰ) 시효중단의 효력은 항상 최초의 최고 시에 발생하는 것이 아니라 재판상 청구 등을 한 시점을 기준으로 하여 이로부터 소급하여 6월 이내에 한 최고 시에 발생하고, ⅱ) 민법 제170조의 해석상 재판상의 청구는 그 소송이 취하된 경우에는 그로부터 6월 내에 다시 재판상의 청구를 하지 않는 한 시효중단의 효력이 없고 다만 재판 외의 최고의 효력만을 갖게 된다. ⅲ) 이러한 법리는 그 소가 각하된 경우에도 마찬가지로 적용된다(2018두56435)

② 어느 연대채무자에 대한 이행청구는 다른 연대채무자에게도 효력이 있다(제416조)

1. 사실관계 및 청구취지

(1) 원고의 압류 및 추심명령

- 원고는 김현철이 발행한 약속어음(약속어음금 4억 원)에 관한 집행력 있는 공정증서에 기하여 김현철이 김상훈에 대하여 가지는 대여원리금 채권(대여일 2016. 10. 8., 원금 1억 원, 이자 연 3%, 변제기 2017. 1. 7.)에 대하여 2019. 11. 17. 압류 및 추심명령을 받았음(채무자 및 제3채무자 송달일 : 2019. 11. 20., 확정일 2019. 12. 5.)
- 원고는 위 대여금채권 전부에 대해 추심이 가능한 판결을 받고 싶음

(2) 피고의 항변

피고는 ① 원고가 2019. 12. 24. 김현철로부터 위 약속어음금 3억 4천만 원을 변제받았고, ② 주식회사 신안은행이 2019. 11. 9. 위 대여원리금채권 전부에 관하여 채권압류명령을 받았고 2019. 11. 13. 자신이 이를 송달받아 압류가 경합되었으므로 변제할 수 없으며 ③ 변제하더라도 원고와 주식회사 신안은행의 채권액수 비율에 따라 안분변제하여야 한다고 주장

※ 청구취지

피고 김상훈은 원고에게 100,000,000원 및 이에 대한 2016. 10. 8.부터 2017. 1. 7.까지는 연 3%의, 그 다음 날부터 이 사건 소장 부본 송달일까지는 연 5%의, 그 다음날부터 다 갚는 날까지는 연 12%의 각 비율로 계산한 돈을 지급하라.

2. 요건사실(① 추심채권 ② 압류및추심명령 ③ 제3채무자 송달)

① 소외 김현철은 2016. 10. 8. 피고 김상훈에게 원금 1억 원, 이자 연 3%, 변제기 2017. 1. 7.로 정하여 대여하였습니다.

② 원고는 2019. 11. 17. 김현철이 발행한 약속어음에 관한 집행력 있는 공정증서에 기하여 김현철이 김상훈에 대하여 가지는 위 대여원리금 채권에 대하여 압류 및 추심명령을 받았고, 이는 2019. 11. 20. 김상훈에게 송달되었습니다.

③ 따라서 피고 김상훈은 원고에게 100,000,000원 및 이에 대한 2016. 10. 8.부터 2017. 1. 7.까지는 연 3%의, 그 다음 날부터 이 사건 소장 부본 송달일까지는 연 5%의, 그 다음날부터 다 갚는 날까지는 연 12%의 각 비율로 계산한 돈을 지급할 의무가 있습니다.

3. 피고의 항변에 관련된 법리

① 제3채무자가 추심명령에 관하여 즉시항고를 하여 추심명령이 취소되었다거나, 추심채권자가 추심명령 신청을 취하하였다고 주장하는 것은 원고의 추심권한을 다투는 것이므로 본안 전 항변이 된다. 집행채권의 부존재나 소멸은 집행채무자가 청구이의의 소에서 주장할 사유이지 추심의 소에서 제3채무자가 이를 항변으로 주장하여 채무의 변제를 거절할 수는 없다(94다34012)

② 같은 채권에 관하여 추심명령이 여러 번 발부되더라도 그 사이에는 순위의 우열이 없고, 추심명령을 받아 채권을 추심하는 채권자는 자기채권의 만족을 위하여서 뿐만 아니라 압류가 경합되거나 배당요구가 있는 경우에는 집행법원의 수권에 따라 일종의 추심기관으로서 압류나 배당에 참가한 모든 채권자를 위하여 제3채무자로부터 추심을 하는 것이므로 그 추심권능은 압류된 채권 전액에 미치며, 제3채무자로서도 정당한 추심권자에게 변제하면 그 효력은 위 모든 채권자에게 미치므로 압류된 채권을 경합된 압류채권자 및 또 다른 추심권자의 집행채권액에 안분하여 변제하여야 하는 것도 아니다(2000다43819)

Set 054 9회 : 피고 최민우에 대한 유치권부존재확인청구

1. 사실관계 및 청구취지

(1) 원고의 부동산 근저당권취득 및 피고 최민우의 부동산 전차

- 원고는 이우근에 대한 1억 원 및 이에 대한 이자 내지 지연손해금 채권의 담보를 위해 별지 목록 제4. 기재 창고에 관하여 2016. 7. 5. 근저당권설정계약에 따라 같은 날 근저당권설정등기를 마쳤음(수원지방법원 동수원등기소 2016. 7. 5. 접수 제3287호로 마친 근저당권설정등기)

- 원고는 이우근이 충분한 변제자력이 있음에도 이를 변제하지 아니하자, 2019. 8. 10. 근저당권실행을 위한 경매신청을 하여 경매개시결정을 받았고(수원지방법원의 경매개시결정 2019타경7234), 2019. 8. 11. 접수 제19533호로 담보권실행을 위한 경매개시결정등기가 마쳐짐

- 이우근은 2016. 4. 5. 박형국에게 이 사건 창고를 보증금 5천만 원, 차임 월 1백만 원, 기간 2016. 4. 10.부터 2019. 4. 9. 종료하기로 정하여 임대하였고, 박형국은 2018. 4. 5. 최민우에게 위 창고를 보증금 5천만 원, 차임 월 1백1십만 원, 기간 2018. 4. 5.부터 2019. 4. 4.로 하여 전대하였고 같은 날 최민우로부터 보증금 5천만 원을 수령함(최민우는 이 사건 창고를 임차하고서도 사업자등록을 하지 않은 상태임).

- 박형국은 골프용품 수입업자이고 최민우는 골프용품 판매업자로서 위 창고를 골프용품 보관에 사용하여 왔으며, 경매절차의 감정평가서상 위 창고의 평가가액은 1억

5천만원으로 되어 있음
- 원고는 최민우의 유치권신고로 경매절차에서 매각가액이 낮아지거나 매각이 이루어지지 않아 근저당권자로서 불이익이 생기는 것을 방지하는데 필요한 판결을 받고 싶음

(2) 피고의 항변

최민우는 임대차보증금채권을 피담보채권으로 하여 민법상, 상법상 유치권을 신고하였고, 집행관이 입찰물건명세서에 유치권성립 가능성이 있다는 취지의 기재를 하였으므로 자신이 적법한 유치권자라고 주장함

※ 청구취지

원고와 피고 최민우 사이에서, 별지 목록 제4. 기재 건물에 관하여 피고 최민우의 유치권이 존재하지 아니함을 확인한다.

---

2. 요건사실(① 민사 : 변특타목적 ② 상사 : 쌍상변소끌불견)

① 원고는 이우근에 대한 1억 원 및 이에 대한 이자 내지 지연손해금 채권의 담보를 위해 별지 목록 제4. 기재 창고에 관하여 2016. 7. 5. 근저당권설정계약에 따라 같은 날 근저당권설정등기를 마쳤고, 이우근이 충분한 변제자력이 있음에도 이를 변제하지 아니하자, 2019. 8. 10. 근저당권실행을 위한 경매신청을 하여 경매개시결정을 받았고(수원지방법원의 경매개시결정 2019타경7234), 2019. 8. 11. 담보권실행을 위한 경매개시결정등기가 마쳤습니다.

② 이우근은 2016. 4. 5. 박형국에게 이 사건 창고를 보증금 5천만 원, 차임 월 1백만 원, 기간 2016. 4. 10.부터 2019. 4. 9. 종료하기로 정하여 임대하였고, 박형국은 2018. 4. 5. 피고 최민우에게 위 창고를 보증금 5천만 원, 차임 월 1백1십만 원, 기간 2018. 4. 5.부터 2019. 4. 4.로 하여 전대하였고 같은 날 피고 최민우로부터 보증금 5천만 원을 수령하였습니다.

③ 피고 최민우는 위 전대차가 종료되었음에도 불구하고 아직 임차보증금을 돌려받지 못하고 있다고 주장하고 있으며, 위 창고에 대해 경매가 진행된다는 소식을 듣고 2019. 10.경 수원지방법원에 박형국에 대한 임차보증금반환채권 5천만 원을 피담보채권으로 하여 민법상, 상법상 유치권을 신고하였습니다.

④ 이하에서 살펴볼 것과 같이, 피고 최민우는 이 사건 건물에 대하여 유치권을 취득하지 못하였습니다. 그럼에도 불구하고 유치권이 성립한다고 주장하는 것은 이 사건 창고의 매각 가격을 감소시키거나 매각이 불가능하게 만드는 것으로서 이 사건 창고에 관하여 담보권실행경매를 신청하여 우선변제 받을 근저당권자인 원고의 권리 및 법률상 지위에 현존하는 위험 불안입니다. 이에 원고가 피고의 유치권이 존재하지 않는다는 확인판결을 받는 것이 위 위험 불안의 제거에 가장 유효 적절한 수단이 되므로 원고의 청구는 확인의 이익이 있습니다.

3. 피고의 항변에 관련된 법리

① 判例는 임차인의 보증금반환청구권은 '소위 그 임대차 목적물에 관하여 생긴 채권'이라 할 수 없다고 하여 부정하였다(75다1305, 93다62119)

② 상인간의 상행위로 인한 채권이 변제기에 있는 때에는 채권자는 변제를 받을 때까지 그 채무자에 대한 상행위로 인하여 자기가 점유하고 있는 채무자소유의 물건 또는 유가증권을 유치할 수 있다. 그러나 당사자간에 다른 약정이 있으면 그러하지 아니하다(상법 제58조)

Set 055 | 8회 : 피고 박영희·이정숙에 대한 건물철거·토지인도·지분이전등기청구

1. 사실관계 및 청구취지

(1) 원고의 토지 매수 및 피고 박영희·이정숙의 매매계약에 따른 의무 상속

- 원고는 2016. 12. 1. 이을수로부터 별지 목록 제1. 기재 대지를 총 매매대금 9억 2천만원에 매수하면서, 계약금 1억원은 계약 당일, 중도금 4억원은 2017. 2. 1. 각 이을수에게 지급하고, 잔금 4억 2천만원은 2017. 4. 1. 위 대지에 근저당권을 설정 받은 최권자(수원지방법원 중부등기소 2012. 4. 3. 접수 제1927호로 마친 근저당권설정등기)에게 송금하는 방법으로 지급하며, 이을수는 잔금을 지급받음과 동시에 근저당권설정등기를 말소해주고, 위 대지 지상 별지 목록 제2. 기재 건물을 철거하기로 정하였고 원고는 계약 내용에 따른 매매대금을 모두 지급함

- 이을수는 2017. 5. 3. 공인중개사 등기에 필요한 서류를 가지고 공인중개사 사무실을 방문하였으나 원고가 응하지 않자 2017. 5. 24. 매매계약을 해제하는 의사표시를 하여 다음 날 원고에게 위 해제의 의사표시가 도달함

- 이을수는 2017. 6. 30. 사망하였고, 공동상속인으로 박영희(妻)와 이정숙(子)가 있음

- 원고는 이 사건 토지에 빌라를 신축함에 있어 아무런 장애가 없는 상태로 만들기를 원하며, 상속인들을 상대로 금전청구는 하고 싶지는 않음

(2) 피고의 항변

박영희, 이정숙은 이을수가 사망 전에 매매계약을 해제하였다고 주장

※ 청구취지

1. 원고에게,

가. 별지 목록 제1. 기재 토지 중, 피고 박영희는 3/5 지분에 관하여, 피고 이정숙은 2/5 지분에 관하여 각 2016. 12. 1. 매매를 원인으로 한 소유권이전등기절차를 이행하고,

나. 피고 박영희는 3/5 지분에 관하여, 피고 이정숙은 2/5 지분에 관하여 각 별지 목록 제2.
   기재 건물을 철거하고,
다. 피고 박영희, 피고 이정숙은 각 위 가.항 토지를 인도하라.

2. 요건사실(① 매매목적물청구 : 매매계약 / 대금지급 / 이행기도래, ② 건물철거의 특약 ③ 피고 상속)

① 원고는 2016. 12. 1. 소외 이을수로부터 별지 목록 제1. 기재 대지를 총 매매대금 9억 2천만원에 매수하고, 원고는 약정한 매매대금을 모두 지급하였습니다. 위 매매계약 당시 특약으로 매도인 은 잔금 지급 시까지 당시 위 토지 지상에 건축돼 있던 별지 목록 제2. 기재 건물을 철거하고 위 부동산의 등기부상에 존재하던 피고 이을수 명의의 근저당권을 말소하여 주기로 약정하였 습니다.

② 소외 이을수는 2017. 6. 30. 사망하였고, 공동상속인으로 피고 박영희(妻)와 피고 이정숙(子)가 있습니다.

③ 따라서 피고 박영희는 3/5 지분에 관하여, 피고 이정숙은 2/5 지분에 관하여 각 위 건물을 철거 하고, 위 토지 중, 피고 박영희는 3/5 지분에 관하여, 피고 이정숙은 2/5 지분에 관하여 각 2016. 12. 1. 매매를 원인으로 한 소유권이전등기절차를 이행하고,
각 위 토지를 인도할 의무가 있습니다.

3. 피고의 항변에 관련된 법리

채권자지체가 성립하는 경우 그 효과로서 원칙적으로 채권자에게 민법 규정에 따른 일정한 책 임이 인정되는 것 외에, 채무자가 채권자에 대하여 일반적인 채무불이행책임과 마찬가지로 손해배상이나 계 약 해제를 주장할 수는 없다(2019다293036)

1. 사실관계 및 청구취지

(1) 원고의 토지 매수 및 박영희와 이정숙의 근저당권설정등기말소청구권 대위행사

- 원고는 2016. 12. 1. 이을수로부터 별지 목록 제1. 기재 대지를 총 매매대금 9억 2천만원에 매수하면서, 계약금 1억원은 계약 당일, 중도금 4억원은 2017. 2. 1. 각 이을수에게 지급하고, 잔금 4억 2천만원은 2017. 4. 1. 위 대지에 근저당권을 설정한 최권자(수원지방법원 중부등기소 2012. 4. 3. 접수 제1927호로 마친 근저당권설정등기)에게 송금하는 방법으로 지급하며, 이을수는 잔금을 지급받음과 동시에 근저당권설정등기를 말소해주고 위 대지 지상 별지 목록 제2. 기재 건물을 철거하기로 정하였고 원고는 계약 내용에 따른 매매대금을 모두 지급 완료함.

- 최권자는 ① 2012. 4. 2. 이을수에게 4억 2천만 원(이 사건 토지에 관한 근저당권의 피담보채무)을 변제기 2016. 4. 1. 이율 연 6%로 정하여 대여하였고(2017. 4. 1.까지 이자 및 지연손해금 모두 지급 완료), ② 2013. 4. 2. 이을수에게 3억 원을 변제기 2016. 4. 1. 이율 연 5%로 정하여 담보 없이 대여하였음(2016. 4. 1.까지 이자 지급 완료)

- 이을수는 2017. 6. 30. 사망하였고, 공동상속인으로 피고 박영희(妻)와 피고 이정숙(子)가 있음

- 원고는 이 사건 토지에 빌라를 신축함에 있어 아무런 장애가 없는 상태로 만들고 싶고, 상속인들을 상대로 금전청구는 하고 싶지 않음

(2) 피고의 항변

최권자는 ① 원고가 4억 2천만 원을 변제함에 있어 자신과 아무런 상의 없이, 두 채무 중 어떤 채무를 갚는지 특정하지 않았고, ② 2013. 4. 2.자 대여금채권이 무담보 채권이므로 변제이익이 더 많아 이에 먼저 변제충당되었다고 주장

※ 청구취지

피고 최권자는 피고 박영희로부터 9,000,000원, 피고 이정숙으로부터 6,000,000원 및 위 각 돈에 대한 2017. 4. 2.부터 다 갚는 날까지 연 6%의 비율로 계산한 돈을 각 지급받은 다음 (원고에게)[51] 별지 목록 제1. 기재 토지 중, 피고 박영희에게 3/5 지분에 관하여, 피고 이정숙에게 2/5 지분에 관하여[52] 각 서울중앙지방법원 중부등기소 2012. 4. 3. 접수 제1927호로 마친 근저당권설정등기의 말소등기절차를 이행하라.

---

51) 소장을 간결하게 쓴다는 차원에서 '원고'에게 라고 기재할 수도 있으나, 채무자가 복수여서 말소청구의 지분이 나뉘는 경우에는 쓰지 않는 것이 바람직하다.

52) 원고는 박영희, 이정숙에 대하여 각각 3/5, 2/5 지분의 소유권이전등기청구권만을 가지므로 각 피보전채권인 지분 범위를

2. 요건사실(① 채권자대위소송 : 보필불대, ② 미리 청구할 필요)

① 원고는 앞서 살펴본 바와 같이 피고 박영희와 피고 이정숙에 대하여 이 사건 토지에 관하여 매매계약에 기한 소유권이전등기청구권 또는 토지인도청구권을 피보전채권으로 갖습니다. 피고 박영희와 피고 이정숙은 이 사건 토지의 공동상속인으로서 피고 최권자에 대하여 잔존 피담보채무를 변제한 후 피고 최권자의 근저당권설정등기의 말소를 구할 권리를 갖습니다.

② 원고는 피고 박영희와 피고 이정숙에 대한 위 피보전채권을 보전하기 위하여 아무런 권리를 행사하고 있지 아니한 피고 박영희와 피고 이정숙을 대위하여 피고 최권자에게 피고 박영희와 피고 이정숙으로부터 이하에서 검토할 피담보채권액을 지급받은 다음 피고 최권자의 근저당권설정등기의 말소를 구할 필요성이 있습니다.

③ 피고 최권자는 2012. 4. 2. 이을수에게 4억 2천만 원(이 사건 토지에 관한 근저당권의 피담보채무)을 변제기 2016. 4. 1. 이율 연 6%로 정하여 대여하였고(2017. 4. 1.까지 이자 및 지연손해금 모두 지급), 2013. 4. 2. 이을수에게 3억 원을 변제기 2016. 4. 1. 이율 연 5%로 정하여 담보 없이 대여하였습니다(2016. 4. 1.까지 이자 지급).

원고는 2017. 4. 1. 피고 최권자에게 4억2천만원을 지급하였는바, 원고와 피고 최권자 사이에 어떠한 합의나 지정이 없었으므로, 제477조 제479조에 따라 법정변제충당의 방법에 따라야 합니다. 이 경우 비용, 이자, 원본의 순서로 변제에 충당하여야 하며, 위 두 채무의 변제기가 모두 도래하였다는 점에서 채무자에게 변제이익이 많은 채무에 우선적으로 충당되어야 합니다(제477조 2호, 제479조). 원고의 변제 당시 2013. 4. 2.자 대여금채무에 총 1천5백만 원(3억 원 × 연 5% × 1년)의 지연손해금이 존재하므로 위 지연손해금이 가장 먼저 충당되고, 남은 변제액 4억5백만 원은 약정 이율이 더 높아 변제 이익이 더 많은 근저당권의 피담보채무에 먼저 충당되어야 합니다.

그렇다면 이 사건 근저당권에 대한 피담보채무는 1천 5백만원이 남게 되고 피고 박영희와 피고 이정숙은 소외 이을수로부터 위 1천5백만 원의 대여금채무를 각 법정 상속분에 따라 분할채무로 상속합니다. 피고 박영희는 9백만 원, 피고 이정숙은 6백만 원 및 각 2017. 4. 2.부터 다 갚는 날까지 연 6%의 돈을 피고 최권자에게 지급한 다음 피고 최권자의 근저당권설정등기의 말소를 구할 수 있습니다.

④ 피고 최권자는 2017. 4. 1. 원고의 4억 2천만원 지급이 이 사건 근저당권의 피담보채권이 아닌 소외 이을수에 대한 2013. 4. 2.자 대여금채권에 우선적으로 변제충당되어야 한다고 주장하면서 원고의 청구에 응하지 아니할 것으로 예상되므로, 원고의 청구는 미리 청구할 필요도 인정됩니다.

초과하여 대위하는 것은 보전의 필요성이 없다(2013다25217판결 참고)

1. 사실관계 및 청구취지

(1) 원고의 전부명령

- 원고는 2014. 8. 1. 이중양에게 1억 원을 이자 없이 변제기 2015. 7. 31.로 하여 대여하였고, 2016. 7. 5. 위 차용금에 관하여 지급명령을 받았음(송달일 : 2016. 7. 10., 확정일 : 2016. 7. 25.)

- 이중양은 2015. 10. 1. 정철수에게 1억 원을 이자 연 5%, 변제기 2016. 9. 30.으로 하여 대여하였음

- 원고는 2016. 2. 16. 이중양으로부터 2014. 8. 1.자 대여금채권의 담보를 위해 이중양의 정철수에 대한 2015. 10. 1. 대여금채권을 양도받았고 확정일자 있는 통지가 2016. 2. 18. 정철수에게 도달

- 양수영은 2016. 3. 16. 이중양으로부터 동일한 채권을 양도받았고, 확정일자 있는 통지가 2016. 3. 18. 정철수에게 도달

- 원고는 2016. 4. 22. 이중양, 정철수와의 사이에서 위 채권양도약정을 합의해제하였음

- 원고는 2016. 8. 3. 이중양에게 2014. 8. 1.자 대여금을 2016. 말까지 지급하라고 촉구하면서 대여금채권의 변제기인 2015. 7. 31. 다음날부터 발생한 지연손해금은 받지 않기로 함

- 원고는 2017. 4. 20. 이중양의 정철수에 대한 위 채권 1억 원에 대하여 압류 및 전부명령을 받음(채무자 및 제3채무자 송달일 : 2017. 4. 30., 확정일 : 2017. 5. 15.)

- 소송촉진 등에 관한 특례법 제3조 제1항 본문에서 "대통령령으로 정하는 이율"이란 연 100분의 15를 말함

(2) 피고의 항변

정철수는 ① ⅰ) 원고에게의 2016. 2.경 채권양도는 담보를 위한 채권양도로서 이중양이 여전히 처분권을 가져 양수영에 대한 채권양도가 유효하다거나, ⅱ) 원고에게의 채권양도가 2016. 4.경 합의해제됨에 따라 이중양이 처분권한을 회복하므로 양수영에 대한 채권양도는 유효하므로, 자신의 채권자는 양수영이다. ② 결과적으로 피전부채권이 존재하지 않아 전부명령이 무효(민사집행법 제231조)라고 주장

※ 청구취지

피고 정철수는 원고에게 100,000,000원 및 이 사건 소장 부본 송달일 다음 날부터 다 갚는 날까지 연 15%의 비율로 계산한 돈을 지급하라.

2. 요건사실(① 피전부채권 ② 압류및전부명령 ③ 제3채무자송달 ④ 확정)

① 이중양은 2015. 10. 1. 피고 정철수에게 1억 원을 이자 연 5%, 변제기 2016. 9. 30.으로 하여 대여하였습니다. 원고는 2017. 4. 20. 서울중앙지방법원 2017다채1234호로 소외 이중양의 피고 정철수에 대한 위 채권에 대해 압류 및 전부명령을 받고 이는 2017. 4. 30. 피고 정철수에게 송달되고, 2017. 5. 15. 확정되었습니다.

② 따라서 피고 정철수는 원고에게 1억 원 및 이 사건 소장 부본 송달일 다음 날부터 다 갚는 날까지 소송촉진 등에 관한 특례법 소정의 연 15%의 비율로 계산한 돈을 지급할 의무가 있습니다.

3. 피고의 항변에 관련된 법리

① 지명채권의 양도란 채권의 귀속주체가 법률행위에 의하여 변경되는 것으로서 이른바 '준물권행위 내지 처분행위'의 성질을 가지므로, 그것이 유효하기 위하여는 양도인이 그 채권을 처분할 수 있는 권한을 가지고 있어야 한다. 처분권한 없는 자가 지명채권을 양도한 경우 특별한 사정이 없는 한 채권양도로서 효력을 가질 수 없으므로 양수인은 그 채권을 취득하지 못한다(2015다46119)

② [무권리자의 처분행위(채권양도)] 따라서 "양도인이 지명채권을 제1양수인에게 1차로 양도한 다음(담보목적의 경우도 신탁적 양도설에 따라 마찬가지) 제1양수인이 확정일자 있는 증서에 의한 대항요건을 갖추었다면 채권이 제1양수인에게 이전하고 양도인은 채권에 대한 처분권한을 상실하므로, 그 후 양도인이 동일한 채권을 제2양수인에게 양도하였더라도 제2양수인은 채권을 취득할 수 없다. 또한 제2차 양도계약 후 양도인과 제1양수인이 제1차 양도계약을 합의해지한 다음 제1양수인이 그 사실을 채무자에게 통지함으로써 채권이 다시 양도인에게 귀속하게 되었더라도 양도인이 처분권한 없이 한 제2차 양도계약이 채권양도로서 유효하게 될 수는 없으므로, 그로 인하여 제2양수인이 당연히 채권을 취득하게 된다고 볼 수는 없다(2015다46119)

1. 사실관계 및 청구취지

(1) 피고 정철수의 별지 목록 제3. 기재 부동산 처분과 사해행위

- 원고는 2014. 8. 1. 이중양에게 1억 원을 이자 없이 변제기 2015. 7. 31.로 하여 대여하였고, 2016. 7. 5. 위 차용금에 관하여 지급명령을 받았음(송달일 : 2016. 7. 10., 확정일 : 2016. 7. 25.)

- 이중양은 2015. 10. 1. 정철수에게 1억 원을 이자 연 5%, 변제기 2016. 9. 30.으로 하여 대여하였음

- 원고는 2016. 2. 16. 이중양으로부터 2014. 8. 1.자 대여금채권의 담보를 위해 이중양의 정철수에 대한 2015. 10. 1. 대여금채권을 양도받았고 확정일자 있는 통지가 2016. 2. 18. 정철수에게 도달

- 양수영은 2016. 3. 16. 이중양으로부터 동일한 채권을 양도받았고, 확정일자 있는 통지가 2016. 3. 18. 정철수에게 도달

- 원고는 2016. 4. 22. 이중양, 정철수와의 사이에서 위 채권양도약정을 합의해제하였음

- 원고는 2016. 8. 3. 이중양에게 2014. 8. 1.자 대여금을 2016. 말까지 지급하라고 촉구하면서 대여금채권의 변제기인 2015. 7. 31. 다음날부터 발생한 지연손해금은 받지 않기로 함

- 원고는 2017. 4. 20. 이중양의 정철수에 대한 위 채권 1억 원에 대하여 압류 및 전부명령을 받음(채무자 및 제3채무자 송달일 : 2017. 4. 30., 확정일 : 2017. 5. 15.)

- 소송촉진 등에 관한 특례법 제3조 제1항 본문에서 "대통령령으로 정하는 이율"이란 연 100분의 15를 말함

- 정철수는 2018. 3. 14. 정선수에게 별지 목록 제3. 기재 부동산을 대금 3억 원에 매도하는 매매예약을 체결하고, 같은 날 정선수 명의로 소유권이전등기청구권의 가등기를 경료해줌(서울지방법원 중부등기소 2018. 3. 14. 접수 제1034호로 마친 소유권이전등기청구권가등기).

- 윤미영은 2018. 5. 14. 매매를 원인으로 하여 같은 날 위 소유권이전등기청구권 가등기의 부기등기를 경료함(같은 법원 같은 등기소 2018. 5. 14. 제1258호로 마친 소유권이전청구권이전등기)

- 원고 정철수의 책임재산을 확보하되, 정선수를 상대의 소 제기는 원하지 않음(소제기 2019. 1. 11.)

(2) 피고의 항변

윤미영은 원고의 피보전채권이 존재하지 않는다고 주장(Set. 057 항변 참조)

※ 청구취지

1.

가. 원고와 피고 윤미영 사이에서, 피고 정철수와 소외 정선수 사이에 별지 목록 제3. 기재 토지에 관하여 2018. 3. 14. 체결된 매매예약을 취소한다.

나. 피고 윤미영은 피고 정철수에게 위 가.항 기재 토지에 관하여 서울지방법원 중부등기소 2018. 3. 14. 접수 제1034호로 마친 소유권이전청구권가등기의 말소등기절차를 이행하라.

2. 요건사실(① 피보전채권 ② 사해행위 및 사해의사 ③ 제척기간)

① 앞서 살펴본 바와 같이 원고는 피고 정철수에 대하여 1억 원의 전부금채권을 갖고, 이는 이 사건 사해행위 이전에 발생한 금전채권입니다.

② 피고 정철수는 전부금을 지급하지 아니한 채 유일한 부동산인 이 사건 토지를 소외 정선수에게 넘겨주기 위하여 2018. 3. 14. 정선수에게 별지 목록 제3. 기재 부동산을 대금 3억 원에 매도하는 매매예약을 체결하고, 같은 날 정선수 명의로 소유권이전청구권의 가등기를 경료해주었습니다. 이는 채무자가 채무초과상태에서 유일한 부동산을 매각하여 소비하기 쉬운 금전으로 바꾸는 행위로서 사해행위에 해당하고, 이 경우 채무자 피고 정철수의 사해의사는 추정됩니다. 피고 윤미영은 2018. 5. 14. 매매를 원인으로 하여 정선수로부터 같은 날 위 소유권이전등기청구권 가등기의 부기등기를 경료한 전득자로서, 피고 윤미영의 악의는 추정됩니다.

③ 피고 윤미영에 대한 소는 2019. 1. 10.에 제기되었다는 점에서, 사해행위가 2018. 3. 14. 이루어진 이상 원고가 사해행위 있음을 안 날로부터 1년 내, 사해행위 있은 날로부터 5년 내에 제기되었음이 역수상 명백합니다.

④ 원고와 피고 윤미영 사이에서, 피고 정철수와 소외 정선수 사이에 별지 목록 제3. 기재 부동산에 관하여 2018. 3. 14. 체결된 매매예약을 취소하며, 피고 윤미영은 피고 정철수에게 위 부동산에 관하여 서울지방법원 중부등기소 2018. 3. 14. 접수 제1034호로 마친 소유권이전청구권 가등기의 말소등기절차를 이행할 의무가 있습니다.

3. 피고의 항변에 관련된 법리(Set 057과 동일)

8회 : 피고 임차희에 대한 임대차목적물반환청구

1. 사실관계 및 청구취지

(1) 원고의 별지 목록 제4. 기재 아파트 임대

- 원고는 2014. 8. 1. 임차희에게 이 사건 아파트를 보증금 3억 원, 차임 월 1백만 원, 기간 2014. 9. 1.부터 2018. 8. 31.로 하여 임대하였고, 2014. 9. 1. 이를 인도함

- 임차희는 2014. 12., 2015. 4. 월 차임을 지급하지 아니하였고, 2018. 5.부터 현재까지 월 차임을 계속하여 지급하지 않으므로 원고는 2018. 7. 23. 위 임대차계약을 해지 한다는 의사표시를 하여 이는 2018. 7. 31. 임차희에 도달하였음

- 원고는 현재까지 위 아파트에서 거주하는 임차희로부터 위 아파트를 인도받고 싶고, 미지급 차임은 모두 공제한 뒤 보증금을 반환하고 싶음

- 기준일 2017. 5.경, 이 사건 아파트의 월 차임 시세는 임대차보증금이 3억원인 경우 월세 1백만 원으로 확인됨

(2) 피고의 항변

임차희는 ① 보증금과 동시이행의 항변, ② 2014. 12., 2015. 4. 월 차임은 소멸시효가 완성되었다고 주장

※ 청구취지

피고 임차희는 원고로부터 298,000,000원에서 2018. 5. 1.부터 별지 목록 제4. 기재 건물의 인도 완료일까지 월 1,000,000의 비율로 계산한 돈을 공제한 나머지 돈을 지급받음과 동시에 원고에게 위 건물을 인도하라(295,000,000원에서 2018. 8. 1.부터 라고 기재하여도 무방함).

2. 요건사실(① 임대차계약체결 ② 목적물인도 ③ 임대차종료)

① 원고는 2014. 8. 1. 피고 임차희에게 이 사건 아파트를 보증금 3억 원, 차임 월 1백만 원, 기간 2014. 9. 1.부터 2018. 8. 31.로 하여 임대하였고, 2014. 9. 1. 이를 인도하였습니다.

② 피고 임차희는 2014. 12., 2015. 4. 월 차임을 지급하지 아니하였고, 2018. 5.부터 현재까지 월차임을 계속하여 지급하지 않으므로 원고는 2018. 7. 23. 위 임대차계약을 해지한다는 의사표시를 하여 이는 2018. 7. 31. 피고 임차희에 도달하였습니다.

③ 이 사건 임대차계약은 2018. 7. 31. 해지되었으므로, 피고 임차희는 원고로부터 298,000,000원에서 2018. 5. 1.부터 별지 목록 제4. 기재 건물의 인도 완료일까지 월 1,000,000의 비율로 계산한 돈을 공제한 나머지 돈을 지급받음과 동시에 원고에게 위 건물을 인도할 의무가 있습니다.

3. 피고의 항변에 관련된 법리

① 제495조는 '자동채권의 소멸시효 완성 전에 양 채권이 상계적상에 이르렀을 것'을 요건으로 하는데, 임대인의 임대차보증금 반환채무는 임대차계약이 종료된 때에 비로소 이행기에 도달하므로, 임대차 존속 중 차임채권의 소멸시효가 완성된 경우에는 양 채권이 상계할 수 있는 상태에 있었다고 할 수 없다. 그러므로 그 이후에 임대인이 이미 소멸시효가 완성된 차임채권을 자동채권으로 삼아 임대차보증금 반환채무와 상계하는 것은 제495조에 의하더라도 인정될 수 없다(2016다211309)

차임지급이 연체되면 임대차 관계가 종료되었을 때 임대차보증금으로 충당될 것으로 생각하는 것이 당사자의 일반적인 의사이다. 따라서 차임 지급채무가 연체되고 있음에도, 임대인이 임대차계약을 해지하지 아니하고 임차인도 연체차임에 대한 담보가 충분하다는 것에 의지하여 임대차관계를 지속하는 경우에는, 임대인과 임차인 모두 차임채권이 소멸시효와 상관없이 임대차보증금에 의하여 담보되는 것으로 신뢰하고, 장차 임대차보증금에서 충당 공제되는 것을 용인하겠다는 묵시적 의사를 가지고 있는 것이 일반적이다. 그러므로 이러한 당사자의 묵시적 의사를 감안하면 연체차임은 제495조의 유추적용에 의하여 임대차보증금에서 공제할 수는 있다(2016다211309)

② 차임채권에 관하여 압류 및 추심명령이 있었다 하더라도, 당해 임대차계약이 종료되어 목적물이 반환될 때에는 그 때까지 추심되지 아니한 잔존하는 차임채권 상당액도 임대보증금에서 당연히 공제된다(2004다56554)

③ 법률상 원인 없이 이득하였음을 이유로 하는 부당이득반환에 있어서 이득이라 함은, '실질적인 이익'을 가리키는 것이므로 법률상 원인 없이 건물을 점유하고 있더라도 이를 사용·수익하지 못하였다면 실질적인 이익을 얻었다고 볼 수 없다(91다45202,45219)

1. 사실관계 및 청구취지

(1) 원고와 피고 권창균 사이에 대지 및 건물 대물변제약정 체결

- 원고는 2017. 2. 9. 권창균과의 사이에서 원고의 권창균에 대한 물품대금채권(7억8천3백만 원) 전액의 변제에 갈음하여 별지 목록 제1. 기재 대지 및 그 지상 별지목록 제2. 기재 건물(이하 동탄면 토지 및 동탄면 건물)에 관하여 대물변제약정을 체결하면서, 대지의 소유권이전등기는 원고가 현재 등기명의자인 김정우로부터 직접 넘겨받기로 하고, 권창균은 현재 신축 중인 위 건물을 완공하여 소유권보존등기를 마친 다음 원고에게 소유권이전등기와 인도가 이루어질 수 있도록 협력하기로 약정함

- 권창균은 2016. 7. 5. 김정우로부터 동탄면 대지를 총 6억 원에 매수하면서, 계약금 및 중도금 3억 원을 당일 지급함과 동시에 동탄면 대지를 인도받았고, 잔대금 3억 원은 건물이 완공된 후 2개월 내에 지급하되, 그와 동시에 김정우는 권창균이 지정하는 사람에게 직접 동탄면 대지의 소유권이전등기를 해 주기로 약정함.

- 권창균은 이 사건 토지에 관하여 피보전권리를 위 소유권이전등기청구권으로 하여, 2016. 7. 8. 수원지방법원의 가처분결정(2016카합35243, 매매 증여, 양도, 저당권, 전세권, 임차권의 설정 등 일체의 처분행위 금지)에 따라 2016. 7. 9. 처분금지가처분등기를 경료함(수원지방법원 화성등기소 2016. 7. 9. 접수 제2743호로 마친 가처분등기)

- 권창균은 2016. 7. 10. 윤태건에게 이 사건 동탄면 건물신축공사를 총 공사금 3억원, 계약금 5천만 원은 계약 당일(지급 완료), 잔금은 완공일, 공사기간 2016. 7. 10.부터 2017. 4. 15.로 정하여 도급하기로 계약하고, 건축허가 및 소유권보존등기는 도급인 권창균의 명의로 한다는 특약을 맺었으며, 윤태건은 2017. 4. 15. 위 건물을 완공하였음

- 원고는 동탄면 대지 및 건물에 관하여 완전한 소유권의 취득 및 행사에 필요한 모든 권리를 실현하고자 함(윤태건의 유치권은 문제되지 않음을 전제하고, 김정우에 대한 청구는 Set 061 참조)

(2) 피고의 항변

- 권창균은 이 사건 대물변제약정이 민법 제607조에 위반(토지 시세 6억 원, 건물 시세 3억 원)되어 무효라고 주장

2. 요건사실(대물변제약정체결)

① 원고는 2017. 2. 9. 피고 권창균과 원고의 피고 권창균에 대한 물품대금채권(7억8천3백만 원) 전액의 변제에 갈음하여 별지 목록 제1. 기재 대지 및 별지 목록 제2. 기재 건물(이하 동탄면 토지 및 동탄면 건물)에 관하여 대물변제약정을 체결하면서, 대지의 소유권이전등기는 원고가 현재 등기명의자인 김정우로부터 직접 넘겨받기로 하고, 피고 권창균은 현재 신축 중인 위 건물을 완공하여 소유권보존등기를 마친 다음 원고에게 소유권이전등기와 인도가 이루어질 수 있도록 협력하기로 약정하였습니다.

② 따라서 피고 권창균은 원고에게 별지 목록 제1. 기재 토지 및 별지 목록 제2. 기재 건물에 관하여 각 2017. 2. 9. 대물변제약정을 원인으로 한 소유권이전등기절차를 이행하고, 위 건물을 인도할 의무가 있습니다.

3. 피고의 항변에 관련된 법리

민법 제607조는 (준)소비대차에 의하여 발생하는 '차용물'의 반환에 관한 대물변제 '예약'(채권담보 목적)의 경우에만 적용되므로, 사안과 같이 '물품대금채무'에 관한 변제기 도래 이후의 '대물변제'에는 적용될 수 없다. 즉, 대물변제의 경우에는 설령 그 시가가 그 채무의 원리금을 초과한다고 하더라도 민법 제607조, 제608조가 적용되지 아니한다(대판 1992.2.22. 91다25574).

---

53) 등기행위의 복수 때문에 '각'
54) 토지와 지상건물을 함께 매수하는 경우 건물에 대한 등기와 인도를 받게 되면 그 부지인 토지는 당연히 점유가 취득이 되므로 토지에 대해서는 별도로 인도청구를 하지 않는다.

1. 사실관계 및 청구취지

(1) 피고 권창균과 피고 김정우 사이의 토지에 관한 매매계약체결

Set 060 사실관계 참조

(2) 피고의 항변

김정우는 ① 권창균이 3억 원의 잔금을 지급하지 않았고, 건물 부지로 토지를 사용해온 데 따른 부당이득금과 토지 잔대금에 대한 법정이자를 전액 지급받기 전에는 소유권을 이전해줄 수 없으며, ② 이 사건 대지에 처분금지가처분 등기가 되어 있어서 소유권이전등기를 해줄 수 없다고 주장

※ **청구취지**

피고 김정우는 **피고 김창균으로부터** 300,000,000원을 지급받음과 동시에 피고 권창균에게 별지 목록 제1. 기재 토지에 관하여 2016. 7. 5. 매매를 원인으로 한 소유권이전등기절차를 이행하라.

2. 요건사실(대위행사, 보필불대)

① 앞서 살펴본 바와 같이 원고는 피고 권창균에 대하여 이 사건 토지에 관하여 2019. 2. 7. 대물변제약정에 기한 소유권이전등기청구권을 갖습니다.

피고 권창균은 2016. 7. 5. 피고 김정우로부터 이 사건 토지를 총 대금 6억 원, 계약금 및 중도금 3억 원은 계약 당일 부동산의 인도와 동시에, 잔금 3억 원은 피고 권창균이 이 사건 토지 지상 건축공사를 완료한 후 2개월 내에 지급하기로 하여 매수하면서, 피고 김정우는 잔금을 지급받음과 동시에 피고 권창균이 지정하는 자에게 직접 소유권이전등기를 하는데 필요한 모든 서류를 교부하고 이전등기에 협력하기로 정하였습니다. 따라서 피고 김정우는 피고 권창균으로부터 3억 원을 지급받음과 동시에 피고 권창균에게 위 대지에 관하여 2016. 7. 5. 매매를 원인으로 한 소유권이전등기절차를 이행할 의무가 있습니다.

② 원고는 피고 권창균에 대한 소유권이전등기청구권을 보전하기 위하여, 아무런 권리를 행사하고 있지 아니한 피고 권창균을 대위[55]하여 피고 김정우에 대하여 소유권이전등기절차의 이행을 청구할 필요성이 있습니다.

---

55) 원고가 김정우에게 직접 중간생략등기를 청구하지 못하고 대위행사하는 이유는 최초 양도인인 김정우와 중간자 권창균, 권창균과 최종양수인인 원고 사이의 중간생략등기의 합의가 있더라도 최초 양도인과 최종 양수인 사이에 이러한 합의가 없기 때문이다. 즉 判例는 관계당사자 전원의 의사합치, 즉 중간생략등기에 대한 최초 양도인과 중간자의 동의가 있는 외에 최초의 양도인과 최종의 양수인 사이에도 그 중간등기생략의 합의가 있었음이 요구된다(대판1994.5.24. 93다47738).

3. 피고의 항변에 관련된 법리

① 判例에 따르면 제405조 2항에서 금지하는 '처분'에 '변제의 수령'은 포함되지 않기 때문에, 부동산의 전득자(채권자 : 甲)가 양수인 겸 전매인(채무자 : 乙)에 대한 소유권이전등기청구권을 보전하기 위하여 양수인(乙)을 대위하여 양도인(제3채무자 : 丙)을 상대로 처분금지가처분을 한 경우 '가처분에 따른'(채권자대위권이 아님) 피보전권리는 양수인(乙)의 양도인(丙)에 대한 소유권이전등기청구권일 뿐, 전득자(甲)의 양수인(乙)에 대한 소유권이전등기청구권까지 포함되는 것은 아니고, 그 가처분결정에서 제3자에 대한 처분을 금지하였다 하여도 그 제3자 중에는 양수인(乙)은 포함되지 아니하므로 그 가처분 후에 양수인(乙)이 양도인(丙)으로부터 넘겨받은 소유권이전등기는 위 가처분의 효력에 위배되지 아니하여 유효하다(90다9407)(대판 1991.4.12. 90다9407).

② 토지를 인도받은 미등기 매수인은 토지를 점유·사용할 권리가 있으므로 그러한 매수인의 점유·사용으로 인한 이익은 법률상 원인 없는 이익이라 할 수 없다. 아울러 매수인의 대금지급의무와 매도인의 소유권이전등기의무(대판 2013.6.27. 2011다98129), 매도인의 근저당권설정등기 말소의무(대판 2018.9.28. 2016다246800)와 같이 동시이행관계에 있는 등으로 매수인이 대금 지급을 거절할 정당한 사유가 있는 경우에는 매매목적물을 미리 인도받았다 하더라도 제587조에 의한 이자를 지급할 의무는 없다.

Set 062 | 7회 : 피고 윤태건에 대한 건물인도청구

1. 사실관계 및 청구취지

(1) 피고 권창균과 피고 윤태건 사이의 이 사건 건물에 관한 도급계약 체결

Set 060 사실관계 참조

- 권창균은 2017. 3. 20. 윤태건과의 사이에서 중도금으로 5천만 원을 추가 지급하기는 약정을 체결하며 같은 날 위 중도금을 지급하였고, 공사 완공 후에도 권창균이 2억 원을 지급하지 못하는 경우, 윤태건은 위 금액을 지급받을 때까지 위 건물 중 2층 부분에 한하여 무상으로 점유, 사용할 수 있고, 그 대신 윤태건은 권창균에게 완공 후라도 공사잔대금에 대한 지연손해금을 청구하지 않기로 약정함

- 윤태건은 2017. 4. 15.부터 2017. 10. 14.까지 6개월 동안 위 건물 2층에 전입신고 없이 가족들과 거주하다가 현재 이사를 하였지만, 본인이 집기류를 둔 채 잠금장치를 해 두고 매일 같이 왕래하고 있음.

- 윤태건은 2017. 4. 25. 이청준에게 이 사건 건물 중 1층 부분(120㎡)을 보증금 1억 원, 차임 월 1백만 원, 기간 2017. 4. 30.부터 2018. 4. 29.까지로 정하여 임대하였음 (2017. 5. 1. 이청준 명의 사업자등록)

- 이청준은 2017. 4. 30.부터 2017. 12. 29.까지 휴대폰 대리점 영업을 하다가 윤태건과 임대차계약을 종료하기로 합의하였지만 2017. 12. 29. 영업용 비품은 그대로 두고 출입문을 잠근 채 연락이 되지 않음

- 이청준은 누구의 동의도 없이 이 사건 대지 한 구석에 옥외화장실 겸 창고(15㎡)를 지어놓고 그 부분 대지를 무단으로 점유·사용하고 있음

- 이 사건 건물 1층 및 2층을 각각 사용하는 경우 보증금이 없는 상태라면 각 층 차임은 월 200만 원이고, 보증금이 없는 경우 대지 차임은 ㎡당 월 10만 원 정도임

- 원고는 동탄면 대지 및 건물에 관하여 완전한 소유권의 취득 및 행사에 필요한 모든 권리를 실현하되, 권창균과 윤태건 사이의 금전관계 분쟁도 가능한 범위에서 해결한 상태로 판결을 받을 수 있도록 소를 제기하여 주기를 바람(이청준에 대한 청구는 Set 057 참조).

(2) 피고의 항변

- 윤태건은 ① 이 사건 건물에 유치권을 행사하고 있고, ② 이 사건 건물의 선의점유자로서 1층 부분의 임대차에 관한 과실취득권이 있다고 주장하였고,

- 이에 대한 답변으로 권창균은 윤태건에게 ① 1층 부분은 사용을 허가한 사실이 없음에도 윤태건이 이청준에게 무단으로 임대하였고, ② 무단임대로 받은 월세만큼은 공사대금에 충당하여야 하며, ③ 이청준이 지어 놓은 옥외화장실도 윤태건이 책임지고 철거하여야 하고, 그 별채 건물의 대지부분을 무단으로 점유·사용하는 데 따른 금전적인 이익도 어떤 형식으로든, 누구를 상대로 해서든지 정산되어야 한다고 주장

※ 청구취지

피고 윤태건은 **피고 권창균으로부터** 184,000,000원을 **지급받음과 동시에** 피고 권창균에게 별지 목록 제2. 기재 건물을 인도하라.

2. 요건사실(보 : 부동산양도약정, 필불, 대 : 소유권에 기한 인도청구권)

① 앞서 살펴본 바와 같이 원고는 피고 권창균에 대하여 이 사건 건물에 관하여 2019. 2. 7. 대물변제약정에 기한 소유권이전등기청구권 및 인도청구권을 갖습니다.

피고 권창균은 2016. 7. 10. 윤태건에게 이 사건 건물신축공사를 총 공사금 3억 원, 계약금 5천만 원은 계약 당일, 잔금은 완공일, 공사기간 2016. 7. 10.부터 2017. 4. 15.로 정하여 도급하기로 계약하고, 건축허가 및 소유권보존등기는 피고 권창균의 명의로 한다는 특약을 맺었으며, 윤태건은 2017. 4. 15. 위 건물을 완공하였습니다. 또한 피고 권창균은 2017. 3. 20. 피고 윤태건과 중도금으로 5천만 원을 추가 지급하기로 약정하며 같은 날 위 중도금을 지급하였고, 공사 완공 후에도 피고 권창균이 2억 원을 지급하지 못하는 경우, 피고 윤태건은 위 금액을 지급받을 때까

지 위 건물 중 2층 부분에 한하여 무상으로 점유, 사용할 수 있고, 그 대신 피고 윤태건은 피고 권창균에게 완공 후라도 공사잔대금에 대한 지연손해금을 청구하지 않기로 약정하였습니다. 피고 윤태건은 2017. 4. 15. 이 사건 건물을 완공하였는바, 이 사건 도급계약의 특약에 따라, 피고 권창균은 같은 날 이 사건 건물의 소유권을 취득하였습니다. 따라서 피고 윤태건은 피고 권창균으로부터 2억 원을 지급받음과 동시에 피고 권창균에게 이 사건 건물을 인도할 의무가 있습니다.

② 원고는 피고 권창균에 대한 이 사건 건물의 소유권이전등기청구권 및 인도청구권을 보전하기 위하여, 아무런 권리를 행사하고 있지 아니한 피고 권창균을 대위하여 피고 윤태건에 대하여 위 건물인도의 이행을 청구할 필요성이 있습니다.

③ 이 사건 건물 1층 및 2층을 각각 사용하는 경우 보증금이 없는 상태라면 각 층 차임은 월 2백만 원입니다. 피고 윤태건은 2017. 4.25. 피고 이청준에게 이 사건 건물 중 1층 부분을 보증금 1억 원, 차임 월 1백만 원, 기간 2017. 4. 30.부터 2018. 4. 29.까지로 정하여 임대하였는바, **이청준은 2017. 4. 30.부터 2017. 12. 29.**까지 휴대폰 대리점 영업을 하다가 피고 윤태건과 임대차계약을 종료하기로 합의하고 영업을 종료하였지만, 영업용 비품은 그대로 두고 출입문을 잠근 채 위 건물 1층에서 퇴거하였습니다. 그렇다면 위 8개월간 피고 윤태건이 피고 이청준에게 이 사건 건물 1층 부분을 무단으로 임대함으로써 이 사건 건물 1층을 사용수익함으로써 얻은 1천 6백만 원[56]은 이 사건 공사대금채권 2억 원과 상계되어야 합니다(상계권의 대위행사).

결국, 피고 윤태건은 피고 권창균으로부터 1억 8천 4백만 원(상계적상일 2017. 12. 29.)을 지급받음과 동시에 피고 권창균에게 이 사건 건물을 인도할 의무가 있습니다.

3. 피고의 항변에 관련된 법리

① 유치권, 동시이행 관계인 경우에도 부당이득은 성립할 수 있다(제741조). 왜냐하면 유치권, 동시이행항변권에 따른 인도거절권능은 '점유'를 정당화시켜줄 뿐 점유에 따른 '사용이익의 보유'를 정당화시켜주지는 않으므로 점유·사용에 따른 부당이득은 성립하기 때문이다. 다만 이러한 경우에도 '실질적인 이득'이 있어야 부당이득반환의무를 진다(대판 1998.7.10. 98다15545).

② 判例는 점유를 전제로 한 부당이득(청구권자에게 물권적 청구권이 존재하는 경우)에 있어서는 제201조 1항이 제748조 1항의 특칙으로 적용된다고 한다(대판 2003.11.14. 2001다61869). 즉, 선의의 점유자는 점유물의 과실을 취득하는데(제201조 1항), 여기서 '선의'란 과실수취권을 포함하는 본권(소유권·지상권·전세권·임차권)을 가지고 있다고 적극적으로 오신하는 점유자를 가리키며(대판 1992.12.24. 92다22114), 그와 같이 믿은 데에 정당한 이유가 있는 것(무과실)을 의미한다(대판 1996.1.26. 95다44290). 한편 유치권자는 소유자의 승낙 없이 유치물의 보존에 필요한 범위를 넘어 사용할 수 없으므로, 유치권자가 과실수취권이 있다고 믿은 것만으로 제201조 1항의 선의의 점유자라고 볼 수 없다.

---

56) 윤태건이 얻은 이익(월 100만원×8개월 + 보증금 1억원×8개월 법정이자 상당액인 333만원)과 권창균이 입은 손해(월 200만원×8개월=1천 6백만원) 중 적은 것을 기준으로 해야 하나 현재 모든 해설서들은 1천 6백만 원을 자동채권으로 보고 있다.

1. 사실관계 및 청구취지

(1) 피고 윤태건과 피고 이청준 사이 건물 1층 임대차 계약 및 피고 이청준의 건물 건축

Set 060, 062 사실관계 참조

원고는 동탄면 대지 및 건물에 관하여 완전한 소유권의 취득 및 행사에 필요한 모든 권리를 실현하고, 이 사건 건물 1층 부분에 관하여는 이청준이 추후 윤태건에게 이를 인도할 경우 인도집행에 차질이 없도록 해 주기를 바람

(2) 피고의 항변

이청준은 자신이 상가건물임대차보호법상 대항력을 갖춘 임차권자이므로 임대차보증금을 반환받기 전까지는 건물을 인도해줄 수 없다고 주장

※ 청구취지

1. 피고 이청준은

   가. 피고 권창균에게 별지 목록 제2. 기재 건물 1층 120㎡를 인도하고,

   나. 피고 김정우에게 별지 목록 제3. 기재 건물을 철거하라.[57]

2. 요건사실(보 : 부동산양도약정, 필불 대 : 소유권에 기한 인도 및 철거청구권)

① 앞서 살펴본 바와 같이 원고는 피고 권창균에 대하여 이 사건 건물에 관하여 2019. 2. 7. 대물변제약정에 기한 인도청구권을 가지며, 피고 권창균은 2017. 4. 15. 이 사건 건물의 소유권을 취득하였습니다. 원고는 피고 권창균에 대한 이 사건 건물의 인도청구권을 보전하기 위하여, 아무런 권리를 행사하고 있지 아니한 피고 권창균을 대위하여 피고 이청준에 대하여 위 건물 1층의 인도의 이행을 청구할 필요성이 있습니다.

② 피고 이청준은 누구의 동의도 없이 이 사건 토지 지상 별지 목록 제3. 기재 화장실 겸 창고를 설치하였습니다. 원고는 피고 권창균에 대한 이 사건 대지의 인도청구권을 보전하기 위하여, 피고 권창균의 피고 김정우에 대한 이 사건 대지에 관한 인도청구권을 피보전채권으로, 아무런 권리를 행사하고 있지 아니한 피고 김정우의 피고 이청준에 대한 이 사건 화장실 철거청구권을 피대위권리로 하는 채권자대위권을 대위행사할 필요성이 있습니다.

---

57) 원고는 권창균에 대하여 대물변제약정을 원인으로 한 대지와 건물의 인도청구권을 가지고, 권창균은 김정우에 대하여 매매를 원인으로 한 대지의 인도청구권을 가지며, 김정우는 이청준에 대하여 대지소유권에 기초한 건물철거청구권을 가지므로, 원고는 이를 순차대위하면 된다.

3. 피고의 항변에 관련된 법리

임차인이 대항력 있는 임차권을 취득하기 위해서는 임대인이 소유자이거나 또는 소유권을 갖고 있지는 않더라도 적어도 적법하게 임대차계약을 체결할 수 있는 권한을 갖고 있어야 한다. 한편 유치권자는 채무자의 승낙이 없는 이상 그 목적물을 타인에게 임대할 권한이 없으므로, 임차인은 대항력을 취득할 수 없다.

Set 064 | **7회 : 피고 김정우에 대한 채무부존재확인청구**

1. 사실관계 및 청구취지

(1) 원고와 피고 사이 세 차례의 금전소비대차계약

- 원고는 2015. 4. 10. 김정우로부터 3천만 원을 차용하면서, 변제기 2016. 4. 9., 약정 이율 월 1%(원금상환일에 일괄 지급 약정)로 정하였고, 원고는 담보로 피고 김정우에게 액면 금 4천만 원인 약속어음을 발행하였음.

- 천우식은 2016. 2. 20. 위 대여원리금채권에 대하여 채권압류 및 전부명령을 받았고 (채무자 송달 : 2016. 2. 23., 제3채무자 송달 : 2016. 2. 24., 확정일 : 2016. 3. 3.), 원고는 2016. 4. 9. 천우식에게 33,600,000원을 전부금으로 지급함

- 원고는 2016. 4. 10. 김정우로부터 1억 원을 차용하면서, 변제기 2017. 4. 9., 약정이율 월 1%(원금상환일에 일괄 지급 약정)로 정하였고, 원고는 같은 날 담보로 김정우에게 본인의 처 소유인 별지 목록 제4. 기재 부동산에 저당권설정등기를 경료해주었음(서울동부지방법원 2016. 4. 10. 접수 제42812호로 마친 저당권설정등기)

- 원고는 2016. 10. 10. 김정우로부터 1억 원을 차용하면서, 변제기 없이, 약정이율 월 1%(원금상환일에 일괄 지급 약정)로 정하였음

- 김정우는 2017. 3. 23. 원고에게 2017. 3. 31.까지 위 세 차례의 대여금채권의 이행을 최고하였고 위 통지가 그 다음 날 원고에게 도달하자, 원고는 2017. 4. 9. 김정우에게 1억1천만 원을 지급하였고, 김정우는 위 약속어음을 원고에게 돌려주었음

- 김정우는 2017. 12. 20. 위 1억 1천만 원은 빌려준 순서에 따라 2015년에 빌려준 3천만 원, 나머지는 2016. 4.에 빌려준 돈에 충당되는 것으로 계산해야 하며, 현재 남은 채권이 1억 5천만원이 넘는다고 주장하면서, 원고가 변제하지 않을 경우 저당권을 실행할 것이라고 통지함

- 원고는 김정우와의 관계에서 차용금반환채무로 인한 분쟁을 해결하는데 적절하고 필요한 소 제기를 희망함

(2) 피고의 항변

김정우는 ① 천우식이 전부명령을 신청할 때 근거로 삼은 손해배상판결은 물론 그 소장이 자신의 종전 주소에 송달된 것으로 되어 소장이나 판결정본을 받아본 사실이 없으므로 이 사건 전부명령이 무효이고, 따라서 ② 원고의 천우식에 대한 금전지급은 아무런 효력이 없는 것이라고 주장

※ 청구취지

1. 원고와 피고 김정우 사이에서, 원고의 피고 김정우에 대한

가. 2016. 4. 10. 금전소비대차계약에 기한 채무는 원금 100,000,000원 및 이에 대한 2017. 4. 10.부터 다 갚는 날까지 월 1%의 비율로 계산한 지연손해금[58]을 초과하여서는 존재하지 아니함을,

나. 2016. 10. 10. 금전소비대차계약에 기한 채무는 원금 8,000,000원 및 이에 대한 2017. 4. 10.부터 다 갚는 날까지 월 1%의 비율로 계산한 지연손해금을 초과하여서는 존재하지 아니함을,

각 확인한다.

2. 요건사실

① 원고는 피고 김정우로부터 ㉠ 2015. 4. 10. 3천만 원을 변제기 2016. 4. 9., 약정이율 월 1%(원금상환일에 일괄 지급 약정)로 정하여 차용하였고, ㉡ 2016. 4. 10. 피고 김정우로부터 1억 원을 변제기 2017. 4. 9., 약정이율 월 1%(원금상환일에 일괄 지급 약정)로 정하여 차용하였고, ㉢ 2016. 10. 10. 1억 원을 변제기 없이, 약정이율 월 1%(원금상환일에 일괄 지급 약정)로 정하여 차용하였고, 피고 김정우는 2017. 3. 23. 원고에게 2017. 3. 31.까지 위 세 차례의 대여금채권의 이행을 최고하였으므로 2016. 10. 10.자 대여금채권의 이행기는 2017. 3. 31. 도래하였다고 할 것입니다.

② 소외 천우식은 2016. 2. 20. 위 대여금채권에 대하여 채권압류 및 전부명령을 받았고, 2016. 2. 24. 이를 송달받았으며, 2016. 3. 3. 위 압류및전부명령은 확정되었고, 원고는 2016. 4. 9. 소외 천우식에게 33,600,000원을 전부금으로 지급하여, 2015. 4. 10.자 대여금채권(3천만 원 + 3천만 원 × 월 1% × 12개월 = 3천 3백 60만 원)은 소멸하였습니다.

③ 원고는 2017. 4. 9. 피고 김정우에게 1억1천만 원을 지급하였는바, 당시 변제충당에 관한 합의나 지정이 없었으므로 제477조, 제479조에 따라 법정변제충당의 순서에 따라야 합니다. **2017. 4. 9.까지 발생한** 2016. 4. 10.자 대여금채권의 약정이자는 1천 2백만 원이고(1억 원 × 월 1% × 12개월), 2016. 10. 10.자 대여금채권의 약정이자 및 지연손해금은 6백만 원입니다(1억 원 ×

---

58) 청구취지는 원칙적으로 무색하고 투명해야 하지만 이는 집행법원의 명확한 '강제집행'을 위한 이유가 크기 때문에, 확인청구의 경우는 별도의 '집행'단계가 없고, 구체적인 특정한 법률관계가 존재하거나 부존재함을 명확하게 하기 위해 오히려 '금전소비대차계약', '원금', '지연손해금'이라는 유색한 표현이 등장해야 한다.

월 1% × 6개월). 따라서 원고가 변제한 1억 1천만 원은 위 약정이자 및 지연손해금의 합계 1천 8백만 원에 먼저 충당됩니다. 2017. 4. 9. 피고의 2016. 4. 10.자 대여금채권 및 2016. 10. 10.자 대여금채권은 모두 변제기가 도래하였고, 변제이익이 동일하다는 점에서, 변제기가 먼저 도래한 2016. 10. 10.자 채권의 원본에 남은 9천 2백만 원이 충당됩니다(제477조 3호).

④ 피고는 위와 같은 법정변제충당 순서에 따른 변제방법과 달리 이미 소멸한 2015. 4. 10.자 대여금채권, 2016. 4. 9.자 대여금 채권, 2016. 10. 10.자 대여금 채권에 순차로 원고의 변제액이 충당되어야 한다고 주장하는 한편, 원고가 모든 채무를 변제하지 아니할 경우 저당권을 실행하겠다고 주장하고 있으므로, 이는 채무자인 원고의 남은 채무액에 관한 법률상 지위에 현존하는 위험 불안이라고 할 것이고, 이를 제거하기 위하여 원고는 피고에 대하여 잔존 채무를 초과하는 채무는 존재하지 아니한다고 확인의 소를 제기하는 것이 가장 유효적절한 수단이므로 원고의 청구는 확인의 이익이 인정됩니다.

결국, 원고와 피고 사이에서, 피고의 2016. 4. 10.자 대여금채권은 1억 원, 2016. 10. 10.자 대여금 채권은 8백만 원 및 각 이에 대한 2017. 4. 10.부터 다 갚는 날까지 월 1%의 비율로 계산한 돈을 초과하여서는 존재하지 아니합니다.

3. 피고의 항변에 관련된 법리

무효인 채권압류 및 전부명령을 받은 자에 대한 변제라도 그 채권자가 피전부채권에 관하여 무권리자라는 사실을 알지 못하거나 과실 없이 그러한 사실을 알지 못하고 변제한 때에는 그 변제는 채권의 준점유자에 대한 변제로서 유효하다(대판 1997. 3. 11. 96다44747).

1. 사실관계 및 청구취지

(1) 원고의 피고 주식회사 이글골프 주주총회결의취소 청구

- 원고는 2017. 12. 20. 주식회사 이글골프의 보통주식 1만 주(발행주식의 총수 10만 주, 모두 의결권 있는 보통주식, 주권 미발행)를 소유한 주주이고, 다른 주주로는 나도연(3만 주), 황용현(3만 주), 전제균(2만 주), 박모란(1만 주)가 있음

- 주식회사 이글골프는 2017. 11. 20. 임시주주총회를 개최하여 별지 목록 제5. 기재 토지 및 별지 목록 제6. 기재 건물을 최금례에게 매매대금 55억 원에 2017년 연말까지 매각한다는 결의에 관하여 가결하였고, 실제로 최금례 명의로 소유권이전등기가 경료되었음(인천지방법원 부천지원 김포등기소 2017. 12. 28. 접수 각 제1267호(토지), 제1268호(건물)로 마친 소유권이전등기)

- 위 대지와 건물은 골프영업장을 운영하는 주식회사 이글골프의 영업이 이루어지고 있는 유일한 재산으로서, 이를 처분하는 것은 회사의 영업용 자산을 처분함에 따라 회사 영업의 전부 또는 중요한 일부를 양도하거나 폐지하는 결과를 가져옴

- 그런데 위 임시주주총회에서는 나도연과 강주원만이 참석하였고, 모든 안건에 대하여 나도현만이 찬성하였음

- 황윤수, 한채아, 황용현의 대리인이라고 말하는 이종진 등이 총회에 참석하려고 하였으나 의장은 이들의 참석을 모두 불허하였음

- 원고는 이 사건 회사 주주로서, 최금례에게 이전된 풍무동 각 부동산의 소유권을 이사건 회사 앞으로 회복시키기 위하여 현재 상황에서 필요한 소 제기를 희망함

(2) 원고의 주장

원고는 ① 주식 합계 40%를 가진 주주만 출석하고, 주식 30%를 가진 주주만 찬성하였는데 가결로 처리된다는 것은 법적으로 잘못된 것이다. ② 전제균의 주식은 실제로는 황윤수의 주식이고 황윤수는 임시총회에 참석하려고 하였으나 의결권이 없다는 이유로 의안표결에 참여하지 못하였으며, 실제 주식 소유주가 황윤수라는 사실은 대표이사도 알고 있는 사실이므로 황윤수에게 의결권을 인정해주지 않은 것은 잘못이다. ③ 박모란은 2017. 2. 13. 한채아에게 주식을 양도하고 그 사실을 회사에 통지까지 하였는데 대표이사가 한채아에게 의결권이 없다고 판단한 점은 잘못되었다. 그날 한채아는 임시총회에 참석하여 의결권을 행사하려고 하였다. ④ 황용현은 총회 전 회사 직원에 전화하여 대리인을 보내겠다고 하였는데 대표이사는 총회 당일 황용현의 대리인으로 온 이종진의 참석을 막았으므로 이는 법에 어긋나는 행위이다. 라고 주장함

(3) 피고의 주장

주식회사 이글골프의 대표이사는 원고의 주장에 대한 답변으로 ① 총회 당일 황용현의 대리인이라고 주장하는 이종진은 위임관계를 증명할 서류를 제시하지 아니하였다. ② 전제균의 주식은 실제로는 황윤수의 주식이고 실제 주식 소유주가 황윤수라는 사실은 대표이사도 알고 있는 사실이나, 주주명부상으로는 황윤수가 등재되어 있었다. ③ 박모란과 한채아 사이의 주식양도약정 및 회사에 대한 통지사실은 인정하나, 한채아가 주주명부상 명의개서를 요구한 적이 없었다. ⑤ 이 사건 매각은 회사를 위해서도 이익이 되는 지극히 정상적인 업무처리였다고 주장함

※ 청구취지

피고 주식회사 이글골프의 2017. 11. 20. 임시주주총회에서 별지 목록 제5. 기재 토지 및 별지 목록 제6. 기재 건물을 소외 최금례에게 매각하기로 한 결의를 취소한다.

2. 요건사실

① 원고는 2017. 12. 20. 이 사건 회사의 보통주식 1만 주(발행주식의 총수 10만 주)를 소유한 주주입니다.

② 피고 주식회사 이글골프는 2017. 11. 20. 임시주주총회를 개최하여 별지 목록 제5. 기재 토지 및 별지 목록 제6. 기재 건물을 소외 최금례에게 매매대금 55억 원에 2017년 연말까지 매각한다는 결의에 관하여 가결하였습니다.

③ 위 대지와 건물은 골프영업장을 운영하는 피고 주식회사 이글골프의 영업이 이루어지고 있는 유일한 재산으로서, 이를 처분하는 것은 회사의 영업용 자산을 처분함에 따라 회사 영업의 전부 또는 중요한 일부를 양도하거나 폐지하는 결과를 가져오는 것에 해당, 주주총회의 특별결의를 거쳐야 하는 사안입니다(상법 제374조 1항, 제434조).

④ 그런데 위 임시주주총회에서 3만 주를 보유한 나도현만이 찬성하였는바, 이는 발행주식총수의 1/3 이상의 찬성을 얻지 못한 것으로서 결의방법이 법령에 위반한 경우에 해당(제376조 1항), 위 결의는 취소되어야 합니다.

1. 사실관계 및 청구취지

(1) 원고와 피고 이차만의 토지 공동상속 및 피고 단독 명의 등기 경료

- 원고는 2005. 9. 7. 父 김창근이 사망함에 따라, 김창근의 子로서 김창근의 妻 최숙이, 김창근의 또다른 子 김원호와 함께 서울 영등포구 문래동 299 대지 300㎡를 공동으로 상속하였음

- 2005. 9. 20. 위 토지에는 2005. 9. 7. 협의분할에 의한 상속을 원인으로 하여 김원호의 단독 명의로 소유권이전등기가 경료되었는데(서울남부지방법원 영등포등기소 2007. 9. 20. 접수 제53571호로 마친 소유권이전등기), 이는 최숙이가 원고의 인감증명을 발급받아 최숙이, 김원호, 원고 사이에 2007. 9. 19. 위 부동산을 김원호가 단독으로 소유권을 취득하기로 하는 상속재산분할약정서를 임의로 작성한 것이었음.

- 김원호는 2014. 6. 9. 이차만에게 매매를 원인으로 하여 이 사건 토지를 매도하였고, 2014. 6. 12. 이차만 앞으로 소유권이전등기가 경료되었는데(같은 법원 같은 등기소 2014. 6. 12. 접수 제27528호로 마친 소유권이전등기), 원고는 2014. 6. 중순 경 위 사실을 알게 되었음

- 원고는 서울 영등포구 문래동 299 대지의 등기부상 소유명의를 가능한 범위 내에서 회복하되, 금전청구까지 할 필요는 없고, 형인 김원호를 피고로 삼고 싶지 않음(소제기 2017. 1. 13.)

(2) 피고의 항변

이차만은 ① 등기부를 믿고 토지를 매수한 선의의 제3자에 해당하며, ② 상속받은 날로부터 10년이 지나 소를 제기할 수 없다고 주장

※ 청구취지

피고 이차만은 원고에게 서울 영등포구 문래동 299 대 300㎡ 중 2/7 지분에 관하여 진정명의회복을 원인으로 한 소유권이전등기절차를 이행하라.

2. 요건사실(① 원고 소유 ② 피고 등기 ③ 등기 원인무효)

① 원고는 2005. 9. 7. 父 김창근이 사망함에 따라, 김창근의 子로서, 김창근의 妻 최숙이, 김창근의 子와 함께 서울 영등포구 문래동 299 대지 300㎡를 법정상속분에 따라 각 2/7, 3/7, 2/7의 비율로 공동상속하였습니다.

② 피고 이차만은 2014. 6. 9. 소외 김원호로부터 위 토지에 관한 매매를 원인으로 하여 2014. 6. 12. 소유권이전등기를 경료하였는데, 2005. 9. 7. 협의분할에 의한 상속을 원인으로 하여 소외 김원호의 단독 명의로 소유권이전등기는, 소외 최숙이가 원고의 인감증명을 발급받아 최숙이,

김원호, 원고 사이에 2007. 9. 19. 위 부동산을 김원호가 단독으로 소유권을 취득하기로 하는 상속재산분할약정서를 임의로 작성하여 경료한 것으로, 이 사건 부동산 중 원고의 2/7 지분에 관하여는 무권리자의 처분행위로서 원인무효의 등기라고 할 것입니다(제263조, 제264조).

③ 따라서 피고 이차만은 원고에게 이 사건 부동산 중 2/7 지분에 관하여 관하여 진정명의회복을 원인으로 한 소유권이전등기절차를 이행할 의무가 있습니다.

3. 피고의 항변에 관련된 법리

① 현재 등기부의 등기표시가 불완전하여 진실한 권리관계가 일치하지 않는 경우가 많기 때문에 거래의 안전보다는 진정한 권리자의 보호에 중점을 두어 공신의 원칙을 인정하지 않고 있다. 즉 등기의 공신력을 인정하지 않는다.

부동산등기에 공신력이 인정되지 않으므로, 민법은 의사표시에 있어서 선의의 제3자 보호규정(제107조 내지 제110조), 계약해제시 원상회복에 관한 규정(제548조 1항 단서), 부동산실명법 제4조 3항, 가등기담보법 제11조 단서 등의 개별규정을 통해 예외적으로 보호하고 있다.

② 상속회복청구의 단기의 제척기간(제999조)이 참칭상속인에만 적용되고 참칭상속인으로부터 양수한 제3자에게는 인정되지 않는다면 거래관계의 조기안정을 의도하는 단기의 제척기간이 무의미하게 될 수 있으므로, **참칭상속인으로부터 권리를 이전받은 제3자와 참칭상속인의 상속인도 상속회복청구의 상대방이 된다**(전합79다854)

1. 사실관계 및 청구취지

(1) 원고와 피고 이차만의 대리인 윤우상 사이의 금전소비대차계약 체결

- 원고는 2010. 1. 5. 이차만의 대리인이라고 자처하는 윤우상과의 사이에 1억 원을 약정 이자 연 4%(원금상환시 일시불로 지급하기로 함), 변제기 정함이 없이 대여하는 금전소비대차계약을 체결하였고, 당시 윤우상은 "이차만이 거래업체 섭외를 위해 회사설립자금 1억 원을 빌려보라 했다"라고 말하였고, 원고는 윤우상이 이차만의 대리인이라고 믿고서 위 금원을 대여해주었음

- 이차만은 위 차용금을 사용하여 비상장 주식회사 대천을 설립하고 2010. 2. 6. 자신을 대표이사로 취임등기하였음(2015. 5. 28. 사임등기)에도, 이차만은 위 회사설립자금을 윤우상으로부터 조달한 것이지, 윤우상에게 돈을 빌려오라고 대리권을 준 적은 없다고 말하였다.

- 그 후 원고는 2012. 2. 20. 이차만과의 사이에서 위 2010. 1. 5.자 대여금채무 및 주식회사 대천이 2010. 2. 20. 원고로부터 차용한 5천만 원 채무를 담보하기 위하여 서울 서초구 방배동 352 대 200㎡에 관하여 매매예약을 체결하였고, 같은 날 원고 명의로 소유권이전청구권 가등기가 경료되었음(서울중앙지방법원 등기국 2012. 2. 20. 접수 제2998호로 마친 소유권이전청구권가등기)

- 원고는 2015. 11. 4. 이차만을 자신이 운전하는 승용차에 동승시킨 후 자신의 과실로 교통사고를 발생시켜 이차만이 손해를 입었는데, 2015. 11. 15. 이차만과의 사이에서 원고는 이차만에게 2015. 12. 4.까지 4천만 원을 지급하고, 위 돈을 지급하지 않을 경우 지급 기일 다음날부터 월 2.5%의 지연손해금을 가산하기로 합의하였음

- 원고는 2015. 12. 27. 이차만에게 위 2010. 1. 5.자 대여원리금채권에 관하여 2016. 1. 4.까지 이행할 것을 최고하였고 이는 다음 날 이차만에게 도달하였음

- 원고는 이차만에 대하여 법적으로 가능한 모든 금전청구를 해주기 바람(소촉법 연 15%)

(2) 피고의 항변

이차만은 2016. 3. 9. 원고의 이행최고서에 대한 답신으로 2010. 1. 5.자 금전소비대차계약에 관하여 ① 윤우상에게 어떤 대리권한도 준 적이 없고, ② 2015. 11. 4. 교통사고로 인한 손해배상채권으로 상계(상계의사표시가 2016. 3. 10. 원고에 도달), ③ 차용금채무는 5년이 경과되어 시효소멸하였다고 주장

피고 이차만은 원고에게 83,000,000원 및 이에 대한 2016. 1. 5.부터 이 사건 소장 부본 송달일까지는 연 5%의, 그 다음 날부터 다 갚는 날까지는 연 15%의 **각** 비율로 계산한 돈을 지급하라.

2. 요건사실(① 금전소비대차계약체결 ② 금전 지급 ③ 변제기 도래)

① 원고는 2010. 1. 5. 피고 이차만의 대리인인 피고 윤우상에게 회사 설립자금의 명목으로 100,000,000원을, 이자를 연 4%로 하되 원금상환시 일시불로 지급하기로 정하고, 변제기를 정함이 없이 대여하였습니다.

피고 이차만은 원고가 변제기한으로 최고한 2016. 1. 4.까지 위 대여원리금을 지급하지 않았는바, 위 변제기 다음 날부터는 지연손해금을 지급해야 할 것입니다. 금전채무불이행의 손해배상액의 약정이율이 법정이율보다 낮은 경우, 법정이율에 의하여 지연손해금을 정해야 합니다. 피고 이차만의 위 대여원리금의 차용행위는 대표이사 개인이 차용행위를 한 것이므로 상행위가 아니어서 위 차용금채무를 상사채무로 볼 수 없으므로, 위 변제기 다음 날부터의 지연손해금에 대해서는 연 5%의 법정이율을 적용하여 청구하겠습니다.

② 피고 이차만은 2015. 11. 15. 원고와 사이에 원고가 2015. 11. 4. 운전하던 승용차에 피고 이차만이 탑승하였다가 원고의 과실로 피고 이차만이 입은 손해에 관하여 '1. 원고는 피고 이차만에게 치료비 등 손해배상채무 일체의 변제로서 2015. 12. 4. 까지 40,000,000만 원을 지급한다. 원고가 위 돈을 위 지급기일까지 모두 지급하지 않으면, 그때까지의 미지급금에 대하여 위 지급기일 다음 날부터 월 2.5%의 지연손해금을 가산하여 지급한다. 2. 피고 이차만은 향후 본 합의사항 외에 위 교통사고와 관련하여 원고에게 일체의 민형사상 책임을 묻지 않는다.'라고 약정하였습니다.

피고 이차만은 2016. 3. 9. 위 약정채권을 자동채권으로 하여 원고의 위 대여원리금채권과 서로 대등액에서 상계한다는 의사표시가 기재된 내용증명을 보내어, 그 내용증명이 2016. 6. 10. 원고에게 도달하였습니다.

이로써 위 각 채권이 모두 변제기에 도달한 상계적상일인 2016. 1. 4.에 원고의 위 대여원리금 124,000,000원[100,000,000원 + 2010. 1. 5.부터 상계적상일인 2016. 1. 4.까지 발생한 이자인 24,000,000원(100,000,000원 × 연 4% × 6년)]은 피고 이차만의 약정금채권의 원리금 41,000,000원[40,000,000원 × 2015. 12. 5.부터 상계적상일인 2016. 1. 4. 까지 발생한 이자인 1,000,000원(40,000,000원 × 1개월 × 월 2.5%)]과 대등액의 범위에서 소멸하였습니다.

그런데 피고 이차만의 채권액이 원고의 채권을 전부 소멸시킬 수 없으므로, 제499조, 제477조, 제479조의 법정변제충당의 법리에 따라 원고의 대여원리금 중 위 상계적상일까지의 이자와 지연손해금 합계 24,000,000원과 원금 중 17,000,000원은 위 상계적상일에 소급하여 피고 이차만의 위 약정금채권과 대등액의 범위에서 순차로 소멸하였습니다.

③ 따라서 피고 이차만은 원공게 상계하고 남은 대여금 83,000,000원 및 이에 대한 상계적상일 다음 날인 2016. 1. 5.부터 이 사건 소장 부본 송달일까지는 민법이 정한 연 5%의, 그 다음 날부터

다 갚는 날까지는 소송촉진 등에 관한 특례법이 정한 연 15%의 각 비율로 계산한 지연손해금을 지급할 의무가 있습니다.

3. 피고의 항변에 관련된 법리

① 무권대리행위의 추인은 ⅰ) 무권대리행위가 있음을 알고 ⅱ) 그 행위의 효과를 자기에게 귀속시키도록 하는 단독행위로서 **묵시적인 방법으로도 할 수 있으므로**, 본인이 그 행위로 처하게 된 법적 지위를 충분히 이해하고 그럼에도 진의에 기하여 그 행위의 결과가 자기에게 귀속된다는 것을 승인한 것으로 볼 만한 사정이 있는 경우에는 묵시적으로 추인한 것으로 볼 수 있다(대판 2011.2.10. 2010다83199,83205).

② 회사가 상법에 의해 상인으로 의제된다고 하더라도 회사의 기관인 대표이사 개인은 상인이 아니어서 비록 대표이사 개인이 회사 자금으로 사용하기 위해서 차용한다고 하더라도 상행위에 해당하지 아니하여 차용금채무를 상사채무로 볼 수 없는 법리를 더하여 보면, 회사 설립을 위하여 개인이 한 행위는 그것이 설립중 회사의 행위로 인정되어 장래 설립될 회사에 효력이 미쳐 회사의 보조적 상행위가 될 수 있는지는 별론으로 하고, 장래 설립될 회사가 상인이라는 이유만으로 당연히 개인의 상행위가 되어 상법 규정이 적용된다고 볼 수는 없다(대판 2012.7.26. 2011다43594)

1. 사실관계 및 청구취지

(1) 원고와 피고 이차만의 대리인 윤우상 사이의 금전소비대차계약 체결

- 이차만은 원고로부터 2010. 1. 5. 차용한 위 1억 원을 사용하여 비상장 주식회사 대천을 설립하고, 2010. 2. 6. 자신을 대표이사로 등기하였는데, 그 당시 원고는 위 회사 주식 400주(발행주식총수 20,000주)를 인수하였음

- 주식회사 대천의 내규는 1억 원 이상 외상거래를 할 경우 금융기관의 신용장이나 담보설정을 받아야 한다고 규정되어있으나, 이차만은 대표이사로 근무하던 중 중국 회사로부터 몰래 금품을 받고서, 2014. 10. 5.경 신용장도 받지 않고 담보의 설정도 없이 주식회사 대천의 거래로서 2억 원 상당의 수산물 가공품을 납품하였음. 그 직후 중국 회사의 담당자는 더 이상 연락이 되지 않았고, 나중에 감사 장기용이 현지에 가서 확인해보니 그와 같은 회사는 존재하지도 않았던 사실이 확인됨

- 이후 2015. 5. 21. 피고 이차만이 사임하자(사임등기 2015. 5. 28.), 주식회사 대천이 이차만의 책임을 묻지 않으려는 태도를 보이고 있어, 원고는 2016. 12. 1. 주식회사 대천(대표이사 윤우상), 감사 장기용에게 피고 이차만의 책임을 추궁할 소를 제기하여줄 것을 요청, 이는 2016. 12. 3. 주식회사 대천과 감사 장기용에게 도달하였는데, 주식회사 대천은 여전히 이에 응하고 있지 아니함

- 원고는 주식회사 대천의 주주로서, 주식회사 대천이 이차만에 의하여 입은 손해를 전보 받을 수 있는 소송을 제기하고자 함(소제기 2017. 1. 13., 소촉법 연 15%)

(2) 피고의 항변

이차만은 경영판단의 원칙이 적용되어야 한다고 주장

※ 청구취지

피고 이차만은 피고 주식회사 대천에게 200,000,000원 및 이에 대한 2014. 10. 5.부터 이 사건 소장 부본 송달일까지는 연 5%의, 그 다음 날부터 다 갚는 날까지는 연 15%의 각 비율로 계산한 돈을 지급하라.

2. 요건사실(상법 제403조)

① 주주대표소송은 발행주식 총수의 1/100 이상의 주식을 가진 주주가 원고가 되어, 이사, 감사 또는 이사 감사였던 자를 피고로 하여 제기할 수 있습니다(상법 제403조 제1항). 피고 이차만은 원고로부터 2010. 1. 5. 차용한 위 1억 원을 사용하여 비상장 주식회사 대천을 설립하고, 2010. 2. 6. 자신을 대표이사로 등기한 자이고, 원고는 피고 주식회사 대천의 설립 당시 당사 주식 400주를 인수한 자로서 현재까지 그 주식을 보유하고 있어 발행주식 총수인 20,000주 중

2/100(400주÷20,000주)를 가진 주주로서 원고적격이 있으며, 피고 이차만은 현재 대표이사직을 사임하였으나, 과거에 이사였던 자로 피고적격이 있습니다.

② 주주대표소송을 제기하기 위해서는 주주는 먼저 서면으로 감사에게 소제기를 청구하고 감사가 청구를 받은 날로부터 30일 이내에 소를 제기하지 아니하는 경우 회사를 위하여 대표소송을 제기할 수 있습니다(상법 제403조 제2항, 제3항). 주식회사 대천의 내규는 1억 원 이상 외상거래를 할 경우 금융기관의 신용장이나 담보설정을 받아야 한다고 규정되어있으나, 피고 이차만은 대표이사로 근무하던 중 중국회사로부터 몰래 금품을 받고서 2014. 10. 5. 신용장도 받지 않고 담보의 설정도 없이 주식회사 대천의 거래로서 2억 원 상당의 수산물 가공품을 납품하였습니다. 그 직후 중국 회사의 담당자는 더 이상 연락이 되지 않았고, 나중에 감사 장기용이 확인해 보니 그와 같은 회사는 존재하지도 않았던 사실이 확인되었습니다. 이는 대표이사 피고 이차만이 고의로 정관에 위반한 행위를 하거나 그 임무를 게을리한 경우로서 회사에 2억 원 상당의 손해를 입힌 경우로. 피고 이차만은 회사에 대하여 손해배상책임을 부담합니다.

③ 이후 피고 이차만이 사임하자 주식회사 대천이 이차만의 책임을 묻지 않으려는 태도를 보이고 있어, 원고는 2016. 12. 1. 주식회사 대천(대표이사 윤우상), 감사 장기용에게 피고 이차만의 책임을 추궁할 소를 제기하여줄 것을 요청, 이는 2016. 12. 3. 주식회사 대천과 감사 장기용에게 도달하였음에도, 소외 감사 장기용은 위 소제기 요청을 받은 날로부터 30일이 경과하였음이 역수상 명백한 현재까지도 소를 제기하지 않고 있습니다.

④ 따라서 원고는 상법 제403조 제1항에 의하여 피고 주식회사 대천을 위하여 주주대표소송을 제기하는 바, 피고 이차만은 피고 주식회사 대천에게 손해배상금 200,000,000원 및 이에 대한 2014. 10. 5.부터 이 사건 소장 부본 송달일까지는 연5%의, 그 다음날부터 다 갚는 날까지 연 15%의 각 비율에 의한 지연손해금을 지급할 의무가 있습니다.

3. 피고의 항변에 관련된 법리

회사의 이사는 거래에 관하여 필요한 정보를 충분히 수집·조사하고 검토하는 절차를 거친 다음 이를 근거로 회사의 최대 이익에 부합한다고 합리적으로 신뢰하고 신의성실에 따라 경영상의 판단을 내려야 하고, 그 내용이 현저히 불합리하지 아니하여 이사로서 통상 선택할 수 있는 범위 안에 있는 것이어야 합니다. 따라서, 단순히 회사의 영업에 이익이 될 것이라는 일반적·추상적인 기대하에 일방적으로 임무를 수행하여 회사에 손해를 입게 한 경우에는 필요한 정보를 충분히 수집·조사하고 검토하는 절차를 거친 다음 이를 근거로 회사의 최대 이익에 부합한다고 합리적으로 신뢰하고 신의성실의 원칙에 따라 경영상의 판단을 내린 것이라고 볼 수 없습니다(대판 2011.10.13. 2009다80521등)

1. 사실관계 및 청구취지

(1) 원고와 피고 이차만의 대리인 윤우상 사이의 금전소비대차계약 체결

* 원고는 2010. 2. 20. 공동 차용인을 주식회사 대천(대표이사 이차만), 윤우상으로 하여 금 5천만 원을 회사 운영자금 명목으로, 약정이율 없이 변제기는 1년 후로 정하여 대여 하였음

* 원고는 2015. 12. 20. 주식회사 대천에게 위 대여금 채무의 지급을 최고하는 서면을 보내 이는 다음 날 주식회사 대천에 도달하였음.

* 원고는 2016. 5. 17. 채권자 원고, 채무자 주식회사 대천, 제3채무자 김은우로 하여 주식회사 대천이 김은우에 대하여 갖는 수산물판매대금채권 6천만 원에 대하여 채 권 압류 및 전부명령을 받았음(채권압류 및 전부명령 신청일 : 2016. 5. 12. 채무자 및 제3채무자 송달일 : 2016. 5. 22.)

* 김범무는 2016. 5. 12. 채권자 김범무, 채무자 주식회사 대천, 제3채무자 김은우로 하여 주식회사 대천이 김은우에 대하여 갖는 수산물판매대금채권 6천만 원에 대하 여 채권 가압류결정을 받았고, 이는 김은우에게 2016. 5. 14. 송달됨

* 주식회사 대천과 윤우상은 2016. 6. 5. 위 차용 사실을 인정하고 회사가 책임질 부담 부분의 채무를 변제하기로 확약하며, 이를 변제하지 아니할 경우 본인 명의로 차용 한 데 따른 책임으로서 담보를 제공할 것을 약속함

* 원고는 2016. 9. 10. 주식회사 대천과 건어물공급계약을 체결하고, 원고가 2016. 9. 10.부 터 6월간 주식회사 대천에 건어물을 공급하기로 하면서 주식회사 대천은 납품대금이 5 천만 원에 달할 때마다 그 날을 변제기일로 하여 그때까지의 대금을 정산지급하기로 약 정하였다.

* 원고는 주식회사 대천, 윤우상에 대하여 법적으로 가능한 모든 금전청구를 해주기 바람(소촉법 연 15%)

(2) 피고의 항변

주식회사 대천은 ① 김은우에 대한 대금채권에 관하여는 이미 다른 채권자가 가압 류 하였으므로 원고의 압류 및 전부명령은 무효이고, 따라서 원고의 대여금채권은 이미 시효소멸하였으며, ② 2016. 9. 10.부터 원고에 대해 건어물을 공급함으로써 원 고에게 3천만 원의 물품대금채권을 가지고 있으므로, 이 채권으로 2010. 2. 20. 차용 한 5천만원 채무와 상계한다고 주장

※ **청구취지**

1. 원고에게,

피고 윤우상은 50,000,000원, 피고 주식회사 대천은 **피고 윤우상과 연대하여** 위 돈 중 25,000,000원 및 **각** 이에 대한 2011. 2. 21.부터 이 사건 소장 부본 송달일까지는 연 6%의, 그 다음 날부터 다 갚는 날까지는 연 15%의 **각** 비율로 계산한 돈을 각 지급하라.

2. 요건사실(① 금전소비대차계약 ② 대여금 지급 ③ 변제기 도래)

원고는 2010. 2. 20. 공동 차용인을 주식회사 대천(대표이사 이차만), 윤우상으로 하여 금 5천만 원을 회사 운영자금 명목으로, 약정이율 없이 변제기는 1년 후(2011. 2. 20.)로 정하여 대여하였습니다. 이는 수인이 그 1인 또는 전원에게 상행위가 되는 행위로 인하여 채무를 부담한 것으로서 **상법 제57조 1항**에 따라 피고 주식회사 대천과 피고 윤우상은 위 차용금채무에 관하여 연대채무자로서 책임을 집니다.

이하에서 살펴보는 것과 같이 피고 윤우상에 대한 대여금채권의 소멸시효 완성의 효력이 피고 윤우상의 부담부분만큼 다른 연대채무자 피고 주식회사 대천에 미치고(제421조), 그 후 피고 윤우상이 소멸시효 이익의 포기를 한 이상, 원고에게 피고 윤우상은 5천만 원, 피고 주식회사 대천은 피고 윤우상과 연대하여 위 돈 중 2천 5백만 원 및 각 이에 대한 2011. 2. 21.부터 이 사건 소장 부본 송달일까지는 연 6%의, 그 다음 날부터 다 갚는 날까지는 연 15%의 비율로 계산한 돈을 지급할 의무가 있습니다.[59]

3. 피고의 항변에 관련된 법리

① 압류가 경합된 경우 압류명령 자체는 유효하고, 소멸시효 중단의 효력은 유지된다(제235조 1항, 민법 제168조 2호).[60]

② 연대채무자 1인의 소유 부동산이 경매개시결정에 따라 **압류된 경우,** '다른 연대채무자'에게는 시효중단의 효력이 없다(제169조 참조)(대판 2001.8.21. 2001다22840).

③ 어느 연대채무자에 대하여 소멸시효가 완성한 때에는 그 부담부분에 한하여 다른 연대채무자도 의무를 면한다(제421조).

④ 시효이익의 포기는 '의사표시'이므로 시효완성의 사실을 알고서 하여야 한다. 判例는 시효완성 후에 시효이익을 포기하는 듯한 행위가 있으면 **시효완성사실에 대한 악의를 추정한다**(대판 2001.6.12. 2001다3580). 아울러 **포기의 효과는 상대적**[61]이어서 포기할 수 있는 자가 다수인 경우에 1인의 포기는 다른 사람에게 영향을 미치지 않는다.

---

59) 납품대금이 5천만 원에 달할 때마다 그 날을 변제기일로 하기로 약정하였으므로, 현재 납품대금(자동채권)이 3천만 원인 이상 아직 변제기가 도래하지 않았으므로 피고 회사의 상계항변은 이유없다.

60) 2015. 12. 21. 원고의 피고 회사에 대한 대여금 최고서가 도달하였고, 그로부터 6개월이 경과하기 전인 2016. 5. 12. 원고는피고 회사가 소외 김은우에 대하여 가지는 6천만 원의 채권에 대하여 채권압류 및 전부명령을 '신청'하였고, 같은 달 22. 채무자 피고 회사와 제3채무자 김은우에게 송달되었으므로 위 대여금 채권은 최고 도달일 2015. 12. 21. 소급하여 소멸시효가 중단되었다(제174조).

61) 피고 윤우상의 소멸시효이익 포기는 상대적이어서 피고 회사에 영향이 없으므로, 피고 회사의 위 대여금채무 원금은 제421조에 따라 2천 5백만 원이다.

1. 사실관계 및 청구취지

(1) 원고와 피고 강수근 사이의 토지 및 건물 매매계약 체결

- 원고는 2015. 7. 1. 강수근에게 서울 서초구 방배동 154 대 150㎡ 및 그 지상 철근콘크리트조 슬라브지붕 근린생활시설 단층 100㎡ (2010. 6. 19. 원고 명의의 보존등기)을 총 매매대금 20억 원에 매도하면서, 계약금 2억 원은 계약 당일, 중도금 10억 원은 2015. 8. 1. 건물 인도와 동시에, 잔금 8억 원은 강수근이 건물을 임대한 날로부터 1개월 이내에 지급하되, 동시에 소유권이전등기에 필요한 모든 서류를 교부하도록 정하였음. 강수근은 약정된 날짜에 계약금과 중도금을 모두 지급하였고, 원고는 건물을 인도하였음

- 강수근은 2016. 3. 15. 박수현과 한우경에게 위 건물을 보증금 5억 원, 차임 월 7백만 원, 기간 2016. 4. 1.부터 2018. 3. 31.로 정하여 임대하면서, 특약으로 임차인이 차임을 지체할 시 월 3%의 지체상금을 지불하고. 임대차가 종료한 후 임차인이 임대차 목적물을 즉시 임대인에게 반환하지 않을 경우 사용기간 동안 차임의 배액을 지급하기로 정하였음.

- 강수근은 2016. 4. 10. 지하철 출입구가 개통된다는 말에 속아서 이 사건 부동산을 비싸게 샀다고 주장하면서 원고에게 매매대금이 최소 3억 원은 감액되어야 함이 마땅하니, 잔대금 중 3억 원을 **절대로 지급할 수는 없고** 나머지 5억 원을 지급받는 조건으로 이전등기 서류 일체를 준비해달라고 **수차례** 통보하였고, 이는 2016. 4. 12. 원고에게 도달하였음

- 원고는 2016. 5. 30. 강수근에게 2016. 6. 30.까지 매매대금 8억 원을 지급하지 아니할 경우 별도 통지 없이 매매계약이 해제되는 것으로 간주하는 의사표시를 하여 이는 2016. 5. 31. 강수근에게 도달하였음.

- 이 사건 지상 건물은 이 사건 토지 전부를 점유하고 있으며, 임차보증금이 없는 경우 월 차임 1,000만원의 월세가 형성되어 있고, 현재까지 시세의 변동은 없음

- 원고는 이 사건 토지와 지상건물에 관한 매매를 취소할 수 있으면 취소하고, 아니면 해제를 원인으로 해서라도 강수근과 박수현, 한우경을 상대로 위 건물을 돌려받고, 손해를 전액 전보받을 수 있는 소송을 제기하되, 집행단계에 가서는 누구를 상대로 어떤 집행을 하는 것이 좋을지 예상할 수 없으므로 법리상 가능한 모든 청구를 해주기 바람(상대방에게 항변사유가 있고 요건이 갖추어진 것으로 판단되면 이를 청구범위에 반영할 것)

(2) 피고의 항변

박수현과 한우경은 원고가 강수근을 상대로 착오를 이유로 매매계약의 취소 및 원상회복(건물인도청구)을 구하는 소송에서 패소하여 위 판결이 확정(변론종결일 : 2016. 3. 10., 확정일 : 2016. 4. 28.)되었으므로 더 이상 매매계약의 해제를 구하는 소를 제기할 수 없다고 주장

※ 청구취지

피고 강수근은 **원고로부터** 1,200,000,000원 및 그 중 200,000,000원에 대하여는 2015. 7. 1.부터, 1,000,000,000원에 대하여는 2015. 8. 1.부터 **각** 다 갚는 날까지 연 5%의 비율로 계산한 **돈을 지급받음과 동시에 원고에게** 서울 서초구 방배동 154 지상 철근콘크리트조 슬라브지붕 단층 근린생활시설 100㎡을 인도하고, 2015. 8. 1.부터 위 건물의 인도완료일까지 월 10,000,000원의 비율로 계산한 돈을 지급하라.

2. 요건사실(이행기 전 이행거절에 의한 계약해제)

① 원고는 2015. 7. 1. 강수근에게 서울 서초구 방배동154 대 150㎡ 및 그 지상 철근콘크리트조 슬라브지붕 근린생활시설 단층 100㎡을 총 매매대금 20억 원에 매도하면서, 계약금 2억 원은 계약 당일, 중도금 10억 원은 2015. 8. 1. 건물 인도와 동시에, 잔금 8억 원은 피고 강수근이 건물을 임대한 날로부터 1개월 이내에 지급하되, 동시에 소유권이전등기에 필요한 모든 서류를 교부하도록 정하였습니다. 이에 피고 강수근은 약정된 날짜에 계약금과 중도금을 모두 지급하였고, 원고는 건물을 인도하였습니다.

② 피고 강수근은 2016. 3. 15. 피고 박수현과 피고 한우경에게 위 건물을 보증금 5억 원, 차임 월 7백만 원, 기간 2016. 4. 1.부터 2018. 3. 31.로 정하여 임대하였고, 2016. 4. 1. 위 건물을 인도하였습니다.

③ 이에 따라 피고 강수근은 2016. 5. 1. 이내에 원고에게 이 사건 매매계약에 따른 잔대금을 지급하여야 할 의무가 있음에도, 2016. 4. 10. 원고에게 매매대금이 최소 3억 원은 감액되어야 함이 마땅하니, 잔대금 중 3억 원을 절대로 지급할 수는 없고 나머지 5억 원을 지급받는 조건으로 이전등기 서류 일체를 준비해달라고 통보, 위 진지하고 종국적인 이행거절의 의사가 원고에게 2016. 4. 12. 도달하였습니다.

④ 이행기 전 이행거절이 있는 경우 원고는 신의칙상 최고 없이도 계약을 해제할 수 있으므로, 원고는 2016. 5. 30. 피고 강수근에게 2016. 6. 30.까지 매매대금 8억 원을 지급하지 아니할 경우 별도 통지 없이 매매계약이 해제되는 것으로 간주하는 의사표시(정지조건부 해제 의사표시)를 하여 이는 2016. 5. 31. 피고 강수근에게 도달, 원고와 피고 강수근 사이의 **매매계약은 2016. 5. 31. 해제되**었습니다.

⑤ 따라서 이 사건 매매계약이 해제됨에 따른 원상회복의무로서, 피고 강수근은 원고로부터 계약금 1억 원 및 이에 대한 2015. 7. 1.부터 다 갚는 날까지 연 5%의, 중도금 10억 원 및 이에 대한

2015. 8. 1.부터 다 갚는 날까지 연 5%의 비율로 계산한 돈을 지급받음과 동시에 원고에게 이 사건 건물을 인도할 의무가 있으며, 건물의 사용수익에 따른 이익으로서 이 사건 건물을 인도받은 2015. 8. 1.부터 인도완료일까지 임대차보증금이 없는 경우 월 10,000,000만 원의 비율로 계산한 돈을 지급할 의무가 있습니다.

3. 피고의 항변에 관련된 법리

대법원은 표준시 전에 행사할 수 있었던 취소권(4291민상830), 해제권(79다1105), 백지보충권(2008다59230)에 대하여는 표준시 후에 이를 행사하면 차단된다고 한다. 즉 확정된 법률관계에 있어 동 확정판결의 변론종결 전에 이미 발생하였던 취소권(이하 또는 해제권)을 그 당시에 행사하지 않음으로 인하여 취소권자에게 불리하게 확정되었다 할지라도 확정 후 취소권을 뒤늦게 행사함으로써 동 확정의 효력을 부인할 수는 없게 되는 것이다(79다1105).

Set 071　6회 : 피고 박수현·한우경에 대한 건물인도·부당이득반환청구

1. 사실관계 및 청구취지

(1) 추가적 사실관계

기본적 사실관계는 Set 070 참고

- 원고는 2016. 7. 5. 박수현, 한우경에게 위 매매계약의 해제 사실을 통지하면서 이 사건 건물을 본인에게 인도할 것을 요구하였고 이는 2016. 7. 6. 박수현,한우경에게 도달함

- 박수현,한우경은 원고의 건물인도 요구를 받은 후 강수근에게 물어보니 강수근이 "사업자등록만 하면 걱정할 필요 없이 영업을 계속 할 수 없다"라는 답변을 듣고 2016. 7. 11. 사업자등록을 마쳤음

- 원고는 이 사건 토지와 지상건물에 관한 매매를 취소할 수 있으면 취소하고, 아니면 해제를 원인으로 해서라도 강수근과 박수현, 한우경을 상대로 위 건물을 돌려받고, 손해를 전액 전보받을 수 있는 소송을 제기하되, 집행단계에 가서는 누구를 상대로 어떤 집행을 하는 것이 좋을지 예상할 수 없으므로 법리상 가능한 모든 청구를 해 주기 바람

(2) 피고의 항변

박수현과 한우경은 ① 공동명의로 사업자등록을 마친 임차인이어서 보호되는 제3자이며, ② 보증금을 돌려받기 전에는 건물을 넘겨줄 수 없고, 넘겨주더라도 임대인에게 넘겨주어야 한다고 주장

피고 박수현, 피고 한우경은 원고에게 서울 서초구 방배동 154 지상 철근콘크리트조 슬라브 지붕 단층 근린생활시설 100㎡을 인도하고, **피고 강수근과 공동하여** 2016. 7. 7.부터 위 건물의 인도완료일까지 월 10,000,000원의 비율로 계산한 돈을 지급하라.

2. 요건사실

① (기본적 사실관계는 Set 070 참고)

② 원고는 2016. 7. 5. 피고 박수현, 피고 한우경에게 위 매매계약의 해제 사실을 통지하면서 이 사건 건물을 본인에게 인도할 것을 요구하였고 이는 2016. 7. 6. 피고들에게 도달하였습니다.

③ 따라서 피고 박수현, 피고 한우경은 원고에게 이 사건 건물을 인도하고, 이 사건 건물의 직접 점유자로서 간접 점유자인 피고 강수근과 공동하여 원고로부터 인도 요구를 받은 다음날인 2016. 7. 7.부터 위 건물의 인도완료일까지 월 10,000,000원의 비율로 계산한 돈을 지급할 의무가 있습니다.

3. 피고의 항변에 관련된 법리

① 대법원은 표준시 전에 행사할 수 있었던 취소권(4291민상830), 해제권(79다1105), 백지보충권(2008다59230)에 대하여는 표준시 후에 이를 행사하면 차단된다고 한다. 즉 확정된 법률관계에 있어 동 확정판결의 변론종결 전에 이미 발생하였던 취소권(이하 또는 해제권)을 그 당시에 행사하지 않음으로 인하여 취소권자에게 불리하게 확정되었다 할지라도 확정 후 취소권을 뒤늦게 행사함으로써 동 확정의 효력을 부인할 수는 없게 되는 것이다(79다1105).

② 해제의 의사표시가 있은 후라도 그 등기 등을 말소하지 않은 동안 새로운 권리를 취득하게 된 제3자의 경우에는 계약이 해제되었다는 사실을 알 수도 있어, 제3자는 해제사실을 모르고 '선의'로 취득한 경우에만 제548조 1항 단서에 의해 보호를 받는다(대판 1996.11.15. 94다35343).[62]

③ 대항력을 갖춘 임차인이 있는 상가건물의 양수인이 임대인의 지위를 승계하면(계약인수), 양수인은 임차인에게 임대보증금반환의무를 부담하고 임차인은 양수인에게 차임지급의무를 부담한다(대판 2017.3.22. 2016다218874).[63]

---

62) 피고 박수현 등은 원고로부터 매매계약 해제 사실을 통지받은 후에 사업자등록을 신청하여 대항력을 갖추었으므로 제548조 1항 단서에 의해 보호받는 제3자라고 할 수 없다.
63) 피고 박수현 등은 제548조 1항 단서에 의한 임차권의 대항력을 원고에게 주장할 수 없어, 원고는 임대인의 지위를 승계받는 자가 아니다. 따라서 피고 박수현 등은 원고에게 임대차보증금을 지급받기 전에는 인도청구에 응할 수 없다고 동시이행의 항변권을 행사할 수 없다.

1. 사실관계 및 청구취지

(1) 원고와 피고 최병철 사이의 임대차계약 체결

- 원고는 2013. 1. 4. 최병철로부터 서울 강남구 역삼로 59 두꺼비빌딩 1층 210㎡을 보증금 1억 원, 차임 월 2백만 원, 기간 2013. 1. 9.부터 2016. 1. 8.까지로 하여 임차하기로 하고, 특약으로 원고가 차임을 지체할 시 최병철에게 월 3%의 지체상금을 지불, 임대차 종료시 임대차 목적물을 즉시 임대인에게 반환하지 않을 경우 위약금으로 최병철에게 3억 원을 지급하기로 정하였음

- 원고는 2013. 1. 9. 피고 최병철에게 보증금을 전액 지급하고 위 건물을 인도받아 현재까지 '추풍령갈비'라는 상호로 음식점을 사업자등록 없이 운영하고 있음

- 원고는 2015. 8월, 10월 차임을 연체하고 있는 상황에서, 최병철에게 상가건물임대차보호법 규정에 따라 임대차기간 만료 1개월 전인 2015. 12. 1. 위 법률상 임대차계약 기간 갱신은 5년까지 허용되므로 본 요구서를 발송하는 날부터 5년이 되는 2020. 12. 1.까지 기간이 연장되어야 한다고 주장하였고, 이는 2015. 12. 3. 최병철에게 도달함

- 원고는 최병철이 위 갱신요구를 거절하자, 2015. 12. 9. 총 금액 636만 원(2015. 8월분 및 10월 분 임료 합계 400만 원 및 그 지연손해금 36만원과 2015. 12월 분 임료 2백만 원)을 변제공탁하였음

- 최병철은 공탁금을 수령하지 않은 채 매일 같이 찾아와 "2016. 1. 8.이 되면 무조건 건물을 비워주고 나가야 한다. 그렇지 않으면 위약금 3억 원을 물어야 한다."라고 있어 원고의 영업에 지장이 발생하는 상황임

- 원고는 최병철과의 분쟁을 해결하고 중소기업청에 중소 상공인을 위한 운영자금을 신청하기 위해, 자신에게 적법한 임차권이 있다는 점을 증명할 수 있는 판결을 원함

(2) 피고의 항변

최병철은 ① 원고가 사업자등록을 하지 않아 상가건물임대차보호법이 적용되지 않으므로 갱신을 요구할 권리가 없다, ② 설사 법률이 적용된다고 할지라도 2기의 임료를 연체하고 있으므로 위 법률에 의하여 임대인 본인은 갱신요구를 거절할 수 있으며, ③ 앞선 거절통지가 효력이 없다면, 2기 임료 연체를 이유로 민법 제640조에 의하여 임대차계약을 해지(의사표시일 : 2015. 12. 12., 도달일 : 2015. 12. 14.)한다고 주장

※ **청구취지**
원고와 피고 최병철 사이에서, 서울 강남구 역삼로 59 두꺼비 빌딩 1층 210㎡에 관하여, 원고와 피고 최병철 사이의 2013. 1. 4. 자 임대차계약에 의한 임대차보증금 100,000,000원,

차임 월 2,000,000원, 기간 2016. 1. 9.부터 2018. 1. 8.까지로 된 임차권이 **원고에게 존재함을 확인한다.**

2. 요건사실

① 원고는 2013. 1. 4. 피고 최병철로부터 서울 강남구 역삼로 59 두꺼비빌딩 1층 210㎡을 보증금 1억 원, 차임 월 2백만 원, 기간 2013. 1. 9.부터 2016. 1. 8.까지로 하여 임차하기로 하고, 특약으로 원고가 차임을 지체할 시 월 3%의 지체상금을 지불, 임대차 종료시 임대차 목적물을 즉시 임대인에게 반환하지 않을 경우 위약금으로 임대인에게 3억 원을 지급하기로 정하였습니다.

② 원고는 2013. 1. 9. 피고 최병철에게 보증금을 전액 지급하고 위 건물을 인도받아 현재까지 '추풍령갈비'라는 상호로 음식점을 사업자등록 없이 운영하였고, 2015. 12. 1. 상가건물임대차보호법 규정에 따라 임대차기간 만료 1개월 전 갱신을 요구하여 이는 2015. 12. 3. 피고 최병철에게 도달하였습니다.

③ 원고는 피고가 위 갱신요구를 거절하자, 2015. 12. 9. 총 금액 6백3십6만 원(2015. 8월 분 및 10월 분 임료 합계 400만 원 및 그 지연손해금 36만원과 2015. 12월 분 임료 2백만 원)을 변제공탁하였습니다.

④ 피고는 2015. 12. 12. 위 공탁금의 수령을 거절하면서, 갱신요구를 거절함과 동시에 민법 제640조의 임대차계약을 해지한다고 주장, 위 의사표시가 2015. 12. 14. 원고에게 도달하였습니다.

⑤ 원고는 상가건물임대차보호법 제10조 1·2항에 따라 적법하게 이 사건 임대차계약의 갱신을 요구할 권리가 있고 앞서 살펴본 바와 같이 원고가 적법하게 갱신을 요구하였으므로, 이 사건 임대차계약은 2016. 1. 9.부터 2018. 1. 8.까지 연장되었습니다, 그럼에도 피고 최병철은 원고의 갱신요구를 거절하며 임대차계약이 해지되었다고 주장하고 원고가 2016. 1. 8.까지 위 임대차 목적물을 인도하지 않을 경우 위약금 3억 원을 청구할 것이라고 주장하고 있습니다. 이는 원고가 이 사건 건물을 임차하여 영업을 하며 중소상공인을 위한 운영자금을 신청할 권리 및 상가건물 임차인이라는 법률상 지위에 현존하는 위험 불안에 해당하고, 원고가 피고와의 사이에 원고에게 이 사건 건물에 관하여 청구취지와 같은 임차권이 존재함을 확인받는 것이 위 위험 불안을 제거하는데 가장 유효 적절한 수단이 되므로, 원고의 청구는 확인의 이익이 인정됩니다.

3. 피고의 항변에 관련된 법리

① 상가건물임대차보호법 제10조의 갱신요구권은 대항력과 무관함

② 임대인은 임차인이 임대차기간이 만료되기 6개월 전부터 1개월 전까지 사이에 계약갱신을 요구할 경우 정당한 사유 없이 거절하지 못한다. 다만, 다음 각 호의 어느 하나의 경우에는 그러하지 아니하다. 1. 임차인이 3기의 차임액에 해당하는 금액에 이르도록 차임을 연체한 사실이 있는 경우(상가건물임대차보호법 제10조 1호)

③ 임차인의 차임연체액이 3기의 차임액에 달하는 때에는 임대인은 계약을 해지할 수 있다(상가건물임대차보호법 제10조의8)

1. 사실관계 및 청구취지

(1) 원고의 피고 공상국의 토지에 대한 등기부취득시효 완성

- 원고는 2010. 1. 10. 서울 마포구 성산동 750 토지(지목 : 잡종지)를 소호진으로부터 매수한 후 대금을 지급하고, 2010. 1. 15. 이를 인도받음과 동시에 소유권이전등기를 경료함.

- 그 당시 위 토지 상에는 시멘트블럭조 슬레이트지붕 단층 창고 126㎡의 신축공사가 진행중이었는데, 기둥 외벽 지붕 등 골조가 완성된 상태였음. 원고는 위 건축 중인 창고도 함께 매수하여 대금을 완불하고 인도받았으나, 창고는 미등기 상태라 위 토지만 소유권이전등기를 넘겨받았는데, 위 창고는 완공 후 현재까지도 미등기상태임

- 공상국은 2015. 12. 2. 원고에게 자신이 위 토지의 실제 소유주라고 밝히며, 소호진의 전 소유 명의자인 서영수가 1997. 6. 30. 등기서류를 위조하여 자신 명의로 소유권이전등기를 마친 후 2005. 4. 25. 소호진에게 소유권이전등기를 마쳐주었고 이를 인도해주었다는 경위를 밝히며, 서영수, 소호진을 상대로 형사고소한 결과 서영수가 등기서류 위조에 관하여 형사처벌을 받았으므로 서영수, 소호진, 원고의 등기는 모두 원인무효로서 소유권이전등기를 말소하고 지상의 창고의 철거를 요구하는 서면을 보내왔음

- 공상국은 자신을 채권자, 원고를 채무자로 하여 2015. 12. 3. 토지 소유권에 기한 철거청구권을 청구채권으로 하여 원고의 이 사건 건물의 점유이전금지가처분결정을 받았고 2015. 12. 4. 그 집행까지 마쳤음. 원고는 법무사에게 위 가처분의 취소를 의뢰하였던바, 법무사는 본안판결을 받아오면 가처분을 취소해 주겠다고 함

- 원고는 소호진의 등기를 믿고 상당한 조사를 거쳐 정상적으로 위 토지를 매수하여 점유해온 것이며, 소호진도 서영수가 진짜 주인인 것으로 믿었는 데 아무런 잘못이 없어 무혐의 처분을 받았으므로, 공상국의 요구에 응할 수 없다고 답변함

- 원고는 위 토지와 건물에 관하여 각각 공상국과의 법적 분쟁을 해결하는 데 필요한 판결을 받기 원함(소제기 2016. 1. 7.)

※ 청구취지

1. 원고와 피고 공상국 사이에서,

   가. 서울 마포구 성산동 750 잡종지 240㎡가 원고의 소유임을,

   나. 위 가.항 기재 토지 지상 시멘트블록조 슬레이트지붕 단층 창고 126㎡에 관한 원고의 피고 공상국에 대한 철거의무는 존재하지 아니함을,

   각 확인한다.

2. 요건사실(① 10년간 등기 ② 무과실)

① 원고는 2010. 1. 10. 서울 마포구 성산동 750 토지를 소외 소호진으로부터 매수한 후 대금을 지급하고, 2010. 1. 15. 이를 인도받음과 동시에 소유권이전등기를 경료하였고, 당시 위 토지 상에는 시멘트블럭조 슬레이트지붕 단층 창고 126㎡의 신축공사가 진행중이었는데, 기둥 외벽 지붕 등 골조가 완성된 상태로, 원고는 위 건축 중인 창고도 함께 매수하여 대금을 완불하고 인도받았으나, 창고는 미등기 상태이므로 위 토지만 소유권이전등기를 넘겨받았고, 위 창고는 완공 후 현재까지도 미등기상태입니다.

② 소외 소호진은 2005. 4. 25. 이전 등기 명의인 서영수가 진정한 등기 명의자로 믿고, 믿는 데 과실 없이 서영수로부터 소유권이전등기를 경료하였습니다.

③ 등기부취득시효의 경우 이전 등기명의인 앞으로 등기가 경료된 기간을 승계받을 수 있으므로, 소외 소호진과 원고가 각 이전 등기 명의자가 진정한 소유자로서 처분권한이 있음을 조사하고 이 사건 토지를 매수하여 등기명의를 경료한 이상, 원고는 2015. 4. 25. 등기부취득시효 완성을 원인으로 하여 이 사건 토지의 소유권을 취득하였습니다.

④ 그럼에도 불구하고 피고 공상국은 2015. 12. 2. 자신이 이 사건 토지의 소유자임을 전제로, 원고에게 토지의 소유권이전등기를 하라는 요구를 하거나, 2015. 12. 3. 소유권에 기한 철거청구권을 청구채권으로 이 사건 건물에 관하여 점유이전금지가처분결정을 받는 등, 원고의 이 사건 토지 및 건물의 소유권에 대한 현존하는 위험 불안을 야기하고 있고, 원고는 원고가 이 사건 토지의 소유자이며 건물에 관한 철거 의무가 존재하지 않는다는 확인 판결을 받는 것이 위 위험 불안을 제거하는데 가장 유효 적절한 수단이 되므로 원고의 청구는 확인의 이익이 인정됩니다.

1. 사실관계 및 청구취지

(1) 원고와 피고 김병철 사이의 토지 매매계약 체결 및 하자 존재

- 원고는 자신이 운영하는 음식점에 채소류를 조달하기 위한 농경지로 쓰려고, 2015. 4. 14. 조경업을 운영하는 김요선으로부터 서울 강동구 고덕동 517 토지와 같은 동 518 토지를 총 매매대금 8억 원(517 토지는 2억 원, 518 토지는 6억 원)에 매수하여 계약금은 계약 당일, 잔금은 2015. 4. 17. 지급하기로 정하였음. 원고는 위 대금을 완불하고 2015. 4. 17. 위 토지들을 인도받아 같은 날 소유권이전등기를 경료하였음

- 원고는 2015. 10. 6. 위 517 토지에 배추를 심기 위해 작업을 하다가 콘크리트가 깔려 있는 것을 발견하였고, 이 콘크리트를 제거하기 위해서는 2천2백만 원이 소모됨을 확인하였음. 원고는 2015. 10. 7. 김요선에게 콘크리트를 제거해주든지 그 제거비용 2천2백만 원을 지급할 것을 통지하여 2015. 10. 9. 김요선이 이를 수령함

- 원고는 2015. 11. 9. 고덕동 518 토지를 파헤쳐보니 쓰레기가 묻혀 있는 것을 발견하였고, 이 쓰레기를 제거하기 위해서는 1억1천5백만 원이 소요됨을 확인하였음. 원고는 2015. 11. 11. 김요선에게 쓰레기를 직접 제거해주든지 아니면 그 제거비용 1억1천5백만원을 지급할 것을 통지하여 다음 날 김요선이 이를 수령함

- 원고는 위 콘크리트와 쓰레기를 제거하기 위한 공사비를 김요선으로부터 받는 데 필요한 소의 제기를 희망함

- 소송촉진 등에 관한 특례법에 의한 법정이율 : 연 15%

(2) 피고의 항변

김요선은 517 토지에 관하여 ① 517 지하 콘크리트에 대해서는 본인도 몰랐던 사실로 아무런 귀책사유가 없으며, ② 토지 인도일로부터 상당한 기간이 지났으므로 본인에게 책임을 물을 수 없다고 주장함

※ 청구취지

피고 김요선은 원고에게 22,000,000원 및 이에 대한 2015. 10. 10.부터 이 사건 소장 부본 송달일까지는 연 6%의, 그 다음 날부터 다 갚는 날까지는 연 15%의 **각** 비율로 계산한 돈을 지급하라.

2. 요건사실(상법 제69조 1항)

① 원고는 자신이 운영하는 음식점에 채소류를 조달하기 위한 농경지로 쓰려고, 2015. 4. 14. 조경업을 운영하는 피고 김요선으로부터 서울 강동구 고덕동 517 토지와 같은 동 518 토지를 총 매매대금 8억 원(517 토지는 2억 원, 518 토지는 6억 원)에 매수하여 계약금은 계약 당일, 잔금

은 2015. 4. 17. 지급하기로 정하였음. 원고는 위 대금을 완불하고 2015. 4. 17. 위 토지들을 인도받아 같은 날 소유권이전등기를 경료하였습니다.

② 원고는 2015. 10. 6. 위 517 토지에 배추를 심기 위해 작업을 하다가 콘크리트가 깔려 있는 것을 발견하였고, 이 콘크리트를 제거하기 위해서는 2천2백만 원이 소모됨. 원고는 2015. 10. 7. 위와 같은 사실을 피고에게 통지하여 2015. 10. 9. 피고가 수령하였습니다.

③ 위와 같이, 이 사건 토지에 관한 매매계약은 상인간의 매매계약이고, 이 사건 토지에는 콘크리트가 매립되어 있어 농경지로서 기대되는 객관적 성질이나 성능이 결여된 하자가 존재하며, 이는 즉시 발견할 수 없는 하자로서 원고는 매매계약을 체결한 2015. 4. 14.부로부터 6월 이내인 2015. 10. 6. 위 하자를 발견하여 피고에게 즉시 통지, 피고는 2015. 10. 9. 이를 수령하였는 바, 피고 김요선은 원고에게 22,000,000원 및 이에 대한 2015. 10. 10.부터 이 사건 소장 부본 송달일까지는 연 6%의, 그 다음 날부터 다 갚는 날까지는 연 15%의 각 비율로 계산한 돈을 지급할 의무가 있습니다.

3. 피고의 항변에 관련된 법리

하자담보책임은 귀책사유를 요건으로 하지 않는 무과실 책임이다(다수설·判例 88다카31886 등). 따라서 하자담보책임에는 과실상계에 관한 규정이 적용될 수는 없으나, 判例는 민법의 지도이념인 공평의 원칙에 입각하여 손해배상의 범위를 정한다(88다카31866)

1. 사실관계 및 청구취지

(1) 원고의 이 사건 토지 경락으로 인한 소유권 취득 및 피고 조한근의 토지 점유

- 원고는 2010. 6. 10. 서울 마포구 성산동 320 대 450㎡에 관한 강제경매에서 매각대금을 납입하여 소유권을 취득하였음. 위 토지는 종전에 조한근의 소유였는데, 원고가 2015. 4. 건물 신축을 위해 위 토지를 측량하는 과정에서, 조한근의 소유인 성산동 326 지상 주택에 딸린 옥외 화장실(12㎡)이 위 성산동 320 대지에 건축되어 있는 사실을 확인하였음

- 조한근은 성산동 320 대지를 주식회사 한미은행의 근저당권이 설정(1993. 12. 5. 근저당권설정등기 경료)된 상태에서 이동필로부터 매수하고, 그 매매대금에서 위 은행에 대한 이동필의 채무액을 뺀 나머지만을 지급하기로 하면서 근저당권설정등기는 그대로 둔 상태로 1994. 3. 20. 본인 앞으로 소유권이전등기를 경료한 것임.

- 조한근은 1995. 5.경 성산동 320 대지에 연접한 성산동 326 대지 위에 단독주택 신축공사를 착공하는 과정에서, 측량기사가 경계표시를 잘못해 준 바람에 위 성산동 320 대지의 지상에 화장실 건물을 축조하였음[등기기록상 표시 : 서울 마포구 성산동 326(도로명 주소 : 서울 마포구 성산로 52) 지상 시멘트블럭조 슬래브지붕 단층 화장실 12㎡(실제 현황은 서울 마포구 성산동 320 지상에 소재함)]

- 위 화장실 대지 12㎡를 보증금 없이 임대할 경우 1995년경부터 2005년 말까지는 매월 50만 원, 그 이후 현재까지는 매월 70만 원을 받을 수 있다고 함

- 원고는 2015. 4. 8. 조한근에게 위 화장실을 올해 말까지 철거해준다면 사용료 부분은 양해하고 청구하지 않겠다는 취지의 통지를 하였고 위 통지는 다음 날 조한근에게 도달하였음

- 원고는 위 화장실 대지 부분을 포함한 성산동 320 대지에 신축공사를 하는데 지장을 받지 않고, 그 부분 토지를 사용하지 못한 손실을 전보받는 데 필요한 소의 제기를 희망함(소 제기 : 2016. 1. 7.)

(2) 피고의 항변

조한근은 ① 경계측량에 관하여 본인도 몰랐던 사실로 아무런 귀책사유가 없으며, ② 점유취득시효가 완성되었으며, ③ 민법상 또는 관습상 법정지상권이 성립하였다고 주장하고 ④ 화장실 건축 당시 경계 침범 사실을 알지 못했고 2006. 1. 1. 이후로는 화장실을 폐쇄하고 사용하고 있지 않다고 주장함

2. 요건사실(① 원고 토지 소유 ② 피고 화장실 소유)

① 원고는 피고 조한근 소유였던 서울 마포구 성산동 320 대 450㎡에 관한 강제경매의 입찰에 참가하여 낙찰받았고 2010. 6. 10. 매각대금을 모두 납입하여 위 토지의 소유권을 취득하였습니다.

② 피고 조한근은 위 토지 지상에 이 사건 옥외 화장실을 소유하면서 그 부지인 토지 부분을 점유하고 있습니다.

③ 피고는 원고가 소유권을 취득한 2010. 6. 10.부터는 이 사건 성산동 320 대지를 점유할 정당한 권원이 없음에도 불구하고 현재까지 이 사건 화장실을 소유하여 그 부지인 토지 부분을 점유·사용함으로써, 사용이익을 얻고 이로 인하여 원고에게 사용이익 상당의 손해를 가하였다고 할 것입니다.

　통상의 경우 부동산의 점유·사용으로 인한 이득액은 그 부동산의 차임 상당액이라고 할 것인바, 원고가 이 사건 대지의 소유권을 취득한 2010. 6. 10.부터 현재까지의, 그리고 앞으로 장래의 차임 상당액도 이 사건 대지 12㎡의 차임인 월 70만원일 것으로 추인됩니다.

④ 피고 조한근은 이 사건 화장실의 부지 부분에 관하여 관습법상 법정지상권을 취득하였다거나, 취득시효가 완성되었다고 주장하는 등 원고의 화장실 철거 및 부지 인도 요구에 불응할 것으로 예상되므로, 원고의 장래의 부당이득반환청구는 미리 청구할 필요도 인정됩니다.

⑤ 따라서 피고 조한근은 원고에게 위 화장실을 철거하고 그 부지 부분을 인도하며, 악의의 토지 점유자가 된 날인 이 사건 소제기일(민법 제197조 2항) 위 부지 부분 인도완료일까지 월 70만 원의 비율에 의한 차임 상당의 부당이득금을 지급할 의무가 있습니다.

3. 피고의 항변에 관련된 법리

① 자기 소유의 부동산을 점유하고 있는 상태에서 다른 사람 명의로 소유권이전등기가 된 경우 자기 소유 부동산을 점유하는 것은 취득시효의 기초로서의 점유라고 할 수 없고, 그 소유권의

---

64) 조한근은 선의 점유자로서 과실수취권이 있으므로 반환의무가 없다(제201조 1항). 다만 선의의 점유자라도 본권에 관한 소에서 패소한 때에는 그 '소가 제기된 때'부터 악의의 점유자로 본다(민법 제197조 제2항). 이때 '소가 제기된 때'란 판례에 따르면(대판 2016.7.29. 2016다220044) '소송이 계속된 때'(피고에게 소장부본이 송달된 날)이고, 부당이득은 점유개시를 하거나 악의가 된 '당일'로부터 발생하는 것이지 '다음날'부터가 아님을 주의해야 한다.

변동이 있는 경우에 비로소 취득시효의 기초로서의 점유가 개시되는 것이므로, 취득시효의 기산점은 소유권의 변동일 즉 소유권이전등기가 경료된 날이다(96다55860)

② 토지 또는 그 지상 건물에 관하여 강제경매를 위한 (가)압류가 있기 이전에 저당권이 설정되어 있다가 그 후 '강제경매'로 인해 그 저당권이 소멸하는 경우(소멸주의)에는 제366조의 법정지상권이 아니라 관습상의 법정지상권이 문제되며, 이 때 토지와 그 지상 건물이 동일인 소유에 속하였는지는 그 '저당권 설정 당시'를 기준으로 판단한다(2009다62059)

③ 선의의 점유자는 제201조 1항에 따라 과실수취권을 가지는바, '선의'라 함은 과실수취권을 포함하는 권원이 있다고 오신하였을 뿐만 아니라, 오신할 만한 정당한 근거가 있는 경우를 말하므로(94다27069), 선의의 점유자라도 '본권에 관한 소'에서 패소한 때에는 그 소가 제기된 때부터 악의의 점유자로 간주된다(제197조 2항)

④ 토지 위 건조물(화장실)의 소유자가 화장실을 폐쇄하고 더 이상 사용하고 있지 않다는 항변을 하였으나, 화장실 소유 자체로' 대지를 사용·수익하고 있는 것으로 보는 경우와 같이 건물을 사용·수익하지 않더라도 '부지'에 관한 부당이득은 성립한다(98다2389)

Set 076   5회 : 피고 동방석유주식회사에 대한 근저당권설정등기말소청구

1. 사실관계 및 청구취지

(1) 이송자(원고의 妻)의 보증채무 부담과 주채무의 소멸시효 완성

- 이형철은 2011. 10. 1. 동방석유주식회사와 석유류제품공급계약을 체결하고, 위 회사로부터 각종 석유류 제품을 외상으로 공급받았는데(거래 기간 2011. 10. 1.부터 2015. 9. 30. 외상공급 한도액 5억 원, 대금 변제기 매 공급일로부터 1개월 후, 지체손해금률 월 1%), 이송자는 남동생인 이형철으로부터 3개월 뒤면 보증인을 교체해 준다는 약속 및 보증인 교체에 대한 위 회사의 협조 약속을 받고 유류대금 채무를 보증하였고, 서울 송파구 방이동 215 잡종지 3,600㎡(당시 시가 15억 원)에 2011. 10. 2. 위 회사 앞으로 채권최고액 7억 원, 채무자 이송자, 근저당권자 동방석유주식회사로 한 근저당권설정등기를 마쳐주었음(서울동부지방법원 송파등기소 2011. 10. 2. 접수 제1630호로 마친 근저당권설정등기)

- 위 토지는 원고가 2011. 8. 3. 이상운으로부터 매수한 것이나, 도박의 습벽이 있는 원고가 임의로 토지를 처분하는 것을 방지하기 위해 이송자 명의로 등기해두기로 하여 매도인 이상운의 승낙을 받아 등기만을 2011. 8. 5. 이송자 명의로 경료한 것임 (같은 법원 같은 등기소 2011. 8. 5. 접수 제1500호로 마친 소유권이전등기)

- 이형철이 외상값을 제대로 갚지 못하자 이송자는 구두와 서면으로 이형철과 동방석유주식회사에 수차례 보증인을 교체하여 줄 것을 요청하였고, 이들은 2012. 2. 3. 위 요청서를 받았음에도 당초의 약속과 달리 아무런 조치를 취하지 않았고 오히려 외상거래를 확장하였음.

공급일	공급금액(만 원)	미변제잔액(만 원)
2011. 10. 10.	18,700	9,200
2011. 11. 7.	16,420	4,900
2011. 12. 5.	13,900	6,300
2012. 2. 9.	36,000	9,600
2012. 3. 17.	12,600	10,000
합계		40,000

- 이에 이송자는 2012. 4. 20.자로 동방석유주식회사에 보증계약을 해지한다는 통지를 하여 그 통지서가 다음 날 도달하였는데, 그 당시 이형철의 외상 채무는 원금만도 4억 원에 달하였음.

- 동방석유주식회사는 이송자의 해지 통지서를 받고도 아무런 응답을 하지 않은 채 이형철과 2013. 9. 이후 2015. 9. 30까지에도 3회에 걸쳐 합계 1억 원의 석유를 추가로 외상 공급한 거래를 하자, 원고가 2015. 10. 중순경 위 회사를 상대로 근저당권설정등기를 말소해달라고 요구하였음.

- 동방석유주식회사는 근저당권등기만 믿고 그동안 이형철에게 외상값 독촉 한 번을 안하였으므로, 지체이자는 면제하여 줄 테니 원금 5억 원이라도 갚으면 즉시 근저당권설정등기를 말소하여 주겠다고 함

- 원고는 근저당권설정등기가 자신의 의사와 무관하게 이루어진 것이어서 무효라고 주장하면서, 만일 법적으로 갚아야 할 외상대금이 있다면 이를 갚고서라도 근저당권설정등기를 말소하기를 희망한다. 현재 이송자는 자기 이름의 순재산이 5억 원 가량 되는데, 위 토지 문제로 다툰 후 몇 달 전에 집을 나가 연락이 안 되고 있다(소 제기 2016. 1. 7.).

※ 청구취지

피고 동방석유주식회사는 원고에게[65] 서울 송파구 방이동 215 잡종지 3,600㎡에 관하여 서울동부지방법원 송파등기소 2011. 10. 2. 접수 제1630호로 마친 근저당권설정등기의 말소등기절차를 이행하라.

---

[65] '이전등기'의 대위청구라면 이행상대방을 반드시 채무자로 기재해야 하지만, 사안과 같은 '말소등기'의 대위청구라면 등기의 상대방이 문제되지 않기 때문에 '원고에게' 또는 채무자인 '소외 이송자(주민번호, 주소)에게'라고 기재하더라도 무방하다.

2. 요건사실(피보전채권 : 소유권이전등기청구권, 필불, 피대위권리 : 근저당권설정등기말소청구권)

① 소외 이형철은 2011. 10. 1. 피고 동방석유주식회사와 석유류제품공급계약을 체결하고, 위 회사로부터 각종 석유류 제품을 외상으로 공급받았는데(거래 기간 2011. 10. 1.부터 2015. 9. 30. 외상공급 한도액 5억 원, 대금 변제기 매 공급일로부터 1개월 후, 지체손해금률 월 1%), 이에 원고의 妻 소외 이송자는 3월 뒤면 새로운 보증인을 물색하여 교체해준다는 남동생 이형철의 말을 믿고 이형철의 유류대금 채무를 보증하였고, 서울 송파구 방이동 215 잡종지 3,600㎡(당시 시가 15억 원)에 2011. 10. 2. 위 회사 앞으로 채권최고액 7억 원의 근저당권설정등기를 마쳐주었습니다.

② 위 토지는 원고가 2011. 8. 3. 소외 이상운으로부터 매수한 것이나, 도벽의 습벽이 있는 원고가 임의로 처분하지 못하도록 소외 이송자 명의로 등기해두기로 약정하여 소외 이상운의 승낙을 받아 등기만을 2011. 8. 5. 이송자 명의로 경료한 것으로서, 부동산 실명법 제8조 제2호에 따라 조세포탈 등의 목적이 없는 유효한 명의신탁 약정에 기한 것입니다.

③ 소외 이송자는 2016. 2. 1. 서신으로 보증인 교체를 정식으로 요구하였고 위 통지는 2016. 2. 3. 피고에게 도달하였는바, 주채무자 이형철은 소외 이송자의 요구를 회피하면서 도박에만 탐닉하고 있고, 피고 회사는 보증인 이송자로부터 외상공급을 확대하지 말아달라는 요청을 받고도 지속하여 외생공급을 하였습니다. 위와 같은 계속적 보증의 경우 주채무자와 보증인 사이에 신뢰관계를 기초로 함에도 불구하고 위와 같은 주채무자와 채권자 피고 회사의 행태는 위 신뢰관계를 해하는 행위에 해당, 소외 이송자는 2012. 4. 20. 적법하게 보증계약 해지의 의사표시를 하여 위 의사표시는 다음 날 피고 회사에 도달하였고 2012. 4. 21. 보증계약 해지 당시 확정된 보증채무액은 2012. 3. 17. 마지막으로 발생한 외상채무액을 포함한 4억원 및 이에 대한 지연손해금이라고 할 것입니다.

④ 이 사건 주채무인 소외 이형철의 채무는 민법 제163조 6호에 따라 상인인 피고 회사가 판매한 물품대금채무로서 3년의 소멸시효 기간을 갖습니다. 피고 회사가 위 채무에 대한 소멸시효 중단을 위하여 아무런 조치를 취하지 아니한 이상, 위 주채무는 최종적으로 물품대금의 변제기가 도래한 2012. 4. 17.부터 3년이 경과한 2015. 4. 17. 24:00 소멸시효 완성으로 소멸하였고, 지연손해금 채무 또한 민법 제183조에 따라 소멸하였습니다.
보증채무는 주채무에 부종하는 성질을 가지므로, 주채무의 소멸시효가 완성된 이상 소외 이송자의 피고 회사에 대한 보증채무도 시효소멸하였고, 따라서 피고 회사의 근저당권의 피담보채권이 시효소멸한 이상 근저당권 또한 부종성에 따라 소멸하게 됩니다.

⑤ 원고는 앞서 살펴본 바와 같이 유효한 부부 간의 명의신탁약정에 기하여 소외 이송자를 상대로 이 사건 토지의 소유권이전등기청구권을 피보전채권으로 가지고, 소외 이송자는 위 근저당권의 소멸을 원인으로 하여 피고 회사를 상대로 근저당권설정등기말소청구권을 갖는바, 이송자가 집을 나가 위 권리를 행사하고 있지 아니한 이상, 원고는 소외 이송자에 대한 소유권이전등기청구권을 보전하기 위하여 소외 이송자를 대위하여 피고 회사를 상대로 이 사건 토지에 관하여 설정된 피고 회사의 근저당권설정등기의 말소등기절차의 이행을 청구할 필요성이 있습니다.

1. 사실관계 및 청구취지

(1) 원고의 이 사건 어음금채권에 대한 압류 및 추심명령

- 원고는 2010. 5. 1. 상인 우범선에게 4억 원을 변제기 2013. 4. 30., 이율 및 지연손해 금률 각 월 2.7%로 약정하여 대여하였으나 원리금을 전혀 받지 못해, 2013. 5. 10. 서울동부지방법원 2013가합12345호로 "피고는 원고에게 4억 원 및 이에 대하여 2010. 5. 1.부터 다 갚는 날까지 월 2.7%의 비율에 의한 금원을 지급하라."는 대여 금청구의 소를 제기하였다. 그런데 소송 도중인 2013. 7. 11. "1. 피고는 원고에게 3억 원 및 이에 대하여 2010. 5. 1.부터 다 갚는 날까지 연 30%의 비율에 의한 금원을 지급한다. 2. 원고의 나머지 청구는 포기한다."는 화해권고결정이 내려져 그 결정이 확정되었음.

- 삼진전자주식회사는 이정진이 대표이사로 등기(취임 등기 : 2013. 5. 30.)되어 있으나, 대주주인 송병일에게 중요한 회사 업무 처리를 위임하였고, 송병일이 '삼진전자 주식회사 대표이사 송병일'이라는 명함과 대표이사 인장을 사용하면서 대부분의 회사 업무를 처리해왔고, 최상진을 비롯한 주변 사람들은 모두 송병일이 대표이사인 줄 알고 있었음

- 송병일은 2015. 3. 1. 위 회사를 대표해 최상진에게 액면금란을 백지로 한 약속어음 1장을 발행하였는데(지급기일 2015. 10. 31. 지급지 서울, 지급장소 삼진전자주식회 사 본점 또는 기업은행 서울 공항동지점, 발행일 2015. 3. 1., 발행지 서울), 2015. 10. 말까지 위 회사가 최상진으로부터 총 10억 원 한도에서 무이자로 돈을 빌려 쓰기로 하되, 그 금전거래가 종료하면 그 당시까지의 최종 차용액을 최상진이 액면금란에 기재해 넣기로 합의하였음

- 송병일과 최상진은 2015. 6. 20. 위 금전거래를 종료하기로 합의하였는데, 그때까지 최상진이 빌려준 돈은 총 1억 원이었음.

- 최상진은 2015. 6. 25. 우범선에게 1억 2,000만 원의 물품대금 채무 변제에 갈음 하여 위 어음을 배서, 교부하였고, 그 당시 최상진은 우범선에게 액면금란을 1억 2,000만 원으로 보충해도 좋다고 말하였음. 이에 우범선은 그 말만을 믿고 액면금 란을 1억 2,000만 원으로 보충 기재한 후 2015. 11. 12. 위 회사를 찾아가 어음을 제시하며 어음금 지급을 요구하였으나, 위 회사는 어음이 무효라는 등의 이유로 지급을 거절하였고, 우범선은 아직 어음금을 받지 못하고 있음

- 원고는 위 화해권고결정에 기하여 우범선의 삼진전자주식회사에 대한 어음금채권 에 대하여 압류 및 추심명령을 신청하여, 2015. 11. 18. 압류 및 추심명령을 받았고, 이는 제3채무자 삼진전자주식회사에 2015. 11. 21. 송달되었음에도 회사는 어음금을

지급하지 않음.

- 원고는 삼진전자주식회사를 상대로 위 어음금을 받는데 필요한 소를 제기하여 주기를 바라며, 법률상 가능하다면 조병갑이 우범선에 대하여서도 빌려준 돈 중 위 화해권고결정에 반영되지 못한 부분을 받을 수 있는 판결을 원함(소제기 2016. 1. 7.) 소송촉진 등에 관한 특례법에 의한 법정이율 : 연 15%

(2) 피고의 항변

삼진전자주식회사는 ① 송병일은 대표권을 가진 자가 아니고, ② 최상진에게 어음금액란을 보충할 권한을 1억 원 한도 내에서만 부여하였는데, 우범선은 보충권의 범위에 대하여 당사에 한 번도 물어보지 않은 채 보충권의 범위를 초과한 1억 2천만 원으로 보충한 중과실이 인정되고, ③ 우범선이 약속어음의 지급제시기간을 도과한 후 위 어음을 지급제시하여 어음의 효력이 소멸하였다고 주장함

※ 청구취지

피고 삼진전자주식회사는 원고에게 100,000,000원 및 이에 대한 2015. 11. 13.[66]부터 이 사건 소장 부본 송달까지는 연 6%의, 그 다음 날부터 다 갚는 날까지는 연 15%의 각 비율로 계산한 돈을 지급하라.

2. 요건사실(① 피압류채권, ② 압류및추심명령, ③ 제3채무자송달)

① 피고 삼진전자주식회사(이하 '피고 삼진전자'라 합니다)의 대표이사인 소외 이정진은 대주주인 소외 송병일(이하 '송병일'이라 합니다)에게 회사의 주요업무를 위임하였고, 이에 따라 송병일은 '삼진전자 대표이사 송병일'이라는 명함과 대표이사 인장을 소지하면서 대부분의 회사업무를 처리해 왔고 주변 사람들과 소외 최상진(이하 '최상진'이라 합니다), 소외 우범선(이하 '우범선'이라 합니다) 등은 모두 송병일이 대표이사라고 믿었습니다. 이에 송병일은 피고 삼진전자의 명의로 2015. 3. 1. 액면금 백지, 지급기일 2015. 10. 31., 지급지 서울, 지급장소 삼진전자주식회사 본점 또는 기업은행 서울 공항동지점, 수취인 최상진, 발행일 2015. 3. 1., 발행지 서울로 된 약속어음 1장을 발행하여 최상진에게 교부하고, 최상진은 2015. 6. 25. 우범선에게 위 어음을 배서양도하였습니다. 현재 위 어음은 우범선이 소지하고 있으며, 배서당시 지급거절증서작성은 면제되었습니다.

한편, 송병일과 최상진은 금전거래가 종료하면 그때까지의 최종 차용액을 액면금액란에 기재하기로 하였는데, 그때까지 피고 삼진전자의 차용금은 총 1억 원이었습니다.

그럼에도 피고 최상진은 2015. 6. 25. 채무변제에 갈음하여 위 어음을 배서, 교부하였는데, 배서할 당시에 액면금란에 1억2천만 원으로 보충해도 좋다고 말하였습니다. 이에 우범선은 액면란에 동 금액을 기재하여 지급기일이 도과된 2015. 11. 12.에 지급제시를 하였으나 지급이 거절되었습니다. 따라서 피고 삼진전자는 우범선에게 일응 1억 2,000만 원 및 이에 대하여 지연손해금을 지급할 의무가 있습니다.

---

66) 어음채무는 지급제시 다음날부터 지연손해금이 가산된다.

② 원고는 2010. 5. 1. 소외 우범선에게 400,000,000원을 변제기 2013. 4. 30., 이율 월 2.7%로 정하여 대여하였습니다. 그러나 소외 우범선은 원리금을 전혀 변제하지 않았고, 이에 원고는 피고를 상대로 서울동부지방법원 2013가합12345호로 4억 원 및 2.7%의 이자 및 지연손해금을 구하는 대여금 청구의 소를 제기하였으나 소송 도중인 2013. 7. 11. "피고는 원고에게 300,000,000원 및 이제 대하여 2010. 5. 1.부터 다 갚는 날까지 연 30%의 비율로 계산한 돈을 지급하라."는 화해권고결정이 내려졌고 확정되었습니다. 따라서 원고에게는 집행채권이 존재하고 이에 원고는 원고의 우범선에 대한 서울동부지방법원 2013가합12345호 대여금청구사건의 집행력 있는 화해권고결정에 기하여 2015. 11. 18. 우범선의 피고 삼진전자에 대한 위 어음금채권의 원금 및 지연손해금에 관하여 압류·추심명령을 받고 그 명령이 같은 달 21. 피고 삼진전자에게 송달되었습니다.

③ 피고 삼진전자는 원고에게 추심금 원금 1억 원 및 이에 대하여 위 어음지급제시일 다음날인 2015. 11. 13.부터 이 사건 소장 부본 송달일까지는 어음법 소정의 연 6%의, 그 다음날부터 다 갚는 날까지는 소송촉진 등에 관한 특례법 소정의 연 15%의 각 비율로 계산한 지연손해금을 지급할 의무가 있습니다.

3. 피고의 항변에 관련된 법리

① 상법 제395조는 회사가 이사의 자격이 없는 자에게 표현대표이사의 명칭을 사용하게 허용한 경우는 물론, 이사의 자격도 없는 사람이 임의로 표현대표이사의 명칭을 사용하고 있는 것을 회사가 알면서도 아무런 조치를 취하지 아니한 채 그대로 방치하여 소극적으로 묵인한 경우에도, 위 규정이 유추적용되는 것으로 해석함이 상당하다(91다35816)

② 회사를 대표할 권한이 없는 표현대표이사가 다른 대표이사의 명칭을 사용하여 어음행위를 한 경우, 회사가 책임을 지는 선의의 제3자의 범위에는 표현대표이사로부터 직접 어음을 취득한 상대방뿐만 아니라, 그로부터 어음을 다시 배서양도받은 제3취득자도 포함된다. 상법 제395조가 규정하는 표현대표이사의 행위로 인한 주식회사의 책임이 성립하기 위하여 제3자의 선의 이외에 무과실까지도 필요로 하는 것은 아니지만, 그 규정의 취지는 회사의 대표이사가 아닌 이사가 외관상 회사의 대표권이 있는 것으로 인정될 만한 명칭을 사용하여 거래행위를 하고, 이러한 외관이 생겨난 데에 관하여 회사에 귀책사유가 있는 경우에 그 외관을 믿은 선의의 제3자를 보호함으로써 상거래의 신뢰와 안전을 도모하려는 데에 있다 할 것인바, 그와 같은 제3자의 신뢰는 보호할 만한 가치가 있는 정당한 것이어야 할 것이므로, 설령 제3자가 회사의 대표이사가 아닌 이사에게 그 거래행위를 함에 있어 회사를 대표할 권한이 있다고 믿었다 할지라도 그와 같이 믿음에 있어서 중대한 과실이 있는 경우에는 회사는 그 제3자에 대하여는 책임을 지지 아니하고, 여기서 제3자의 중대한 과실이라 함은 제3자가 조금만 주의를 기울였더라면 표현대표이사의 행위가 대표권에 기한 것이 아니라는 사정을 알 수 있었음에도 만연히 이를 대표권에 기한 행위라고 믿음으로써 거래통념상 요구되는 주의의무에 현저히 위반하는 것으로서, 공평의 관점에서 제3자를 구태여 보호할 필요가 없다고 봄이 상당하다고 인정되는 상태를 말한다(2002다65073)

③ 어음법 제10조가 규정하는 '악의로 어음을 취득한 때'라 함은 소지인이 백지어음이 부당 보충되었다는 사실과 이를 취득할 경우 어음채무자를 해하게 된다는 것을 알면서도 어음을 양수한 때를 말하고, '중대한 과실로 인하여 어음을 취득한 때'라 함은 소지인이 조금만 주의를 기울였

더라면 백지어음이 부당 보충되었다는 사실을 알 수 있었음에도 불구하고 그와 같은 주의도 기울이지 아니하고 부당 보충된 어음을 양수한 때를 말한다. 그리고 어음금액란의 기재는 대단히 중요한 사항이므로 어음금액란을 백지로 하는 어음을 발행하는 경우에 발행인은 통상적으로 그 보충권의 범위를 한정한다고 봄이 상당하고, 부당 보충된 약속어음을 취득함에 있어 소지인 취득자가 보충권에 대하여 발행인에게 직접 조회하지 않았다면 특별히 사정이 없는 한 소지인에게는 악의 또는 중과실이 있다"고 하면서도 "소지인이 악의 또는 중과실로 부당 보충된 어음을 취득한 경우에도 발행인은 자신이 유효하게 보충권을 수여한 범위 안에서는 당연히 어음상의 책임을 진다(98다37736).의의 점유자는 제201조 1항에 따라 과실수취권을 가지는바, '선의'라 함은 과실수취권을 포함하는 권원이 있다고 오신하였을 뿐만 아니라, 오신할 만한 정당한 근거가 있는 경우를 말하므로(94다27069), 선의의 점유자라도 '본권에 관한 소'에서 패소한 때에는 그 소가 제기된 때부터 악의의 점유자로 간주된다(제197조 2항)

④ 지급기일이 명시된 경우 3년의 소멸시효가 적용되고 지급제시기간 내에 지급제시 했는지 여부와 무관하게 어음의 최종소지인이나 배서인이 어음지급기일로부터 3년 내에 발행인에 대해 어음금 지급 청구를 하면 발행인은 무조건적 1차적 책임을 지게 된다.

Set 078   4회 : 피고 조영만·한상수에 대한 소유권보존등기말소·승낙 청구

1. 사실관계 및 청구취지

(1) 원고의 건물 원시취득과 피고 조영만의 소유권보존등기 경료, 피고 한상수의 가압류

• 원고는 풍산조씨신사공파종중으로서, 별지 목록 제1. 기재 토지 위에 별지 목록 제2. 기재 종중회관 건물을 신축하기로 하고 2014. 3. 15. 종중원인 조영만에게 공사를 도급주면서 총 공사금 10억 원, 공사기간 2014. 3. 20.부터 2014. 9. 19., 조영만은 공사 완료 후 지체 없이 원고 명의의 소유권보존등기절차에 협조하며, 공사금 중 5억 원은 선급금으로 계약과 동시에 지급하며, 잔금 5억 원은 사용승인 후 원고 명의의 소유권보존등기를 마침과 동시에 지급하기로 약정함

• 조영만은 선급금 5억 원 중 1억 원만 공사비로 쓰고 나머지는 주식 투자를 하다가 실패하고는 공사를 중단하였고, 원고는 위 공사를 타처에 발주하여 공사대금을 모두 부담하고 공사를 완료하였음

• 원고 종중은 종중 명의로 건축허가를 받는 것이 번거로워 일단 조영만 명의로 건축허가를 받고, 나중에 건축주명의를 종중 명의로 변경하기로 하였었는데, 이를 이용하여 조영만은 자신이 위 건물의 실제 건축주인 것처럼 행세하고 다니면서 한상수로부터 돈을 차용하여 사용하였음

- 한상수는 2014. 12. 20. 위 건물을 가압류하였는데(2014. 12. 18. 서울북부지방법원의 가압류결정 2014카합2035), 그 과정에서 위 건물에 관한 조영만 명의의 소유권보존 등기가 이루어졌음(서울중앙지방법원 2014. 12. 20. 소유권보존등기)
- 원고는 별지 목록 제2. 기재 종중회관 건물의 소유권을 찾을 수 있는 판결을 원함
- 진정명의회복을 원인으로 소유권이전등기를 구하는 형태의 청구는 법리상 가능하 더라도 택하지 말 것

※ **청구취지**

1. 피고 조영만은 원고에게 별지 목록 제2. 기재 부동산에 관한 서울중앙지방법원 2014. 12. 20. 소유권보존등기의 말소등기절차를 이행하라.
2. 피고 한상수는 원고에게 위 1.항 기재 소유권보존등기의 말소등기에 대하여 **승낙의 의사 표시를 하라.**

2. 요건사실(① 원고 소유, ② 피고 등기, ③ 등기 원인무효)

① 원고는 풍산조씨신사공파종중으로서, 별지 목록 제1. 기재 토지 상에 별지 목록 제2. 기재 종중 회관 건물을 신축하기로 하고 2014. 3. 15. 종중원인 피고 조영만에게 공사를 도급주면서 총 공사금 10억 원, 공사기간 2014. 3. 20.부터 2014. 9. 19., 피고 조영만은 공사 완료 후 지체 없이 원고 명의의 소유권보존등기절차에 협조하며, 공사금 중 5억 원은 선급금으로 계약과 동시에 지급하며, 잔금 5억 원은 사용승인 후 원고 명의의 소유권보존등기를 마침과 동시에 지급하기 로 약정하였습니다.

피고 조영만은 선급금 5억 원 중 1억 원만 공사비로 쓰고 나머지는 주식 투자를 하다가 실패하 고는 공사를 중단, 원고는 위 공사를 타처에 발주하여 공사대금을 모두 부담하고 공사를 완료 하여 위 건물의 소유권을 원시취득하였습니다.

② 피고 조영만은 2014. 12. 20. 이미 자신의 명의로 소유권보존등기를 경료하였고, 피고 한상수는 피고 조영만에게 금전을 대여하면서 2014. 12. 20. 위 건물을 가압류하였습니다(2014. 12. 18. 서울북부지방법원의 가압류결정 2014카합2035).

③ 원고가 이 사건 건물의 소유권을 원시취득한 이상, 피고 조영만의 소유권보존등기는 원인무효 이고, 이에 기하여 경료된 피고 한상수의 가압류등기 또한 원인무효라고 할 것입니다.

따라서 피고 조영만은 원고에게 위 부동산에 관한 소유권보존등기의 말소등기절차를 이행할 의무가 있고, 피고 한상수는 위 말소등기에 대하여 승낙의 의사표시를 할 의무가 있습니다.

3. 원고의 소유권 취득에 관련된 법리

① 건축허가는 행정관청이 건축행정상 목적을 수행하기 위하여 수허가자에게 일반적으로 행정관 청의 허가 없이는 건축행위를 하여서는 안된다는 상대적 금지를 관계 법규에 적합한 일정한 경우에 해제하여 줌으로써 일정한 건축행위를 하여도 좋다는 자유를 회복시켜 주는 행정처분

일 뿐 수허가자에게 어떤 새로운 권리나 능력을 부여하는 것이 아니고, 건축허가서는 허가된 건물에 관한 실체적 권리의 득실변경의 공시방법이 아니며 추정력도 없으므로 건축허가서에 건축주로 기재된 자가 건물의 소유권을 취득하는 것은 아니므로, 자기 비용과 노력으로 건물을 신축한 자는 그 건축허가가 타인의 명의로 된 여부에 관계없이 그 소유권을 원시취득한다(2000 다16350)

② 건축주의 사정으로 건축공사가 중단되었던 미완성의 건물을 인도받아 나머지 공사를 마치고 완공한 경우, 그 건물이 공사가 중단된 시점에서 이미 사회통념상 독립한 건물이라고 볼 수 있는 형태와 구조를 갖추고 있었다면 원래의 건축주가 그 건물의 소유권을 원시취득하고, 최소한의 기둥과 지붕 그리고 주벽이 이루어지면 독립한 부동산으로서의 건물의 요건을 갖춘 것이라고 보아야 한다(2000다16350)

Set 079 · 4회 : 피고 조영만·이예림·손철민에 대한 부동산 지분이전·말소청구

1. 사실관계 및 청구취지

(1) 원고와 피고 조영만 사이의 별지 목록 제3. 토지에 관한 대물변제약정

(Set 078 사실관계에서 이어짐)

- 조영만은 2011. 11. 5. 사망한 父 조경제로부터 서울 서초구 양재동 274 잡종지(별지 목록 제3. 기재 잡종지)를 母 이예림과 공동으로 상속하였음. 조영만은 위 토지에 관한 법정상속분에 따른 2/5 지분을 원고에게 임의로 사용한 공사대금 4억 원 중 1억 원에 대한 변제조로 넘겨주겠다고 하여 원고는 2014. 10. 15. 조영만과 대물변제로 위 부동산을 양도받는다는 약정서를 작성하였음

- 이예림은 2014. 10. 15. 위 양도약정과는 별도로 조영만이 원고에 대하여 끼친 손해액 4억 원 중 1억 원은 2014. 11. 14.까지 자신이 책임지고 변제하겠다고 약정하였음

- 이예림은 2012. 1. 5. 별지 목록 제3. 기재 토지에 관하여 2011. 11. 5. 협의분할에 의한 상속을 원인으로 한 이예림 단독 명의의 소유권이전등기를 경료하였는데(서울중앙지방법원 2012. 1. 5. 접수 제1451호로 마친 소유권이전등기), 위 상속재산분할협의(2011. 12. 10.)는 2011. 11. 5. 조경제가 사망하자 이예림이 조영만 본인(당시 18세로 미성년자)과 특별대리인 선임 없이 이루어진 것으로 밝혀졌음.

- 손철민은 2013. 7. 20. 이 사건 토지에 관하여 소유권이전등기를 경료하였는데(등기원인 2012. 12. 17. 매매, 서울중앙지방법원 2013. 7. 20. 접수 제3573호로 마친 소유권이전등기), 손철민 명의로 소유권이전등기가 경료된 사정은 다음과 같음

- 이예림은 커피점을 경영하다가 손철민에게 위 커피점 영업권 일체를 넘기기로 하면서, 필요한 행정절차에 소요되는 위임장을 작성하라고 백지에 도장만 찍어주고,

미국 로스앤젤레스의 동생 집에 가 있었는데, 손철민은 이런 사실을 모두 알면서도 2012. 12. 17. "이예림이 274 잡종지를 손철민에게 매매한다."라는 내용으로 위 문서의 백지 부분을 보충하였음

- 그리고 손철민은 자신이 이미 인수하여 영업하고 있던 위 커피점을 송달 주소지로 하여 위 274 잡종지에 대한 소유권이전등기를 구하는 내용의 소장이 송달되도록 한 후 자신이 고용한 점원으로 하여금 위 소장을 송달받게 하고, 이에 기하여 전부승소 확정판결을 받아 274 잡종지에 대한 소유권이전등기를 마친 것이었음(2013. 6. 25. 판결확정).

- 이예림은 커피점을 넘길 때까지만 해도 재산이 많았으나 현재는 그녀의 명의로 된 재산이 아무것도 없음

- 원고는 조영만에게서 양도받은 부동산 지분을 넘겨오고 싶고, 이예림이 변제하기로 한 돈을 지급받을 수 있는 판결을 받고 그 판결에 기하여 강제집행을 할 수 있도록 이예림의 재산도 확보하길 원함

- 진정명의회복을 원인으로 소유권이전등기를 구하는 형태의 청구는 법리상 가능하더라도 택하지 말 것

- 소송촉진 등에 관한 특례법상 법정이율 : 연 20%

(2) 피고의 항변

손철민은 ① 위 확정판결이 허위주소송달로 인한 것이 아니고, ② 확정판결의 기판력에 따라 자신의 소유권을 부인할 수 없다고 주장

※ 청구취지

1. 피고 조영만은 원고에게 별지 목록 제3. 기재 부동산 중 2/5 지분에 관하여 2014. 10. 15. 양도약정을 원인으로 한 소유권이전등기절차를 이행하라.

2. 피고 이예림은

가. 원고에게(피고 조영만에게) 별지 목록 제3. 기재 부동산 중 2/5 지분에 관하여 서울중앙지방법원 2012. 1. 5. 접수 제1451호로 마친 소유권이전등기의 말소등기절차를 이행하고,

나. 원고에게 100,000,000원 및 이에 대한 2014. 11. 15.부터 이 사건 소장 부본 송달일까지는 연 5%의, 그 다음 날부터 다 갚는 날까지는 연 20%의 **각** 비율로 계산한 돈을 지급하라.

3. 피고 손철민은, 별지 목록 제3. 기재 부동산 중,

가. 피고 조영만에게 2/5 지분에 관하여,

나. 피고 이예림에게 3/5 지분에 관하여,

각 서울중앙지방법원 2013. 7. 20. 접수 제3573호로 마친 소유권이전등기의 말소등기절차를 이행하라.

2. 요건사실(① 피보전채권 : 소유권이전등기청구권, ② 필불, ③ 피대위권리 : 소유권이전등기말소청구권)

① 피고 조영만은 2011. 11. 5. 사망한 父 조경제로부터 서울 서초구 양재동 274 잡종지를 母 피고 이예림과 공동으로 상속하였습니다.

피고 조영만은 위 토지에 관한 법정상속분에 따른 2/5 지분을, 임의로 사용한 돈 4억 원 중 1억 원에 대한 변제조로 원고에 넘겨주겠다고 하여 원고는 2014. 10. 15. 조영만과 대물변제로 위 부동산을 양도받는다는 약정서를 작성하였습니다.

따라서 원고는 피고 조영만에게 위 대물변제약정을 원인으로 한 소유권이전등기청구권을 갖습니다.

② 피고 이예림은 위 토지에 관하여 2011. 11. 5. 협의분할에 의한 상속을 원인으로 2012. 1. 5. 자신의 단독 명의로 소유권이전등기를 경료하였는데, 이는 피고 조영만이 18세이던 2011. 11. 5. 조경제가 사망하자 이예림이 조영만 본인과 특별대리인 선임 없이 상속재산 협의분할약정을 원인으로 한 것입니다.

친권자와 그 子 사이에 또는 그 친권에 복종하는 수인의 子 사이에 이해가 상반되는 경우에, 친권자는 법원에 그 子 또는 수인의 子 각자의 특별대리인의 선임을 청구하여야 한다(제921조). 이에 위반한 행위는 무권대리가 되어, 본인이 추인하지 않는 한 무효입니다(제130조). 상속재산에 대하여 소유의 범위를 정하는 내용의 공동상속재산 분할협의에서 공동상속인인 친권자가 다른 공동상속인인 미성년자를 대리하여 **상속재산 분할협의를 하는 경우**(대판 1993.4.13. 92다54524) 민법 제921조의 이해상반행위에 해당하므로, 이 사건 상속재산 분할협의는 무효이고, 피고 이예림 명의의 소유권이전등기는 피고 조영만의 2/5 지분에 관하여는 원인무효라고 할 것입니다.

따라서 피고 조영만은 피고 이예림에 대하여 소유권에 기한 방해배제청구권으로서 이 사건 부동산 중 2/5 지분에 관하여 소유권이전등기의 말소등기절차의 이행을 청구할 권리를 갖습니다.

③ 피고 이예림은 2014. 10. 15. 원고에게 조영만의 위 양도약정과는 별도로 조영만이 손해를 끼친 위 4억 원 중 1억 원은 2014. 11. 14.까지 자신이 책임지고 변제하겠다고 약정하였습니다. 따라서 원고는 피고 이예림에 대하여 위 변제 약정에 기하여 1억 원 및 이에 대한 2014. 11. 15.부터 이 사건 소장 부본 송달일까지는 연 5%의, 그 다음 날부터 다 갚는 날까지는 연 20%의 각 비율로 계산한 돈을 청구할 권리를 갖습니다.

④ 피고 손철민은 2012. 12. 17. "이예림이 274 잡종지를 손철민에게 매매한다."라는 내용으로 매매계약서의 백지 부분을 위조하고, 자신이 이미 인수하여 영업하고 있던 위 커피점을 송달 주소지로 하여 위 274 잡종지에 대한 소유권이전등기를 구하는 내용의 소장이 송달되도록 한 후 자신이 고용한 점원으로 하여금 위 소장을 송달받게 하고, 이에 기하여 전부승소 확정판결을 받아 274 잡종지에 대한 소유권이전등기를 마쳤습니다(2013. 6. 25. 판결확정).

피고 손철민 명의의 소유권이전등기는 허위주소 송달에 따른 편취판결에 의한 것으로서 확정되지 아니한 판결에 기한 것으로, 피고 조영만은 피고 손철민에 대하여 소유권에 기한 방해배제청구권으로서 이 사건 부동산 중 2/5 지분에 관하여 소유권이전등기의 말소등기절차의 이행을 청구할 권리를 가지며, 피고 이예림은 피고 손철민에 대하여 소유권에 기한 방해배제청구권으로서 이 사건 부동산 중 3/5 지분에 관하여 소유권이전등기의 말소등기절차의 이행을 청구할 권리를 갖습니다.

⑤ 원고는 피고 조영만에 대한 위 소유권이전등기청구권을 보전하기 위하여, 아무런 권리를 행사하고 있지 아니한 피고 조영만을 대위하여 피고 손철민, 피고 이예림을 순차 상대로 이 사건 부동산 중 2/5 지분에 관한 소유권이전등기의 말소등기절차의 이행을 청구할 필요성이 있습니다. 원고는 피고 이예림에 대한 변제약정에 기한 1억 원의 금전채권을 보전하기 위하여, 현재 아무런 재산을 가지고 있지 아니하며, 아무런 권리를 행사하고 있지 아니한 피고 이예림을 대위하여 피고 손철민을 상대로 이 사건 부동산 중 3/5 지분에 관한 소유권이전등기의 말소등기절차의 이행을 청구할 필요성이 있습니다.

3. 피고의 항변에 관련된 법리

① 자백간주에 의한 판결의 편취의 경우 허위주소송달에 의한 것으로 그 판결의 송달 자체가 무효이므로 아직 그 판결이 피고에게 송달되지 않은 상태가 계속되는 것으로 보고 있으며, 따라서 피고는 언제든지 통상의 방법에 의한 상소를 제기할 수 있고, 상소의 추후보완이라든가 재심청구(제451조 1항 3호, 대리권의 흠)는 허용되지 않는다(전합75다634)

② 그리하여 위와 같은 사위판결에 기하여 경료된 부동산에 관한 소유권이전등기는 실체적 권리관계에 부합될 수 있는 특별한 사정이 없는 한 원인무효로써 말소될 처지에 있고, 또 그 상대방이 사위판결에 대하여 상소를 제기하지 아니하고 별소에 의하여 소유권이전등기의 말소를 구한다 하더라도 그 등기명의인으로서는 이를 거부할 수 없는 것이다(91다38631)

Set 080 | **4회 : 피고 장그래 · 조영만에 대한 임대차보증금(양수금) · 목적물반환청구**

1. 사실관계 및 청구취지

> **(1) 원고의 피고 조영만의 임대차보증금반환채권 양수, 피고 장그래의 임대인 지위 승계**
> (Set 078 사실관계에서 이어짐)
> - 조영만은 2013. 3. 1. 안영이로부터 별지 목록 제4. 기재 부동산 중 3층 300㎡을 임차하면서, 보증금 2억 원, 차임 월 1백만 원, 기간 2013. 3. 1.부터 2014. 12. 31.로 정하였고, 계약 당일 조영만은 보증금을 전부 지급하고, 건물을 인도받아 2013. 3. 2. 사업자등록을 마침.
> - 조영만은 2014. 10. 15. 원고에게 위 임차보증금반환채권을 임의로 사용한 공사대금 4억 원 중 2억 원에 대한 변제조로 양도하였고, 원고는 2014. 10. 16. 안영이에게 양도통지권을 위임받은 내용이 포함된 채권양도양수계약서를 첨부하여 채권양도 사실을 통지하였음(확정일자 있는 통지가 안영이에게 2014. 10. 18. 도달).
> - 안영이는 2014. 10. 31. 위 건물을 장그래에게 매도하고 같은 날 장그래 명의로 소유권이전등기가 경료되었는데(서울중앙지방법원 2014. 10. 31. 접수 제21223호로 마친

소유권이전등기), 위 건물에는 2012. 5. 7. 근저당권자 신승운의 근저당권설정등기
가 경료되어 있었음(같은 법원 2012. 5. 7. 접수 제2301호로 마친 근저당권설정등기)
- 조영만은 2014. 10. 31.까지의 차임은 모두 지급하였으나 그 이후의 차임은 지급하
지 아니하였고, 위와 같이 임차보증금반환채권을 양도한 후 임대차기간이 만료되기
도 전인 2014. 11. 30. 사무실 집기만 그대로 둔 채 사무실 문을 잠그고 잠적하였으
며, 건물주 장그래는 이에 관하여 아무런 조치도 취하지 않고 있음
- 원고는 조영만이 양도해 준 채권을 변제받을 수 있는 판결을 받고 싶음

(2) 피고의 항변

장그래는 ① i) 이 사건 채권양도약정을 전혀 알지 못하고 통지를 받은 바도 없고,
ii) 조영만과 임대차계약을 체결한 적이 없으며, iii) 위 건물을 매수할 당시 임대
인의 지위를 승계하는 데 동의한 바도 없으므로, 자신에게 임대차보증금의 반환
을 요구할 수 없다. ② 설사 임대인의 지위를 승계한다고 하더라도 선순위 근저당
권이 설정되어 있는 이상 조영만의 임차권을 본인에게 주장할 수 없다. ③ 조영만으
로부터 건물 반환받기 전까지는 임대차보증금을 줄 수 없다. ④ 미지급 월세가 있다
면 이를 보증금에서 공제한다는 주장을 할 것으로 예상됨

※ 청구취지

1. 피고 조영만은 피고 장그래에게 별지 목록 제4. 기재 부동산 중 3층 300㎡를 인도하라.
2. 피고 장그래는 피고 조영만으로부터 별지 목록 제4. 기재 부동산 중 3층 300㎡를 인도받음
과 동시에 원고에게 198,000,000원을 지급하라.

2. 요건사실(피고 조영만에 대한 채권자대위소송 / 피고 장그래에 대한 양수금청구)

① 피고 조영만은 2013. 3. 1. 소외 안영이로부터 별지 목록 제4. 기재 부동산 중 3층 300㎡을 임차
하면서, 보증금 2억 원, 차임 월 1백만 원, 기간 2013. 3. 1.부터 2014. 12. 31.로 정하였고, 계약
당일 피고 조영만은 위 보증금을 전부 지급하고, 건물을 인도받아 2013. 3. 2. 사업자등록을 마
쳤습니다.
조영만은 2014. 10. 15. 자신의 사무실 임차보증금반환채권 2억 원을 원고에게 양도하였고, 원
고는 2014. 10. 16. 소외 안영이에게 양도통지권을 위임받은 내용이 포함된 채권양도양수계약서
와 함께 위 사실을 통지하였습니다(확정일자 있는 통지가 2014. 10. 18. 도달).
소외 안영이는 2014. 10. 31. 위 건물을 피고 장그래에게 매도하였고 같은 날 피고 장그래 명의
로 소유권이전등기가 경료되었는바, 피고 장그래는 임대인의 지위를 승계하고, 이 사건 임대차
보증금반환채무를 면책적으로 인수하였습니다.
피고 조영만은 피고 장그래에게 이 사건 임대차 목적물을 반환하지 않았고, 2014. 11월, 2014.
12.월의 차임을 연체하고 있습니다.
따라서 피고 장그래는 피고 조영만으로부터 별지 목록 제4. 기재 부동산 중 3층 300㎡을 인도받

음과 동시에 원고에게 198,000,000원을 지급할 의무가 있습니다.

② 피고 장그래는 피고 조영만에 대하여 2014. 12. 31. 임대차계약 종료에 따른 목적물반환청구권을 갖습니다.

따라서 원고는 피고 장그래에 대한 위 양수금채권을 보전하기 위하여, 아무런 권리를 행사하고 있지 아니한 피고 장그래를 대위하여 피고 조영만을 상대로 소유권에 기한 임대차 목적물 반환청구권을 대위 행사할 필요성이 있습니다.

3. 피고의 항변에 관련된 법리

① 법률상 원인 없이 이득하였음을 이유로 하는 부당이득반환에 있어서 이득이라 함은, '실질적인 이익'을 가리키는 것이므로 법률상 원인 없이 건물을 점유하고 있더라도 이를 사용·수익하지 못하였다면 실질적인 이익을 얻었다고 볼 수 없다(91다45202,45219) 이러한 법리는 임차인의 사정으로 인하여 임차건물을 사용·수익하지 못한 경우에도 마찬가지이다(2004재다818)

② 임차주택의 양수인 기타 임대할 권리를 승계한 자(상속·경매 등으로 임차물의 소유권을 취득한 자)는 '임대인의 지위'를 승계한 것으로 본다(주택임대차보호법 제3조 4항, 상가건물 임대차보호법 제3조 2항도 동일). 이 경우 임대차에 종된 계약인 보증금계약 등도 임대차관계에 수반하여 이전되어(제100조 2항 유추적용), 그 결과 양수인이 임대차보증금반환채무를 '면책적으로 인수'(병존적 인수 아님)하고, 양도인은 임대차관계에서 탈퇴하여 임차인에 대한 임대차보증금반환채무를 면하게 된다고 한다(대판 1987.3.10. 86다카1114)

③ 참고로 동법 제3조 4항은 대항력을 갖춘 일반적인 임차권을 취득한 양수인에게도 유추적용될 수 있다(통설). 그리고 동 규정은 임차인 보호를 위한 '법정승계'사유로 (임차목적물)양수인의 동의 등 당사자의 합의와 상관없이 인정된다. 따라서 "주택임대차보호법 제3조 1항 및 2항에 의하면, 임차인이 주택의 양수인에 대하여 대항력이 있는 임차인인 이상 양수인에게 임대인으로서의 지위가 당연히 승계된다 할 것이고, 그 주택에 대하여 임차인에 우선하는 다른 권리자가 있다고 하여 양수인의 임대인으로서의 지위의 승계에 임차인의 동의가 필요한 것은 아니다(95다35616)

MEMO